本书是教育部人文社会科学研究项目“认知偏差因素对风险性网络借贷消费行为的影响机理及干预机制研究”（项目编号:19YJC630027）的研究成果。

非理性网络借贷消费中的认知偏差

作用机理及干预机制

邓士昌◎著

企业管理出版社
ENTERPRISE MANAGEMENT PUBLISHING HOUSE

图书在版编目（CIP）数据

非理性网络借贷消费中的认知偏差：作用机理及干预机制 / 邓士昌著 . —北京：企业管理出版社，2021.8

ISBN 978-7-5164-2421-6

Ⅰ . ①非… Ⅱ . ①邓… Ⅲ . ①互联网络—应用—借贷—研究—中国 Ⅳ . ① F832.4-39

中国版本图书馆 CIP 数据核字（2021）第 125089 号

书　　名：非理性网络借贷消费中的认知偏差：作用机理及干预机制
作　　者：邓士昌
责任编辑：赵喜勤
书　　号：ISBN 978-7-5164-2421-6
出版发行：企业管理出版社
地　　址：北京市海淀区紫竹院南路17号　　邮　　编：100048
网　　址：http://www.emph.cn
电　　话：编辑部 (010) 68420309　发行部 (010) 68701816
电子信箱：zhaoxq13@163.com
印　　刷：北京虎彩文化传播有限公司
经　　销：新华书店
规　　格：710毫米×1000毫米　16开本　16印张　260千字
版　　次：2021年12月第1版　2021年12月第1次印刷
定　　价：78.00元

前　言

一、问题提出

互联网行业的蓬勃发展催生了很多新事物，互联网金融与其衍生的网络借贷消费就是其中之一。谢平等认为，互联网金融是利用网络技术实现资金融通、支付、投资和信息中介服务的新金融业态，其模式包括P2P网贷、网络支付、众筹融资和网络消费借贷等。这些新金融业态改变了传统金融的资源配置方式，使交易双方可以借助网络直接联系交易，所以市场效率更高，市场参与者更加大众化。互联网金融不仅使投资变得非常便利，也让借贷变得空前容易。然而，互联网金融的风险隐蔽性、传染性、广泛性和突发性等多样化风险特征也表现得更加明显。近年来，无论是“e租宝”“中晋系”“钱宝网”等网络投资案件，还是“校园贷”“美容贷”“裸贷”等网络借贷案件，都表明互联网金融的风险不仅会造成极坏的社会影响，而且会酿成公共安全事件。

针对上述情况，国家有关部门联合发布了《关于促进互联网金融健康发展的指导意见》和《关于规范整顿“现金贷”业务的通知》等十余个针对互联网金融平台的文件，强化了对互联网金融平台的监管，清理了一批违规平台。随着风险性平台逐渐被曝光，学者们开始关注为何不合规的互联网金融平台总能吸引到大批用户。王会娟等发现互联网金融中的借款事由信息对投资行为有显著影响，Lee等发现互联网金融投资者极易出现羊群效应，廖理等发现订单的完成度和信息不对称度对羊群效应有较大影响。总之，学者们都认为在非理性互联网金融投资行为中，个体的决策模式是存在偏差的。

本书认为，当前对互联网金融中非理性决策的研究主要集中在网络投资行为上，而对网络借贷行为中的认知偏差关注不足。根据艾瑞咨询2017年的报告，我国互联网消费借贷发展迅速，大学生“校园贷”、传销式“美容贷”、女大学生“裸贷”等非理性的、风险性的网络借贷消费问题异常频发，衍生了一些社会问题。2017 年，经媒体报道的、有关非理性网络借贷的事件多达 60 余起。我们发现，具有无场景依托、无指定用途、无客户群体限定、无抵押等特征的“现金贷”等业务存在较大的金融风险和社会隐患，其造成的负面影响丝毫不亚于“e 租宝”“中晋系”等案件。因此，研究个体在非理性网络借贷消费行为中的偏差心理机制，不仅十分必要，而且非常紧迫。

Kahneman 和 Tversky 在 1979 年指出，各种认知偏差因素（cognitive bias）的存在导致行为者容易出现非理性决策。从媒体的深度报道中可以看出，大部分受害者在开始踏入非理性借贷消费时，或认为自己能够“控制”借贷中的风险，或认为贷款到期时自己“应该”有偿还能力。一言以蔽之，在非理性借贷消费行为中，认知偏差因素影响了受害者借贷时的判断。本书认为，要达到“切实防范风险，建立长效机制”的互联网金融健康发展目标，除了对非理性网络消费借贷平台本身进行审慎监管和合规处理外，对陷入其中的普通个体进行心理治理也尤为重要。因此，本书研究了认知偏差因素对非理性网络借贷消费行为的影响机理及干预机制，为相关治理实践提供基于借贷消费者偏差认知特点的新应用方向。

二、关键概念界定

“非理性网络借贷消费行为”是本书的关键概念，为使本书的研究更加有针对性，必须首先对该概念进行界定。

（1）界定“网络借贷消费行为”。根据艾瑞咨询的定义，网络消费借贷是指借助网络进行线上申请、审核、放款及还款全流程的消费借贷业务，其特点是借贷期限较短、金额较小。它通常不包括住房和汽车等大额信贷，而是专指日常消费，如日用品、衣服、房租、电子产品等小额信贷。目前，该业务包括消费贷和现金贷两类，消费贷的放贷资金直接划入消费场景中，而现金贷的放贷资金则无场景依托、无指定用途。由于消费贷不能完全覆盖各类生活场景，因此直接给用户资金的现金贷很受市场青睐。凡是个体通过网络消费贷或网络现金贷的方式获取资金，以满足自身消费欲望的行为，本书都将其界定为网络借贷消费行为。

（2）界定“非理性”的网络借贷消费行为。根据 Xiao（2011）的定义，“非理性借贷行为”（irrational credit behavior）是指客观上明显超出借贷人还款能力，或客观上明显不公平（如高利贷等）的借贷行为。国家金融与发展实验室2017年发布的《中国消费金融创新报告》指出，当前我国的网络消费借贷普遍存在对借贷人的信用资质审查不严、借贷条件显失公平等问题，消费者可以较容易地利用消费贷或现金贷获取资金，满足自身消费欲望。因此，凡是在网络借贷消费中存在不顾自身还款能力，或利用某些明显不公平的网络消费借贷平台满足自己消费欲望的行为，本书都将其界定为非理性网络借贷消费行为。

三、研究的主要内容

全书分为四篇十二章，系统剖析了我国网络消费信贷的发展、非理性网络借贷消费行为引发的问题及这种非理性行为背后的认知偏差因素和干预策略。

第一篇梳理了网络消费信贷在我国兴起和发展的历程。第一章分析了2000年后我国居民消费状况的变化、我国消费金融的产生和发展，以及国家对消费金融的监管。第二章阐述了美国、欧洲和日韩的消费金融市场的发展历程和现状，同时分析了其消费金融市场稳定快速发展的原因，并总结了我国可以借鉴的国际经验，提出了有益的产业建设和风险规避建议。第三章对比了互联网消费金融和传统消费金融的异同，从目标客户和产品模式角度讨论了为何互联网消费金融的覆盖面更广，从贷款流程和速度角度分析了为何互联网消费金融的使用更便捷，从审批流程、利率风险、控制手段等角度探讨了为何互联网消费金融的潜在风险更大，并从消费者角度提出了防控潜在风险的建议。

第二篇整理了非理性网络借贷消费行为的主要群体及其引发的各种问题。第四章分析了青年群体的心理特征对消费观念的影响，进一步解析了我国Z世代青年的消费特点、消费方式及网络消费信贷使用习惯，从而得出“青年是我国互联网借贷消费的主力军”这一结论。第五章提出非理性网络借贷消费行为容易引起各种心理与行为问题，包括消费债务引起的认知能力下降、不健康消费增多、心理健康受损等问题，在此基础上提出相应的建议。第六章具体分析了非理性网络借贷消费行为引起的社会问题，例如不正确使用网络信贷导致的价值观偏差问题、信用风险问题和人身安全问题，并列出了增强风险防范意识的策略。

第三篇是本书的核心部分，即对非理性网络借贷消费中认知偏差因素的解构。由于认知偏差因素种类繁多，难以逐个分析，本书从行为过程入手，将非理性互联网消费行为分解为需求确认、信息整理和行为决策 3 个过程，在此基础上探析了网络借贷环境因素与 27 类认知偏差的综合影响作用。第七章分析了认知偏差因素对非理性网络借贷消费需求确认过程的影响，提出注意偏差、框架效应和确认偏误等 9 类认知偏差因素使得个体更加偏好熟悉的信息、变化的信息和符合信念的细节信息，从而影响了其在确认自身消费需求时的理性判断。第八章探讨了认知偏差因素对非理性网络借贷消费信息整理过程的影响，提出虚假相关、从众效应和克制偏见等 9 类认知偏差因素使得个体更容易以偏概全、采信虚假证据、误判未来趋势，从而对互联网消费金融产生错误认知。第九章解析了认知偏差因素对非理性网络借贷消费决策过程的影响，提出过度自信效应、双曲贴现和模糊效应等 9 类认知偏差因素使得个体高估自己的决策能力、更关注当前信息、更偏好简单选项，进而在网络借贷消费行为中发生决策偏误，造成不良后果。

第四篇提出了提升网络借贷消费决策质量的 7 种途径。第十章针对非理性网络借贷消费行为中的认知主体（网络借贷使用者），提出了干预网络借贷消费者的偏差动机、提高网络借贷消费者的金融素养两种策略及具体的实施建议。第十一章针对网络借贷消费行为中的认知课题（互联网消费金融平台），提出了建立合理的推广制度、提供充分的风险提示和建立一定的使用门槛三种策略及其实施建议。第十二章针对网络借贷消费行为中的认知环境，提出了在网络消费信贷决策中减少信息过载、在学校或社区中开展金融社会工作服务两种策略。本书希望通过这 7 种干预策略引导青年树立正确的消费、储蓄、借贷、投资观念，使他们的财务状况达到一种可持续的稳定与健康，最终改善整个互联网金融环境。

四、特色与创新

本书的特色之一是将非理性网络借贷消费行为的治理对象，从网络借贷平台本身转移到消费者身上。目前国家发布了很多管理规定，强调了对网络借贷平台的审慎监管和合规处置，表明了国家对非理性网络借贷行为的重视。然而，“一个巴掌拍不响”，如果不是大量消费者不顾自身能力贸然借贷消费，网络借贷平台也不会有如此规模的生存空间。实践证明，网络借贷平台只是一个工具，它激起的是消费者自身的欲望和认知偏差。因此，想要对非理性网络借贷消费行为进行深层治理，对网络借贷平台本身的监管虽必不可少，但对其相关行为者的偏差心理过程进行系统干预也十分重要。本书为治理非理性网络借贷消费者的认知偏差提供了一些方法。

本书的特色之二是将研究焦点，从宏观的说服教育转移到精细的“心理治理”上。当前，已有部分研究关注到了以大学生群体为代表的非理性网络借贷消费者，且从思想政治教育的角度提出了很多有益建议。昆士兰大学的 Mols 等学者认为，要对偏差行为进行深入治理，仅从宏观角度进行说服教育是不够的，还要从行为者的心理特点出发，依照其认知规律对偏差行为进行精细的“心理治理”。为此，本书研究了非理性网络借贷消费中认知偏差因素的作用机理及干预机制，为有效的“心理治理”提供了技术路线。

本书的第一个创新是从认知偏差因素的角度解释了非理性网络借贷消费行为背后的偏差心理过程。已有大量研究从理性行为理论和计划行为理论的角度描述了借贷消费的行为过程，但并未解释其背后的偏差现象是如何产生的。针对这一问题，本书全面梳理了青年群体的消费新特征，分析了青年群体容易陷入非理性网络借贷消费的原因，并探讨了认知偏差因素对网络消费信贷决策的负面影响，为“心理治理”提供了基本方向。

本书的第二个创新是提出了关键认知偏差因素的有效干预策略。虽然已有研究总结了很多认知偏差的干预策略，如动机策略、认知策略、技术策略等。但在本书语境中，这些策略过于微观，只能“头痛医头，脚痛医脚”，不能系统地提高广大青年群体在网络消费信贷中的决策质量。鉴于此，本书基于宏观视角，从网络消费信贷的认知主体、认知客体和认知环境出发，提出了干预借贷消费者的偏差动机、提高借贷消费者的金融素养等 7 种策略。这些策略系统概括了对非理性网络借贷消费行为中关键认知偏差因素的干预方法，为“心理治理”提供了基本策略。

五、研究价值

目前已有很多研究关注互联网金融投资中的非理性行为，但研究非理性网络借贷行为中的偏差心理过程的却不多见。本书将研究的重点，从互联网金融投资者转移到借贷者身上；将非理性网络借贷消费行为的治理对象，从网络借贷平台本身转移到消费者身上；将对“人”的治理方式，从宏观的说服教育转移到精细的“心理治理”上。在上述思路的引领下，本书在解构网络环境中非理性网络借贷消费行为的认知偏差因素、影响方式及其心理发生机理的基础上，提出了一套干预这些偏差认知因素的策略机制，为非理性网络借贷行为的治理实践提供了消费者认知偏差特点方面的科学参考和可实际应用的干预思路。

目　录

第一篇　网络消费信贷在我国的兴起和发展

第二篇　非理性网络借贷消费的主要群体及其引发的各种问题

第三篇　非理性网络借贷消费中的认知偏差因素

第四篇　提升网络消费信贷决策质量的途径

第一篇

网络消费信贷在我国的兴起和发展

进入21世纪以后，我国的生产力飞速发展，人均可支配收入大幅提升，民众的购买力不断增强。随着消费升级和消费结构的不断转型，居民的消费观念也变得更为超前。本篇首先分析了2000年后我国居民消费状况的变化、我国消费信贷的产生和发展及国家对消费信贷的监管，全面阐述了我国消费信贷的发展历史和现状。其次分析了北美地区、欧洲地区、日韩地区消费金融市场的发展历程、现状及这三个地区消费金融市场发展稳定快速的原因，并对我国消费金融市场的发展提出建议。最后从覆盖面、优点、风险三个角度入手，比较网络借贷与传统借贷的差异，为消费者防范潜在风险提出建议。

▶第一章　我国消费信贷的产生、发展和监管

我国的消费群体十分庞大，消费信贷市场发展很快。近 20 年来，我国的消费信贷市场规模从 0.68 万亿元增长至 37.89 万亿元，这不仅是数字的增长，更折射出了整个中国经济发展的成果和民众消费观念的改变。当前，在互联网技术的加持下，我国的消费信贷变得更为普及，居民的消费观念变得更加超前。

第一节　2000 年后我国居民消费状况的变化

一、本节引言

自 1992 年党的十四大明确提出建立社会主义市场经济体制的改革目标以来，我国的生产力飞速发展，人们的物质生活得到了极大丰富。进入 21 世纪以后，居民可支配收入大幅提升，民众的购买能力不断增强。中国居民的消费不再只是为了满足生存的需要，而是在满足基本生存需求的基础上，更多地提高生活品质。尤其是近 20 年以来，我国城乡居民的生活水平有了显著提升。2019 年，我国国民总收入达到 988458 亿元，人均 GDP 达到 10276 美元，经济增长 6.1%，其中消费支出对经济增长的贡献约为 57.8%，成为拉动经济增长的主力军①。

影响我国居民消费的因素主要有三个方面：一是文化传统；二是人口结构的变动；三是我国经济社会发展转型的特殊性。当前大多数研究是基于消费的某一方面展开的，如粮食消费、能源消费等；也有学者研究改革开放 40 年来我国消费观念的变化。而一些时间跨度较短的研究也大多发表于 2010 年以前，或是

① 数据来源：国家统计局官方网站（www.stats.gov.cn）。如无特殊注明，本章有关统计数据皆来源于国家统计局官方网站。

对 2015 年以来近 3~5 年的研究。少有学者对 2000—2020 年这 20 年间我国的消费变化进行详细的、分阶段的研究，也很少有人对这一时期我国居民的消费状况变化进行系统性分析。2020 年是我国历史上具有里程碑意义的一年，这一年是全面建成小康社会和“十三五”规划的收官之年。同时，2020 年，新冠肺炎疫情防控工作的常态化在一定程度上对我国的经济发展造成冲击，此后人们的消费显然会发生一定的变化。因此，将 2020 年作为研究的关键节点之一是十分有必要的。本节将从消费结构和消费观念两方面，将 2000—2020 年划分为三个阶段，对我国居民的消费变化进行历史回顾，探索居民消费行为是如何随着社会经济的发展而不断变化的。

二、2000 年后我国经济发展的总体变化

消费是人们为了满足自己的物质生活需要而产生的行为，也是社会再生产的重要环节。纵观近 20 年来居民消费的总体趋势可以发现，我国居民的消费随着经济的发展不断地转型和升级。

（一）2000 年后我国经济发展总体回顾

我国近 20 年来经济发展十分迅猛，由图 1–1 可见，近 20 年来我国的国内生产总值呈现不断上升的趋势，从 2000 年的 100280.1 亿元到 2006 年 219438.5 亿元，翻了一番有余。2010 年我国国内生产总值更是达到 412119.3 亿元，是 2000 年的 4 倍，而 2019 年几乎达到了 2000 年的 10 倍。

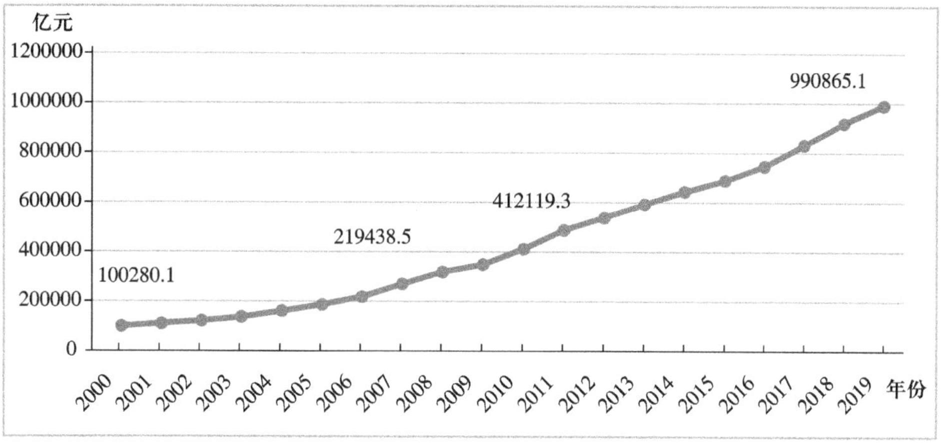

图 1–1 2000—2019 年我国国内生产总值变化

从表 1–1 中可以看到，2000—2010 年，我国的平均经济增长率超过了 10%，这是世界罕见的高速增长。在经济高速增长的这 10 年间，我国的生产力得到了大幅度提高。王一凡（2016）提出，2010 年中国 GDP 超过日本，成为全球第二大经济体。2010 年之后，经过国际金融危机的冲击，人们的投资欲望和消费信心下降，政府为了保障经济平稳运行和促使经济转型升级，提出了供给侧结构性改革，放缓经济增长速率，调整“消费支出、资本形成和进出口贸易”这三大需求对经济增长的贡献。2011—2020 年，我国的经济增长速度基本稳定在 7% 左右，接下来，我国需要新的经济转型刺激来促进经济迈向发展的新阶段。

表 1–1 国民总收入指数及增长率

年度	2000	2001	2002	2003	2004	2005	2006
国民总收入指数	751	811.8	889.7	982.9	1086.2	1204.6	1364.9
比上一年增长 /%	—	8.10	9.60	10.48	10.51	10.90	13.31
年度	2007	2008	2009	2010	2011	2012	2013
国民总收入指数	1565.6	1723.4	1870.6	2064.2	2249.9	2444	2618.4
比上一年增长 /%	14.70	10.08	8.54	10.35	9.00	8.63	7.14
年度	2014	2015	2016	2017	2018	2019	—
国民总收入指数	2839.5	3024.1	3230.5	3466.1	3683	3920	—
比上一年增长 /%	8.44	6.50	6.83	7.29	6.26	6.43	—

注：国民总收入指数的比较基准：1978 年 =100。

2020 年年初，新冠肺炎疫情的突袭对国内经济造成了巨大的冲击，第 1 季度我国国内生产总值环比下降 9.8%。我国亟须在疫情得到控制后尽快恢复生产，加大力度促进经济发展。2020 年第 2 季度实施的“消费券”“地摊经济”等都是能够帮助社会尽快恢复经济活力的有效措施，可以通过鼓励和促进消费来刺激经济复苏。在拉动经济发展的三大需求当中，消费是极为重要的一部分。有学者担心新冠肺炎疫情会对居民的消费造成较大影响，理由是“非典”时期居民的消费活动降到了谷底。2003 年受“非典”疫情的影响，人们在家中无法外出，消费活动并不活跃，所以图 1–2 中 2003 年出现了凹陷区域，最终消费支出对 GDP 增长的贡献率只有 36.1%。2020 年第 1 季度，同样是受疫情严重影响，人们无法外出，但是消费支出的贡献率甚至比 2019 年第 1 季度更高，达到了 64.1%（见表

1–2），这有可能是因为移动支付和互联网经济的发展，居民的消费方式发生了极大的变化。上述证据显示，我国居民的消费基础是存在的，一旦技术上能做到让居民足不出户地消费，则消费经济依然会活跃。这说明消费对于经济的拉动作用始终是巨大的。

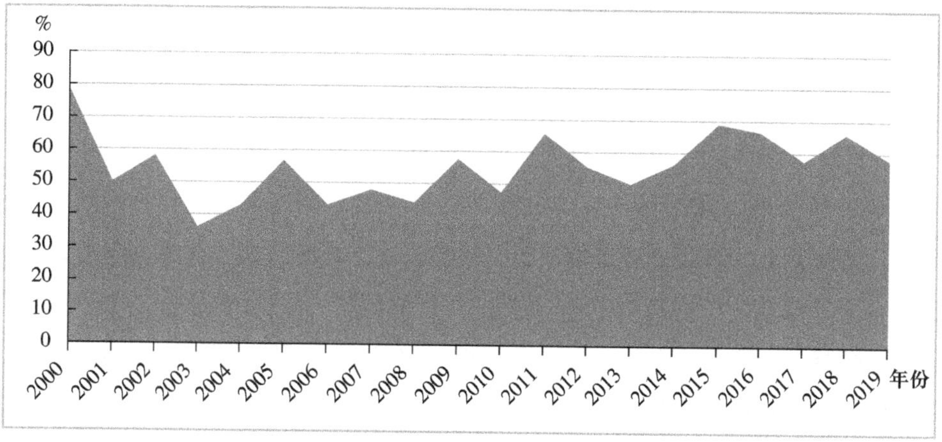

图 1–2　最终消费支出对 GDP 增长贡献率

表 1–2　2019—2020 年第 1 季度消费支出对 GDP 增长的贡献率

指标	2020 年第 1 季度	2019 年第 4 季度	2019 年第 3 季度	2019 年第 2 季度	2019 年第 1 季度
最终消费支出对国内生产总值增长贡献率当季值 /%	64.1	57.9	58.8	51.2	63.3

（二）2000 年后我国经济发展的阶段性概述

1. 2000—2010 年：实力积累阶段

社会主义市场经济体制在我国已经实行了 20 多年，让我国从缺衣少食、物质资源匮乏逐渐向物质充裕转变，形成了一定的消费经济规模。2000—2010 年是我国经济实力累积和快速赶超的阶段。在这段时间，我国的经济飞速发展，国内生产总值的平均增长速率在 10% 以上，基础工业实力大幅度提升，成为世界上最大的制造工厂。2008 年，我国成功举办了北京奥运会，获得了巨大的国际影响力，但是 2008 年国内灾害频发，加上国际金融危机的冲击，系统性金融风险的泡沫使投资和消费的信心严重不足，我国经济猛冲的势头在 2008 年之后有所减缓。

2. 2011—2015 年：转型发展阶段

国际金融危机对实体经济的影响逐步传导到消费者层面，2010 年后，消费者更加理性地对待货币持有、投资和消费行为。国家通过出台一系列政策开始了经济的转型，线上经济开始飞速发展，淘宝、京东等线上消费平台成为消费活动中不可或缺的一部分。移动支付开始大范围普及，电子消费势头兴起，线上消费盛行。

3. 2017—2020 年："互联网 +"生态阶段

2016 年年底，我国基本实现了移动支付全国范围内覆盖。在新兴技术的支撑下，传统企业与线上企业各取所长，融合发展，形成了以消费者为核心的全渠道融合服务模式。特别是 2016 年开始，"共享经济"持续发酵并深入拓展到各个领域，包括共享单车、共享房屋、共享充电宝等。"知识经济"在 2016 年年底也开始活跃，基于互联网技术的进步，人们的交流方式更加多样化，获取信息的渠道更多、更便利、成本更低，但是更多的人愿意为知识、为内容付费。

同时，服务性的互联网生态链更加完整，引入信用评级后，许多消费变得更加便利。例如共享单车可以免押金骑行，支付宝、微信支付在大多数消费场景下都可以使用。消费渠道不再是割裂的"线上"或"线下"，"新线上""新线下"的业务模式不断涌现，消费者的自主选择权进一步扩大。

（三）2000 年后居民可支配收入和消费水平的变化

2000 年后，我国居民可支配收入不断上升，收入增长的趋势和幅度与经济增长大致趋同。从图 1-3 可以直观地看出，随着可支配收入的上升，居民人均消费支出也逐年上升，但上升的幅度没有可支配收入上升的幅度大。从图 1-4 可以看出，虽然居民人均消费支出在逐年增长，但其占人均可支配收入的比例呈下降趋势。

（四）2000 年后我国社会结构的变化

2000 年后，我国中产阶层群体不断扩大，2010 年达到了 3400 万人，2018 年更是达到了 31100 万人，为 2010 年的近 10 倍，而中产阶级群体是消费的主力。同时，高净值人群也有一定的增长，相较于中高产阶级，低收入群体在逐步萎缩。总体来看，我国社会结构更加均衡。

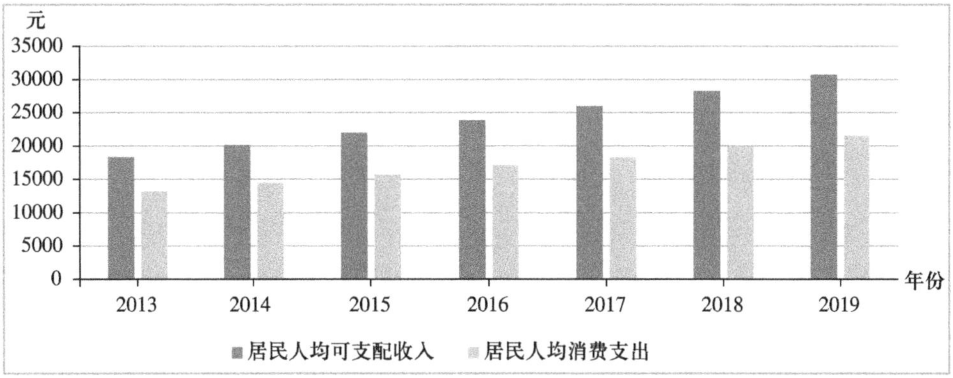

图 1-3　居民人均可支配收入与人均消费支出

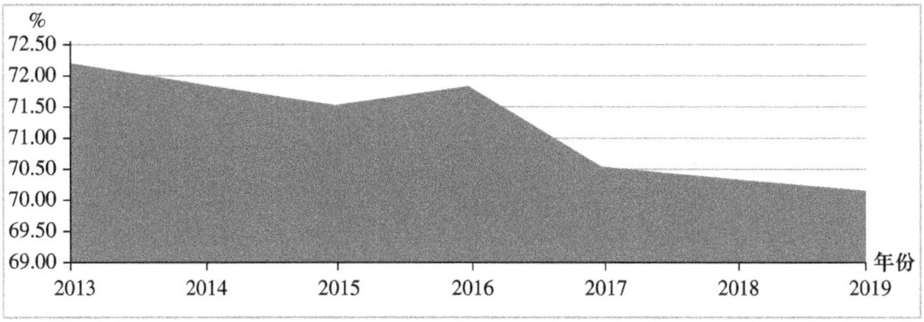

图 1-4　居民人均消费支出占可支配收入的比例

三、2000 年后我国消费的结构性变化

消费结构可直观地反映社会的消费趋势和各类消费支出占总消费的比重，是国家和社会发展水平的一项重要度量指标。在发达国家的消费结构中，食品等基本的生活必需品只占很小的一部分，而娱乐、教育、医疗、旅游等占较大比重。我国目前还处于发展中阶段，2019 年，食品支出占我国居民消费总支出的 28%。经过 40 年的改革开放和近年来的精准扶贫，我国大部分家庭成功达到了小康水平，但距离发达国家还有一定距离。

（一）恩格尔系数逐渐降低

恩格尔系数是指食品支出占家庭总支出的百分比，是一个可以用来评价一个国家人民生活水平的指标。根据联合国粮农组织提出的标准，恩格尔系数 59% 以上为贫困，50%~59% 为温饱，40%~50% 为小康，30%~40% 为富裕，低于

30% 为最富裕。

从图 1-5 可以看出，我国居民的恩格尔系数总体是逐渐降低的，除了在 2008 年有一个小幅度的反弹，其余时间都呈下降趋势，特别是在 2011—2012 年有一个大幅度的下降。21 世纪初，我国居民的恩格尔系数为 44.25%，随着生产力的大幅度提高和物质水平的极大丰富，我国居民的食品支出占消费总支出的比重大幅下降。2018 年，我国的恩格尔系数是 28.36%，进一步实现了相对富裕。

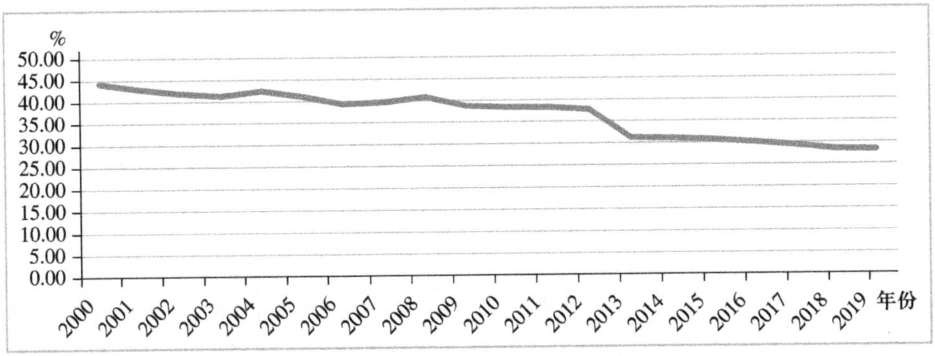

图 1-5 2000 年后我国恩格尔系数的变化

（二）居民消费种类逐渐多元化

2000 年至今是经济发展越来越多元化的 20 年，经过了困难和转型，目前我国的经济发展具有较强的活力。随着经济模式的多元化，居民消费模式和消费方式也越来越多元化、个性化。2000—2007 年，人们的消费意愿不断上升，随着物质生活的丰富，人们不再只是满足于日常开销，有了更多的精神追求和生活情趣。2008 年的国际金融危机对消费者造成了一定的影响，人们的消费意愿变得谨慎起来，更加倾向于耐用的、低价的生活必需品。但随着经济社会的转型，人们的消费再一次被调动起来。如图 1-6 和图 1-7 所示，批发和零售业商品销售额逐年增高，我国居民每年在旅游方面的支出也不断攀升。

由图 1-8 可以看出，2000 年后，住房消费在居民的消费支出中所占比重逐年上升。交通和通信及医疗保健支出的比重也较之前有所增加，而在饮食方面的消费支出比重不断降低。

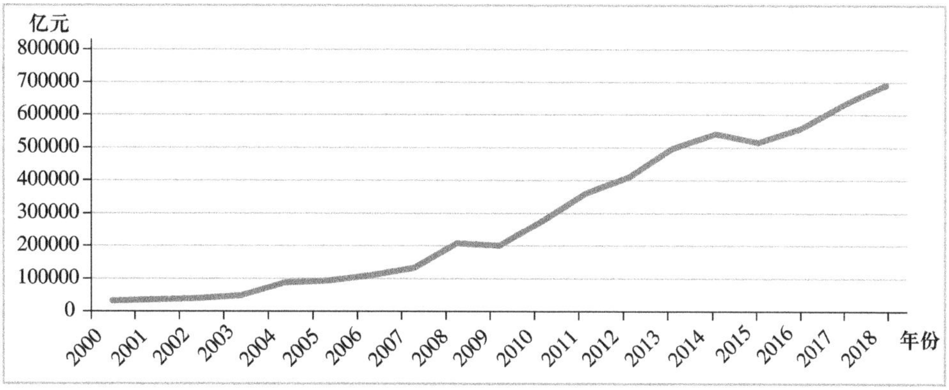

图 1-6　批发和零售业商品销售额

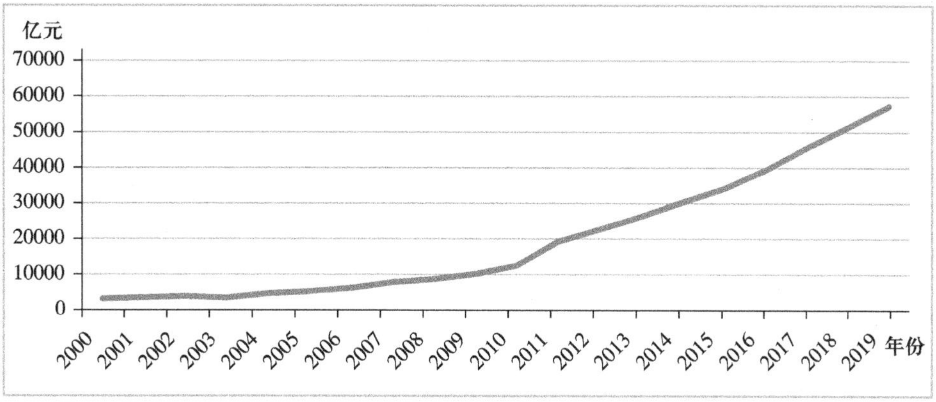

图 1-7　国内旅游总花费（亿元）

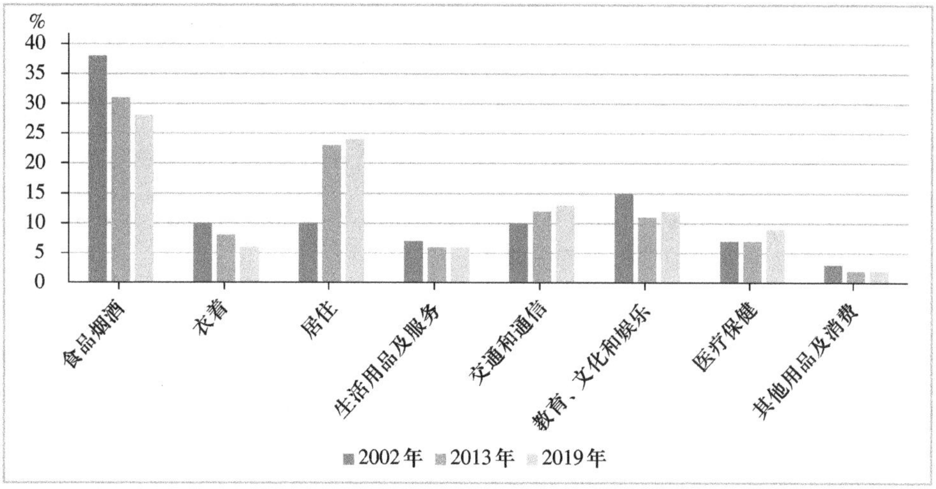

图 1-8　居民人均消费支出在不同方面的比重变化

（三）消费群体逐渐扩大

（1）过去经济不发达的中低线城市逐渐成为新生代消费力量。生活在三、四线城市的居民生活压力较小，有充裕的时间进行休闲消费，而且在2010—2018年，三、四线城市中年可支配收入达到14万~30万元的家庭年复合增长率达到38%。这些家庭成了新生代的消费力量。

（2）消费群体年轻化。80后和90后是“数字原住民”，他们从小就熟知各种电子信息产品，获取外界信息的渠道广泛，很多人的消费欲望也大幅度上升。而且这些年轻群体不太注重储蓄，个人储蓄率普遍较低，有较强的信用消费和超前消费观念。80后是当前消费主力，但90后有赶超的迹象和趋势。

四、2000年后我国居民消费观念的变化

（一）个性化消费

新一代消费者更加注重自我意愿的表达，强调个人标签，更加热衷于定制商品。80后和90后并不过度追求大品牌，对于一些原创的、独立的品牌和设计也有极强的消费意愿。比起大批量、同款式的“标准品”，他们更注重品类细分。不同的文化圈子也可以引领消费趋向，比如二次元圈、汉服圈、美食圈等，处于不同圈子的消费者有不同的消费倾向。

（二）从价格导向到价值导向

新一代消费者虽然奉行“一分价钱一分货”，但不再单纯以价格为导向，更看重货物的品质，以及货物与自己是否相匹配，出现了明显的消费分层。他们不再过分关注奢侈品，更多关注货物品质是否与价位吻合，以及质量或设计上的安全性、美观性和未来可投资性；也不再过分追求外国品牌，国产货物也越来越受他们认可。理性选择成了消费的主流。

（三）内容付费和知识付费导向突出

内容成为当下消费者消费时更为关注的一个因素。线下新零售更加注重消费者的消费过程体验，一些“网红”店铺不仅是在售卖物品本身，更多的是在售卖环境、服务等内容产品。这些内容将商品与消费者更好地对接，在为商品增值的过程中也让消费者有了更好的消费体验。另外，2016年是知识付费元年，随着互联网技术的提升，人们获取知识的渠道更加多样化。大家愿意为了歌曲、电

影、游戏或一些有用的网络课程付出金钱。近些年来，人们在知识和技术方面的消费比重逐年增加。

五、2000 年后我国居民消费方式的变化

（一）超前消费和信用消费

截至 2019 年年底，我国家庭房贷参与率为 16.5%，信用卡信贷参与率为 4.1%，汽车信贷参与率为 3.9%，居民杠杆率较高，短期消费信贷占比上升。蚂蚁花呗目前大约有 3 亿用户，其中青年人的占比极高，每 4 个 90 后中就有 1 个人在使用蚂蚁花呗。超前消费成了青年一代的消费常态，而且现在普及的共享模式是信用消费最主要的激发场景，快捷、便利、前期成本较低的优势让越来越多的人开始接受信用消费。

（二）大数据技术优化了消费过程

大数据技术让线上消费体验得到了极大的优化，能及时按照浏览记录和兴趣爱好推送消费者感兴趣的产品。除了线上消费平台，在一些线下的商场，或是共享经济商业模式中，大数据技术都有很广泛的应用空间，例如实时显示商场客流量、排队等候就餐、共享单车实时定位等。

（三）未来消费趋势预测

未来的消费一定是向着更加多元化、个性化、精细化的方向发展，消费者对产品的品质和口碑将更加重视；零售渠道去边界化，线上、线下将进一步融合，无人商店等新兴零售业态崛起；进一步优化线下零售的消费体验，围绕“消费者”这一核心展开更多的消费模式探索。

今后，新的技术变革可能会带来新一轮的经济转型。人工智能技术是近年来大家高度关注的焦点，目前正在改变着医疗、物流、教育等行业，随着技术的不断升级转型及应用范围的进一步扩大，一定会给消费趋势带来更多新的变化。

第二节　我国消费信贷的产生和发展

一、本节引言

消费信贷起源于欧美国家19世纪的借贷消费模式，是通过提前预支日后的收入进行超前消费的行为。在我国，这一消费模式从20世纪末起步，经过20多年的迅速发展，已经形成了一定的市场规模。相比欧美国家，我国的消费信贷市场虽然在规模、管理乃至消费观念上都存在一定差距，但是凭借着庞大的消费体量，我国消费信贷仍有巨大的发展潜力。

二、我国消费信贷的发展历程

（一）引入期（1998—2009年）

1997年，在亚洲金融危机爆发的背景下，中国为了带动经济，提出了扩大内需的战略方针。1998年，《个人住房贷款管理办法》和《关于发展个人消费信贷的指导意见》应时而生，旨在将消费信贷发展为拉动经济的另一大方向，要求四大银行积极开展针对广大民众的信贷业务。这也标志着中国的普通大众与信贷消费业务的正式相遇。

在引入消费信贷初期，大部分业务主要为住房贷款、购车贷款之类的长期借款，而且当时的办理手续较为严格，仅有少部分高收入、高净值的人群有机会参与。虽然中国银行早在1985年就发行了我国境内第一张信用卡——中银卡，但实际上使用者寥寥无几。2000年以前，消费信贷行为主要发生在国内四大商业银行及企业之间，普通大众还未曾接触信贷，甚至不了解信用卡。在发展消费信贷相关政策推出之后的10年内，我国居民逐渐意识到消费信贷的作用——能够提前预支自己的收入，并进行前瞻性的消费行为。也是从这一时期起，中国百姓买房、买车、日常消费开始逐渐采用信贷支付方式，年轻人更是如此。

如表1-3所示，1997—2008年，中国消费信贷的规模从172亿元增加至37267亿元，年均增幅超过58%，且占人民币贷款总额的比重提高了12.08%。但从2004年开始增速放缓，且在2008年出现了回落，这主要是因为受到国际经济危机的影响。

表 1-3　1997—2008 年我国消费信贷市场规模

年份	规模 / 亿元	占 GDP 的比重 /%	占消费的比重 /%	同比增长 /%	占人民币各项贷款总额的比重 /%
1997	172	0.23	0.47	—	0.20
1998	456	0.53	1.16	2.59	0.50
1999	1406	1.71	3.35	2.08	1.50
2000	4265	4.77	9.30	203.35	4.29
2001	6990	7.29	14.20	63.89	6.22
2002	10699	10.46	20.35	52.63	7.60
2003	15736	13.48	27.79	47.46	9.27
2004	20000	14.65	31.33	21.32	10.58
2005	22000	12.07	31.03	10.40	11.30
2006	24089	11.55	31.52	9.48	10.69
2007	32729	13.26	36.69	35.68	14.17
2008	37267	12.40	34.35	13.68	12.28

资料来源：何振亚 . 中国消费信贷发展回顾与展望［J］. 上海金融，2009（3）：16-19.

中国消费信贷的引入期实质上是中国人消费文化和消费观念的一个转折点。人们开始认识到自己的信用水平可以为自己带来超出目前收入的消费行为，有助于及时抓住投资机遇，以及分担当前的现金流压力。这为日后中国消费信贷的落地开花拉开了序幕。

（二）成长期（2010—2017 年）

在 2008 年国际金融危机的影响之下，为了维持国内经济增长趋势，中国银行业监督管理委员会（以下简称“银监会”）于 2009 年颁布《消费金融公司试点管理办法》，标志着国内的消费金融进入“成长期”——市场的铺开及政策的放宽。

消费信贷市场的快速增长给国民及国家带来了红利。首先，消费信贷对于国民的“普惠性”大幅提高。多家持牌消费金融公司陆续得到授权，在全国 16 座城市发展试点消费信贷业务。截至 2017 年获得银监会牌照的消费金融公司增至 22 家（见表 1-4）。虽然这些公司提供的消费信贷服务琳琅满目，但基本都具有“小额”“快速”“无抵押”的特征，这三个词也成为当时消费信贷的主流广告词。

表 1-4　截至 2017 年我国持牌消费金融公司目录

序号	消费金融公司	主要出资人	获牌时间	主要贷款产品
1	中银消费金融	中国银行、百联集团	2010/1/6	新易贷 - 微贷款
2	北银消费金融	北京银行（全资）	2010/1/6	轻松 e 贷
3	锦程消费金融	成都银行、马来西亚丰隆银行	2010/1/6	收入贷
4	捷信消费金融	PPF 集团（首家外商全资）	2010/2/12	捷现贷
5	招联消费金融	永隆银行（招商银行旗下）、中国联通	2014/8/28	好期贷
6	兴业消费金融	兴业银行、泉州市商业总公司、特步	2014/10/14	空手到
7	海尔消费金融	海尔集团、海尔财务、红星美凯龙、绿城电商	2014/12/3	嗨付
8	苏宁消费金融	苏宁云商、南京银行、法国巴黎银行	2014/12/11	任性借
9	湖北消费金融	湖北银行、TCL 集团、武商联集团	2014/12/16	嗨花、嗨贷
10	马上消费金融	阳光保险、重庆百货、北京秭润、重庆银行	2014/12/30	安逸花、马上贷、马上钱包
11	中邮消费金融	邮储银行	2015/1/6	邮你花、邮你贷
12	杭银消费金融	杭州银行	2015/7/7	综合消费贷
13	华融消费金融	中国华融、合肥百货、深圳华强、新安资产	2015/10/23	好借
14	晋商消费金融	晋商银行	2016/2/24	晋情贷
15	盛银消费金融	盛京银行	2016/2/24	小额借款
16	长银消费金融	长安银行、汇通信诚租赁、北京意德辰翔	2016/6/16	尊享贷、3C 贷、长银 1+1
17	哈银消费金融	哈尔滨银行、苏州同城软件	2016/9/13	—
18	尚城消费金融	上海银行、携程	2016/11/25	—
19	中原消费金融	中原银行	2016/12/19	提钱花
20	包银消费金融	包商银行	2016/12/21	—
21	长银五八消费金融	长沙银行、北京城市网邻、长沙通程	2016/12/27	幸福快贷
22	易生华通消费金融	吴江银行、海航旅游、珠海铧创、亨通集团	2017/1/9	—

资料来源：佚名 . 最新盘点：22 家银监会持牌消费金融公司有哪些［EB/OL］. 希财网，2020-10-17.

2010 年后，我国经济迎来了新的发展契机。也是在这一时期，消费金融公司如雨后春笋般涌现，消费信贷向广大民众铺开，在消费信贷的可得性上，我国的消费信贷市场逐渐向欧美等发达国家靠拢。此外，我国消费信贷涵盖的业务范围也更加广泛，包括医疗保险、综合消费、教育助学金等多类型的业务。在消费信贷的助力下，我国的消费经济得到刺激，市场经济再次充满活力。

2015 年，随着互联网经济的快速发展，网络消费信贷走进人们的视野。蚂蚁花呗、京东白条等互联网金融平台为特定消费群体提供了便捷的消费信贷服务。全国各地的民众通过手机 App，在短短几分钟之内就能获得一笔消费贷款，而且门槛极低。这进一步促进了我国消费信贷市场的繁荣。

（三）调控期（2017 年至今）

消费信贷市场的爆发式增长也带来了一系列负面问题，例如过度消费、高利贷、校园不良贷款和欺诈等。张婕（2018）提出，在这种背景下，银监会、教育部、人力资源和社会保障部于 2017 年发布了《关于进一步加强校园贷规范管理工作的通知》等举措，旨在规范当下快速兴起而缺乏监管的互联网消费信贷。在这一系列文件颁布之前，消费信贷中存在的漏洞使得民众或企业的利益受损。2015 年，四川成都警方抓获两名涉嫌利用互联网信贷套利的嫌疑人，其利用受害人以京东白条额度套现的意愿，骗取受害人的现金财物。此事一出，京东方面也升级了违规交易的检测系统，尽可能拦截可疑违规消费信贷支付，以免消费者受到损失。2017 年 3 月，马上消费金融泄露用户信贷信息的行为也受到了相关部门的处罚，其未经客户允许，将客户的信用贷款额度、征信调查背景等私人信息泄露给其他公司，换取高额利益，给信贷用户造成了巨大损失。

朱太辉等（2020）提出，浙江银保监局于 2019 年 9 月 17 日下发了《关于进一步规范个人消费贷款有关问题的通知》，其重申了对于持牌机构个人消费贷款（不包括房贷、车贷）的流向、用途及与其他平台合作方式等方面的要求，并点名要严格管控信用卡业务。虽然这是一份地方性监管文件，影响范围有限，但在某种程度上也反映了国家的监管态度。因此，未来必定会有更多地方监管部门跟进，让我国的消费信贷市场更加规范。

三、我国消费信贷市场的现状

（一）市场规模

2010—2018 年，我国消费金融市场规模从 0.68 万亿元发展到 37.89 万亿元。根据北京大学光华管理学院和度小满金融科技联合发布的《2019 年中国消费金融年度报告》，去除房贷，我国的消费信贷市场规模从 2012 年的 2.34 万亿上涨至 2019 年的超过 13 万亿元，增长速度在 2014—2016 年稳定保持在 20% 左右。特别是在 2016—2017 年，我国的消费信贷市场迎来了超过 60% 的增长，但在紧随的 2018 年下降至 25.1%，而 2019 年前 3 季度更是降至 17.4%，如图 1-9 所示。因此，预计我国消费信贷市场规模的增长速度在未来 5 年可能会放缓。

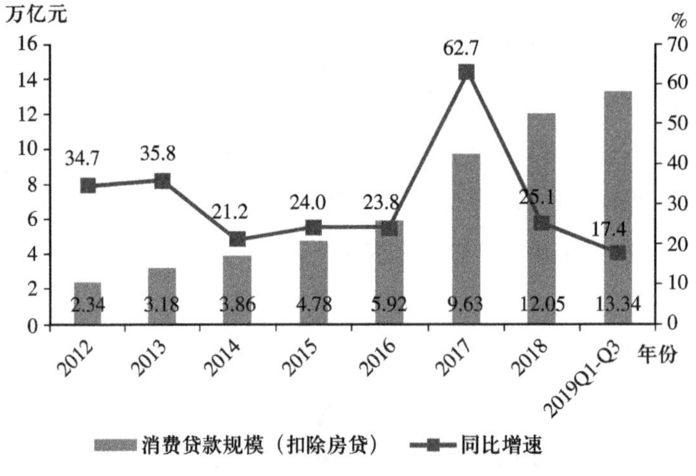

图 1-9　2012—2019 第 3 季度中国信贷消费市场规模

资料来源：北大光华，度小满金融科技 . 2019 年中国消费金融年度报告［R］. 2020-01-07.

2020 年，受新冠肺炎疫情的影响，国民消费突然下降、经营企业亏损使得消费金融行业受到了巨大冲击，市场规模增速放缓。疫情对消费信贷市场的两个直接影响因素是居民收入下降和线下消费受限。首先，疫情期间全国劳动人口失业率攀升。国家统计局数据显示，2020 年 1 月国内失业率为 5.3%，2 月失业率达到 6.2%，成为近 3 年来“就业难”的又一高峰。失业率的上升导致国民收入下降，限制了人们的消费水平，以消费者为主导的信贷消费市场缩水。其次，新冠肺炎疫情限制了许多线下行业的消费。2020 年第 1 季度，许多零售、餐饮行业无法正常营业，一些企业因库存、店租、职工薪酬等负债累累。巨大的现金流压力使得一些中小型企业倒闭，经济增长放缓，消费信贷再次受到严重冲击。艾瑞咨询（2020）的调查表明，疫情期间，我国超过 50% 的中小企业营业收入减少了 50% 以上，在现金流环节造成了致命的打击。但新冠肺炎疫情得到有效控制后，我国的消费信贷市场迎来了逐步复苏和进一步发展。

（二）市场结构

高一兰等（2020）提出，当下我国已经形成了商业银行、消费金融公司和互联网消费金融公司三大主体并存的消费金融市场结构。

商业银行主要提供传统的信用卡和信用贷款两大消费信贷服务。借助银行自身稳固的资金基础，其多提供大额、长期的消费信贷，如购房贷款、购车贷款、信用卡等。近几年，我国的商业银行也有向互联网小额信贷进军的趋势，例如银联的云闪付在 2019 年年初投入大量营销成本，复制蚂蚁花呗的互联网消费信贷模式，抢占市场份额。这也从侧面反映了未来几年互联网消费金融的可观市场。

消费金融公司是具有银监会授权的持牌非银行金融机构。其贷款额度介于商业银行与互联网消费金融公司之间，业务同时覆盖线上和线下，信贷可用于消费购物和其他场景。目前由于牌照申请门槛较高，截至 2019 年 5 月底，我国共有 23 家持牌消费金融公司。

互联网消费金融公司拥有小额贷款牌照，面向的客户群体是庞大的个人消费者。由于网购和线上支付的流行，越来越多的人可以低门槛地使用这一金融服务进行日常的网购。而大数据技术更是能够分析全球各地的用户数据，进行高度精准的风险控制。刘嘉宸（2018）提出，蚂蚁花呗可以根据 3 亿多用户的网购情况、支付习惯、信用风险等综合考虑，通过大数据运算，结合风险控制模型，授予用户 500~50000 元不等的信用额度。

综上所述，商业银行主打的信贷产品借助银行较低的融资成本和稳定的资金来源，能够为客户提供长期、大额的信贷。持牌消费金融公司拥有适中的资金成本及快速审批的优势，但当前的规模并不大，客户群体较窄。新兴的互联网消费金融则依托大数据和智能风控，较好地把握住了小额消费信贷用户，或将成为未来的主流，但同时也要克服资金来源不稳定、运营成本过高的困难。具体情况见表 1–5。

表 1-5　我国三大消费信贷主体的市场概况

主体	产品类型	核心优势	主要劣势
商业银行	信用卡、信用贷	资金来源稳定，成本低	难以满足小额、分散的消费需求
持牌消费金融公司	家装贷、线下购物、分期支付	资金成本适中，审批较快	行业规模小，规模优势不明显
互联网消费金融	互联网小额贷款、线下分期支付、线上购物平台消费	大数据和智能风控	资金来源不稳定，成本高

（三）市场分布

1. 主要地域分布

我国消费信贷的市场分布大致与地区经济发展水平紧密相关。当前，我国华东地区的消费信贷市场规模最为庞大，2018 年的市场总份额达 3.94 万亿元，总体占比为 33.4%，远超其他地区。其次是华南和华北地区，2018 年的总份额约 1.7 万亿元，总体占比为 15% 左右。而经济欠发达的西南地区，2018 全年信贷消费总额为 0.63 万亿元，占比仅为 5.26%。

2. 主要业务分布

当前我国消费信贷市场业务仍以个人住房贷款为主，约占 68%，其他消费信贷占 32%。2016 年后，以个人房贷为代表的长期信贷占据主导地位，但其增速放缓，而去除房贷和车贷后的短期个人信贷才是真正反映中国信贷消费市场走向的关键，其比例由 2000 年的不到 10% 上升至 2018 年的 32%。这反映出我国居民在日常消费中越来越倾向于使用信贷，且信贷市场分布逐渐向着“小额”“快捷”“灵便”的趋势发展。

3. 用户特征

《2018 中国消费信贷市场调研》从年龄、收入、受教育水平 3 个角度分析信贷消费用户的特征。该调查发现，中国信贷市场的用户年龄偏年轻。18~29 岁的主要为在校学生和刚就业的年轻人，占比为 37%；30~39 岁群体占比约为 30%；40~49 岁的中年人群占比为 34%；而超过 50 岁的中老年人群很少接触信贷消费。由此可见，消费信贷用户在除中老年群体之外的各年龄层次的分布较为均匀，这表明各个年龄段的消费者都有不同的信贷需求。

在收入分布上，月薪2000~4999元的用户群体占比最大，超过70%，其次是月薪5000~9999元的用户群体，而月薪2000元以下及10000元以上的用户群体消费信贷需求较小，占比低于5%。总体来看，月薪5000元以下群体的消费信贷需求随着收入的增加呈增长趋势，5000元以上群体的消费信贷需求随着收入的增加呈减少趋势。

从受教育水平来看，专科生占比最多，超过57%，然后依次为本科生（32.4%）、职业学校（24.7%）、高中或以下（20.8%）。研究生或以上的用户占比最少，低于3%。从受教育水平来看，我国消费信贷的用户群体较为分散，且本科生和专科生的占比最大。究其原因，一方面，学生的收入水平与学历高低有关，学历越高的学生平均收入越高，更能负担自己的消费支出，因此信贷需求相对更少；另一方面，可能研究生学历的人群对个人财富管理更为保守，因此对信贷的需求更低。

综上所述，中国信贷消费的主流用户聚集在70后、80后、90后，月收入在2000~5000元，拥有专科或本科学历的群体。其中值得注意的是，现代信贷消费市场的用户群体年龄分布较为均衡，收入水平分布上中低收入人群占比较大，与引入期仅有部分高收入人群参与的情况已大不相同了。这充分说明当下信贷金融服务的普及度较高，即使是学生和低收入人群也能够享受，可见借贷消费的理念逐渐被广大民众所接受。

第三节　我国对消费信贷的监管

一、本节引言

早在1988年，中国人民银行就颁布了《个人担保住房贷款管理办法》，并针对个人消费信贷出台了一些意见。最近十年，我国消费信贷市场呈现爆发式发展，随着专业消费金融公司的不断涌现、商业银行个人消费信贷业务的不断下沉和互联网金融企业的蓬勃兴起，我国的消费信贷逐渐形成了多结构、多变化的消费金融体系。针对消费信贷快速发展过程中存在的一系列问题，我国的相关法律法规也在不断进行完善。本节将对我国目前有关消费信贷的法律法规及其不足之处进行探讨，同时对一些经典监管案例进行分析。

二、我国对网络借贷消费平台的监管思路

针对早期互联网金融模式中出现的一些问题，银监会于2011年下发了《关于人人贷有关风险提示的通知》。该文件针对网络借贷消费平台的特殊性质及其职能，明确了各级政府的监管职责和平台自身应当规范的服务内容，提出了对于我国网络借贷消费平台的四大监管思路：①明确指出借贷平台的中介性质，即借贷平台本身并不提供产品及服务；②明确指出借贷平台本身不得提供担保；③明确规定网络借贷平台不可以利用借款设立资金池；④明确指出各级政府应该对网络借贷平台进行信息监控，对网络平台进行电子注册，建立资金托管制度的档案，同时做好网络借贷平台用户的实名制并与用户其他个人信息进行联动，从而推动网络借贷平台健康发展。

三、我国当前与消费信贷有关的法律法规

（一）信用卡使用的法律依据

信用卡是我国消费信贷最早的金融工具之一，当前普及率非常高。信用卡对于现金欠缺的消费人群而言十分便利，但在使用信用卡的过程中，以下行为是违反《中华人民共和国刑法》且需要负刑事责任的：①使用伪造的信用卡，使用虚假身份及信息或使用他人身份信息领取信用卡；②使用无效的信用卡；③未经持卡人许可使用持卡人信用卡；④恶意透支，即以非法占有为目的，超过规定限额或规定期限透支，并在发卡银行多次催收之后仍旧拒不还款。

《中华人民共和国刑法》第一百九十六条规定："进行信用卡诈骗活动，数额较大的，处五年以下有期徒刑或者拘役，并处二万元以上二十万元以下罚金；数额巨大或者有其他严重情节的，处五年以上十年以下有期徒刑，并处五万元以上五十万元以下罚金；数额特别巨大或者有其他特别严重情节的，处十年以上有期徒刑或者无期徒刑，并处五万元以上五十万元以下罚金或者没收财产。"

（二）网络借贷消费平台运营的法律依据及其他具有法律效应的条例

不同于信用卡，根据《公安部关于公安机关不得非法越权干预经济纠纷案件

处理的通知》，“花呗”“借呗”“白条”这类网络借贷消费平台一般的借款逾期被界定为民事纠纷，基本不会使用刑事手段，而是根据《中华人民共和国合同法》中第二十三章《居间合同》来进行处理：

第二十三章　居间合同

第四百二十四条　居间合同是居间人向委托人报告订立合同的机会或者提供订立合同的媒介服务，委托人支付报酬的合同。

第四百二十五条　居间人应当就有关订立合同的事项向委托人如实报告。

居间人故意隐瞒与订立合同有关的重要事实或者提供虚假情况，损害委托人利益的，不得要求支付报酬并应当承担损害赔偿责任。

第四百二十六条　居间人促成合同成立的，委托人应当按照约定支付报酬。对居间人的报酬没有约定或者约定不明确，依照本法第六十条的规定仍不能确定的，根据居间人的劳务合理确定。因居间人提供订立合同的媒介服务而促成合同成立的，由该合同的当事人平均负担居间人的报酬。

居间人促成合同成立的，居间活动的费用，由居间人负担。

第四百二十七条　居间人未促成合同成立的，不得要求支付报酬，但可以要求委托人支付从事居间活动支出的必要费用。

当然，一些情节特别严重的，例如长时间以非法占有为目的，在借贷平台多次催收后仍旧拒不还款，假冒他人的身份信息开通借贷平台账户及非法套现等行为，依然可以按照刑事案件来处理。

2015 年就有一起因利用蚂蚁花呗套现且情节特别严重而被判刑的案例：杜某通过蚂蚁花呗平台以虚假交易的方式在短短 3 天之内形成 2500 余笔虚假交易，并从蚂蚁花呗平台套现 470 余万元，获取 40 余万元的手续费。杜某的行为违反了《非法金融机构和非法金融业务活动取缔办法》中“未经中国人民银行依法批准，任何单位和个人不得擅自设立金融机构或者擅自从事金融业务活动”的规定，这一行为已经超出了网络借贷消费平台和用户之间的普通合同范畴，所以并未按照《中华人民共和国合同法》进行处理，而是根据《中华人民共和国刑法》第二百二十五条非法经营罪进行处置：

第二百二十五条　非法经营罪

违反国家规定，有下列非法经营行为之一，扰乱市场秩序，情节严重的，处五年以下有期徒刑或者拘役，并处或者单处违法所得一倍以上五倍以下罚金；情节特别严重的，处五年以上有期徒刑，并处违法所得一倍以上五倍以下罚金或者没收财产：

（一）未经许可经营法律、行政法规规定的专营、专卖物品或者其他限制买卖的物品的；

（二）买卖进出口许可证、进出口原产地证明以及其他法律、行政法规规定的经营许可证或者批准文件的；

（三）未经国家有关主管部门批准非法经营证券、期货保险业务的，或者非法从事资金支付结算业务的；

（四）其他严重扰乱市场秩序的非法经营行为。

大多数用户在日常使用网络借贷消费平台时并不会触犯法律法规，但会发生逾期无法还款的情况。例如 2020 年年初新冠肺炎疫情期间，许多公司停工数月，不少居民在几个月内都没有收入来还款。蚂蚁花呗等借款平台强调，逾期还款可能会有以下不良后果：①芝麻信用降低，许多免押金的项目都无法使用，影响个人征信系统；②产生高额的手续费，每逾期一日需支付 0.5% 的手续费，逾期时间越长，手续费越高；③蚂蚁花呗等平台工作人员会进行无休止的催款行为，包括对本人、家属以及亲友；④蚂蚁花呗等平台将停止与用户的合同，并再不提供服务；⑤如金额重大，会有被起诉的风险，可能会根据《中华人民共和国刑法》中的信用卡诈骗罪来进行处理。

因此，大家使用“花呗”“白条”等类似的网络借贷消费平台，也要像使用信用卡一样及时还款，保持良好的信用。如果实在不能按时还款，可以与相应平台协商，申请延期还款。

五、加强网络消费信贷监管的例子

2019 年 9 月 17 日，中国银行保险监督管理委员会浙江监管局办公室下发了《关于进一步规范个人消费贷款有关问题的通知》（以下简称《通知》）。这份对于网络消费信贷的监管文件，是在个人网络消费借贷平台日益增多、借贷消费行为日趋普遍的背景下产生的。我国互联网金融事业在高速发展的同时产生了一系列问题，例如部分网络消费借贷平台或用户并不将贷出的资金用于消费，而是挪为他用或套现。虽然我国的法律对这些行为有一定的规定，但并不详细，因此浙江省出台了详细规定，重申、细化了网络消费信贷平台的合规原则。

消费借贷的目的是激发民众的消费潜力，促进国家消费经济的发展。因此，该《通知》主要重申了网络消费借贷的消费途径，突出“消费”二字，禁止个人将网络消费借贷用于支付购房首付以及还款；禁止使用网络消费借贷平台购买理财产品；禁止将网络消费借贷用于民间借贷以及网络借贷还款等。这些规定确保了网络消费借贷只能用于拉动内需，刺激消费，而非其他非法活动。

该《通知》还细化了对于网络消费借贷平台的规定。例如不允许发放不是消费用途的个人贷款；不允许将授信审查、控制风险这类业务交由第三方机构等。同时强调了对消费者的权益保护，其中包括不得泄露与非法售卖客户隐私信息，不可以通过虚拟号码对随机客户进行推销，不可以对明确表示不愿意被打扰的客户进行再次打扰，不可以使用暴力、侮辱、威胁、恐吓等手段催收贷款。

虽然该《通知》目前仅在浙江省范围内实行，但这份文件是网络消费信贷相关法律法规的一个很好的补充，可以将其推广至全国。假如浙江省能取得良好的监管效果，相信其他省市也会尽快效仿，并根据新发现的问题出台类似规定。

六、加强网络消费信贷监管的建议

（一）完善网络消费信贷监管的法律法规体系

（1）申请创办网络借贷机构的条件需更加严格，且应定时抽查平台运营情况。信通金融网络借贷 App 曾在 4 个月内让 140 余人受骗，因为地方金融监管部门对网络借贷机构进行了注册登记，但后期并未对平台进行实时追踪，对于网络借贷平台的实际运作情况、运作标准一概不知，这给用户带来了巨大的风险。

（2）对于网络借贷机构的借款额度应具体问题具体分析。《网络借贷信息中介机构业务活动管理暂行办法》中规定了借款额度的上限，这对较为大型的网络借贷机构是极为不利的。应根据网络借贷平台的规模、业务内容及运营模式来分类，因为不同级别的网络借贷机构可以承受的借款上限是不一样的，不可一概而论，否则会阻碍到网络借贷机构本身的发展。

（3）有关网络借贷平台的法律法规需要完善和细化。《网络借贷信息中介机构业务活动管理暂行办法》只是给网络借贷平台规定了一个大致的框架，许多规定只是根据我国其他法律来制定的一些原则性的规定，对于一些因新事物出现而产生的新的问题和漏洞并没有给出详细的解决办法。

（二）督促网络消费信贷机构加强自我监管

在法律体系相对不完善的情况下，网络消费信贷机构的自律监管显得非常重要。网络消费借贷平台属于中介机构，而中介机构最大的资本就是诚信。网络借贷机构想要持续发展下去，首先要在国家法律法规规定的范围内运营，而且要形成良好的运营体系，主动对员工进行培训，定时检查借贷行为是否符合国家规定，积极配合监管部门的抽查和监督，不断扩大本机构吸纳用户的能力，并继续推动网络消费信贷行业健康规范发展。

（三）加强个人征信体系建设

个人征信体系是指各个金融机构与政府下设的行政机关、司法机关等联动，为市民的信用等级进行评定的系统。目前我国的个人征信系统由央行主导，各金融机构之间也并没有很好地联动起来对公民的信用情况进行评定。这样就会出现在一个网络借贷平台上欠款的人，可以在其他金融机构成功申请贷款，这对网络借贷行业以及国家推动诚信建设是不利的。

其主要原因是我国数据统计口径的建设并不成熟，多管道之间并不融通。目前行政机关进行调查的方式仍以纸质文件居多，信息更新非常缓慢。例如在2020年年初新冠肺炎疫情期间，上海市政府推出的随申办App上已经有了电子证件栏目，但在住酒店等场合需要出示身份证明时，居民仍会被要求出示实体证件，这说明新型的信息化数据采集并没有得到普遍的推广。可喜的是，现在我国已经逐步开放对金融机构的征信授权，“花呗”“借呗”“白条”都已加入了征信体系。其用户数量多、使用频率高，对于政府进行个人信用评定有极大的帮助。当然，这些民营企业也可以利用政府的征信评定，对于一些信用差的用户适当采取措施，这也是互惠互利的。还需要注意的是，对于已经在失信黑名单中的群体，是否应给予少量使用网络借贷平台的机会，也是值得商讨的。

总之，我国关于网络借贷的法律虽不完善，但仍在不断改进之中。在如今各个行业都在往信息化方向转型的背景下，各类法律法规都应当在网络方面进行更深层次的补充。以省市级法律法规为基础，进行自下而上的改革，并根据实际情况继续完善。同时将信息化与大数据技术应用到全行业，加快完善个人征信体系，借助消费借贷的发展推动整个政策的信息化改革，发掘更多新的发展方向。

参考文献

[1] 艾瑞咨询．疫情黑天鹅，多歧路安在？疫情影响下的用户消费指数趋势报告［R］．2020-02-25.

[2] 北大光华，度小满金融科技．2019年中国消费金融年度报告［R］．2019-12-23.

[3] 赵卫华．改革开放40年我国消费领域的七大变化［N］．北京日报，2018-11-26.

[4] 陈郁青．利用虚假网贷App诈骗，4个月130余人受骗［EB/OL］．正义网，2019-08-13.

[5] 高翔．第三者融资型信用交易的法律构造［J］．法学论坛，2017（4）：110-118.

[6] 高一兰，黄晓野．基于数字经济的消费金融发展问题研究［J］．黑龙江社会科学，2020（2）：66-70.

[7] 国家金融与发展实验室．2019中国消费信贷报告：新消费崛起 服务场景及业务模式被重构［R］．2020-01-11.

[8] 何启志，彭明生．互联网金融对居民消费的影响机理与实证检验［J］．学海，2019（3）：146-153.

[9] 何振亚．中国消费信贷发展回顾与展望［J］．上海金融，2009（3）：16-19.

[10] 李园．改革开放40年我国居民消费需求变化研究［J］．宁夏党校学报，2018（6）：62-66.

[11] 刘嘉宸．分析我国消费信贷问题及对策——以蚂蚁花呗为例［J］．消费导刊，2018（17）：9+12.

[12] 千帆．消费信贷乱象丛生，白条风控布下"天网"［N］．文汇报，2015-08-05.

[13] 清华大学．2018中国消费信贷市场研究［R］．2019-01-18.

[14] 佚名．支付宝花呗、借呗、备用金逾期还款，分别是什么后果？望周知！［EB/OL］．数码驿站，2019-06-21.

[15] 佚名．花呗套现原来要判刑，又有人被抓去坐牢了！［EB/OL］．支付百科，2018-09-14.

[16] 唐堂．信用卡及其法律关系研究［J］．法制博览（中旬刊），2012（7）：45-46.

［17］汪卫芳，樊祎斌．扩大消费需求的金融视阈——以浙江为例［J］．学术交流，2012（1）：85-87.
［18］王一凡．中国能源消耗与经济增长关系研究［J］．魅力中国，2016（23）：134.
［19］魏振基．2000年以来我国居民消费变化状况的实证研究［D］．兰州：兰州大学，2017.
［20］佚名．最新盘点：22家银监会持牌消费金融公司有哪些［EB/OL］．希财网，2019-12-04.
［21］佚名．新冠疫情下消费金融面临的冲击［EB/OL］．小米金研，2020-03-18.
［22］佚名．大数据解读消费信贷用户：80后是“主力军”逾期最担心损害个人征信［N］．经济日报，2020-05-29.
［23］杨东．互联网金融视角下现金贷发展业态及监管探析［J］．互联网金融法律评论，2017（4）：3-14.
［24］杨阳，郭庆．浅析近10年我国城镇居民消费结构变化［J］．现代营销（下旬刊），2014（12）：5.
［25］张婕．大学生校园网络借贷的风险识别及应对［J］．现代教育科学，2018（11）：35-39.
［26］赵金蕊．后金融危机时代的消费变化及营销对策［J］．云南社会科学，2011（4）：118-122.
［27］佚名．花呗套现案宣判：系全国首例90后男子获刑2年6个月［EB/OL］．中国日报网，2017-12-28.
［28］朱俊岑，吴炜佳，宇家宜．民间借贷的若干法律问题探讨［J］．法制博览（中旬刊），2014（9）：241.
［29］朱太辉，张彧通，张夏明，等．助贷业务的主要争论和解决方案研究［J］．金融与经济，2020（2）：4-13.

▶ 第二章　国外消费金融的横向比较

本章首先以美国为例，分析了北美地区消费金融市场的发展历程和现状，以及美国消费金融市场稳定快速发展的原因，其次分析了全球第二大消费金融市场诞生地——欧洲消费金融的五个发展历程，最后分析了日韩消费金融市场，并提出我国可以借鉴以上国家的经验，结合实际情况促进我国消费金融行业建设和风险规避工作。

第一节　美国消费金融的状况及其对我国的启示

一、本节引言

汪卫芳等（2012）提出，消费金融在提高消费者生活水平、支持经济增长等方面发挥着积极的推动作用。消费金融市场的完善和相关规章制度的健全可以推动市场向更好、更丰富的方向发展。

二、美国消费金融的发展历程回顾

（一）消费金融应运而生，商业银行居主导地位

1910 年，摩利斯银行（Morris Bank）的成立标志着美国消费金融的产生，它是第一家提供消费贷款的商业银行。“二战”期间，为保证军用物资能正常供应，同时抑制通货膨胀，美国进行了三次消费信贷的限制。战争结束后，美国为了恢复经济发展而放宽了对消费信贷的管制。进入 20 世纪 60 年代，虽然美国征信企业百花齐放，但由于征信系统不完善，征信公司的质量参差不齐。基于这种状况，政府推动了 1970 年《公平信用报告法》（Fair Credit Reporting Act，FCRA）的颁布。赵旭等（2016）提出，在这一阶段，消费金融市场的供给主体出现了显

著变化，传统商业银行成为市场主导机构，它们掌握着许多客户的借贷记录，可以更准确地分析客户的偿债能力和信誉水平，从而更加有效地开展信贷业务。利用这一优势，商业银行迅速抢占了40%以上的消费金融市场份额，并且始终保持高位。

（二）放松监管，参与主体更加多元化

20世纪70年代初是变革和发展的时期。赵旭等（2016）提出，为了遏制市场内的过度竞争，美国采取了一些措施来限制信贷产品提供主体的经营范围、贷款条件和消费信贷利率等服务，这使得消费信贷市场的格局产生了分化，服务更加多元化，市场份额也逐渐扩大。20世纪80年代以来，美国市场利率大幅攀升，金融机构的资金成本急剧上升，金融监管机构进一步放宽了对消费信贷公司的限制。与此同时，美国个人征信行业掀起了一波兼并风潮，约2250家征信机构参与了这次风潮。Experian、Equifax和TransUnion组成的三巨头阵营与300多家小型征信公司构成的阵营也在这次风潮中形成了。这三大巨头广泛使用FICO信用评分模型评估借款人的信用风险，通过选择性放贷大大降低了信贷违约率。它们所掌握的数据库几乎涵盖了美国所有消费者的全部信用记录，这使得整体效率得到了很大提升。

（三）二级市场形成，参与主体创新发展

随着美国经济的不断繁荣发展和消费者生活水平的提高，一级消费信贷市场也迎来了意料之中的饱和状态，这为二级市场的形成创造了条件，如以消费信贷基础资产为担保发行的证券所占比重不断上升等促进了消费金融市场的发展。但二级市场是把“双刃剑”，其潜在的信用风险不容小觑，例如2008年国际金融危机时，此类证券的市场份额就急剧下跌。

与此同时，由于科学技术的发展，互联网在各个行业的应用都变得十分重要，消费金融市场也不例外。在提供服务时，服务的方式逐渐由线下转为线上，这样既节约了客户的时间，也降低了信贷公司的成本，节省下来的成本可以进一步反馈给借款人和投资人。

除此之外，美国征信行业信用评估模型的精确度也随着大数据技术的广泛应用大幅度提升。根据大数据技术的处理结果评定不同的信用等级，再以此来划定不同的贷款利率水平，可以有效规避风险。利用大数据技术，还可以有效地识别潜在的优质借款人，从而为更多借款人提供更加优惠、便捷的融资服务。

三、美国消费金融的发展现状

（一）参与主体

在美国开展消费金融业务的主体很多，主要包括以下四种。

（1）有自有产业作为支撑的消费金融公司。钱凤兰（2013）提出，这类公司有着十分强大的产业先天优势，并以此发展消费金融，例如福特汽车信贷公司（Ford Motor Credit Company LLC）。

（2）零售系消费金融公司。它们通过提供消费金融相关产品给予客户优质独特的消费体验，这种方式在刺激顾客消费的同时，也使公司获得了利息等收入。

（3）持牌消费金融公司。这类消费金融公司的信贷规模相对较小，提供贷款的对象主要是有较高风险，但没有较强偿付能力的客户，并且费用相对较高。

（4）互联网系消费金融公司。这类公司拥有大量的客户群体，它们依托于网购平台、第三方支付平台等线上平台，因此相较于线下平台更加方便和快捷，在业务拓展方面具有很大的优势，例如 PayPal Credit。

（二）经营特点

1. 提供的产品及服务的对象

美国的消费金融公司借贷门槛低，而且放款金额少，一般不需要保证或抵质押等，只需要借款人的信用记录就可以办理借贷业务，对于大部分消费者来说非常方便。对于信誉度不高和收入来源不稳定的人，商业银行通常不会与他们进行借贷业务，因为他们无力偿还债务的可能性大，银行收不回本金的风险较高。然而，消费金融公司的服务一般都是针对这类收入来源不稳定或收入有限的人群。由于借款人收入不稳定，其偿债能力也较弱，消费金融公司提供贷款的风险较高，因此大部分公司虽然会提供贷款，但也会采取提高对借款人收取的利息费用等措施，将自己的风险降到更低。同时，消费金融公司依托强大的数据库和完备的征信信息系统，针对不同需求的消费者制订适宜的借贷方案，以降低自身风险，吸引投资，进一步在信贷市场站稳脚跟，提升市场竞争力。

2. 获取消费者信用信息的途径

美国的消费金融公司获取借款人的信用信息的方式一般有以下三种类型。

（1）借款人在申请借款时填写的表格。由于是本人亲自填写，这一表格内的信息完善可靠，借款人的个人信息，如收入及其来源、家庭住址、工作情况等都十分详细。信贷员一般会对这些信息进行验证和核实，以确保信息的可靠性。

（2）与消费者直接取得联系。这类方法比较直接和客观，但是花费的成本较高，如联系消费者所耗费的人力物力成本很高。

（3）委托第三方机构。由于第三方机构有专业的工作流程和人员，收集数据会更加简单快捷，获取的信息可信度也更高，风险评估工作也会更加顺利，所以消费金融公司做出的分析也会更加准确和到位。

3. 资金来源及风险管理

消费金融公司一般通过使用自己的资产，或者向银行借款、发行股票债券等方式来筹集资金。美国完备的信用评估体系有助于消费金融公司获取客户的信用资料，从而对客户的申请进行及时有效的资料审核和风险评估，这对于公司判断是否要和一位客户进行信贷业务至关重要。

为了保证借款的收回，提高贷款收回率，弥补公司被违约而造成的损失，消费金融公司还会设立贷款催收部门，与市场中的第三方催收机构一起运作。

四、美国消费金融发展的推动力

（一）征信体系完善

赵旭等（2016）提出，美国是世界上最早建立征信系统的国家之一。目前，美国征信体系日趋完善和健全，已经覆盖超过 85% 的美国人口。磨雁能（2018）提出，美国征信体系是全方位、多维度的数据结构体系。它的优点主要有三点：一是全面性。此体系不仅覆盖人口广，涵盖的信息也十分全面，对每位公民的信用卡违约记录、不良社会行为记录、网络购物信息、社交信息等诸多方面的信息都有涉及。二是共享性。美国不同行业之间都相互联系，这些行业可以共享征信数据，串联各类数据，进一步使得整个体系的推行更具科学性。三是多样性。美国征信体系获取数据信息的渠道十分丰富，包括线上、线下多种手段。

（二）金融供给体系及信贷产品种类多元化

赵旭等（2016）提出，20 世纪 70 年代以来，美国消费信贷的供给主体出现明显分化，不同类型的信贷集团开始专门拓展某一方面的信贷业务，商业银行虽然以其广泛的营业网点、丰富的客户资源和专业的品牌形象等优势占据着信贷市场的主要部分，但是其市场份额在下降。

金融公司主要依托汽车销售这一形式来开展消费金融业务，为汽车生产商吸引消费者，同时获取一定的市场份额。马立珍（2010）提出，随着资产证券化的不断扩大，储蓄银行和储贷协会由原先的只进行居民住房抵押贷款业务，逐渐拓展到汽车贷款、信用卡贷款、助学贷款等方面，为消费者提供了更多的贷款资金支持。供给体系的多元化使得消费者的选择更加丰富，促进了市场的良性竞争与消费金融市场的发展。

（三）法案与政策的完善

“二战”结束后，美国联邦政府为了刺激生产，加快战后经济的恢复和繁荣，增加了国家预算中的财政支出额，并向各类企业实行优惠税率，这一系列举措为消费金融的发展奠定了物质基础。与此同时，美国联邦政府还陆续出台了专门针对消费信贷行业的法案，以保护消费者的合法权益，确保消费者利益不受侵害，例如《公平信用报告法》（Fair Credit Reporting Act，FCRA）和《公平准确信用交易法案》（Fair and Accurate Credit Transactions Act，FACTA）等。

五、对我国消费金融发展的启示

（一）加快征信体系的建设和完善

健康的征信体系是推动消费金融发展的重要基础之一。政府只有不断建设和完善征信体系，才能准确打击失信行为，维护正常的社会经济秩序，保护群众权益，更好地履行经济调节、市场监管、社会管理和公共服务的职能，才能为多元的金融发展提供良好的环境，消费金融市场才能不断发展和成熟。可以设立专门的消费金融监管机构来对症下药，为消费金融的发展提供一层保障。

（二）法律法规的完善

相关法律法规的完善对我国消费金融的发展至关重要。可以借鉴美国为鼓励和保护消费金融业而出台的一系列法律法规，实行一些优惠政策和保护政策来鼓励合法金融借贷机构，同时还要严厉打击非法借贷机构，打造一个公平、公开、透明、良好的消费金融市场。

（三）重视科技在消费金融体系中的作用

要重视科技在各个行业发展中的重要作用，鼓励金融借贷企业积极运用科技手段向消费者提供优质服务。李卓（2019）提出消费金融公司及金融科技公司可以从风险控制的角度出发，借助大数据了解客户整体金融行为，对用户的行为、偏好、习惯进行刻画，通过模型的方式对用户的信用风险和欺诈风险进行科学计量，提前建立反欺诈、信用风险评估、智能风控引擎、外部数据整合、风控管理制度五维一体互联网科技驱动的风控体系，实现贷前审批、账户管理、客户实时跟踪、资金监控、贷后催收全周期覆盖的监控程序。

（四）加强与国际消费金融体系的合作

在经济全球化的今天，国际间的合作共赢是必然的，每个国家在发展与金融相关的市场时，都不能与世界脱轨。2008 年爆发国际金融危机时，正是因为不同国家的金融体系和处理措施不一致，导致全球错失了携手应对金融危机的最佳时机。因此，我国在发展消费金融方面要加强与国际上其他国家的合作。同时，参与国际金融监管合作也有利于我国消费金融企业提升应对突发情况的能力，在未来越来越复杂的国际形势中站稳脚跟，脚踏实地不断进步。

第二节 欧洲的消费金融状况及其对我国的启示

一、本节引言

刘洋（2017）提出，欧洲消费金融的发展历程主要分为五个阶段：①起步。欧洲消费金融始于 20 世纪 60—70 年代，晚于美国。工业革命和全球殖民扩张后，欧洲经济实力雄厚，国强民富，民众信贷消费意愿并不强烈；同时，基督教勤俭进取的教义影响进一步抑制了消费信贷的发展。②发展。“二战”后，欧洲经济遭到重创，民不聊生，政府适时地推行福利资本主义政策，使得一些收入较低但有稳定工作的中低端客户（尤其是年轻人）开始广泛采取信贷消费，消费金融得到迅速发展。③提速。东欧剧变后消费信贷迅速发展。例如，成立于 1991 年的捷克 PPF 集团总资产达 270 亿欧元，涉及的业务很广泛，但盈利主要来自 1997 年成立的子公司——捷信集团。捷信集团正是通过为中东欧、独联体及亚洲国家提供消费信贷业务获取收益，发展迅速。④停滞。遭到 2008 年国际金融危机、2009 年欧洲债务危机等经济下行冲击，欧洲消费信贷市场处于停滞状态。⑤成熟。2015 年欧盟的消费信贷余额出现了自 2008 年以来的首次上升，比 2014 年增长 2.9%，汽车金融的崛起扭转了消费信贷低迷的态势。于是，全球第二大消费金融市场在欧洲诞生。

六、欧洲消费金融的发展现状

（一）欧洲：全球第二大消费金融市场

1. 市场份额大

当前全球消费金融市场总额的 25% 集中在欧洲，且 10% 以上的欧洲生产总值由消费金融的收入创造。发展到成熟期的欧洲消费金融市场，为寻求突破、提高竞争力，不断完善风险管理、增强产品创新、拓宽分销渠道、专注目标客户。

2. 金融服务业表现突出

2012—2017 年，欧洲上市机构的年均股东回报率约为 11.5%，零售银行和企业银行的年均股东回报率略微逊色，分别为 9.1% 和 7.4%。欧洲金融服务业以有稳定收入的中低端个人客户为目标，采取全方位的营销模式，提供相应的延伸服务，使得私人持有（通常由私人募股权支持）的消费金融公司效益尤为显著，股本回报率超过 20%。

3. 发展水平差距大

刘洋（2017）提出，英国（约 3290 亿欧元）、德国（约 2250 亿欧元）和法国（约 1530 亿欧元）在欧洲消费信贷规模排名中占前三名，在人均消费信贷余额方面，英国以人均 5000 欧元独占鳌头，与之形成鲜明对比的是波兰，虽然消费信贷规模排名第六，但人均消费信贷余额仅为 900 欧元。在消费信贷增速上，欧盟有 9 个国家是负增长，有 12 个国家则拥有超过 3% 的增速。由此可知，欧洲消费信贷发展水平差距较大。

（二）英国：银行主导消费金融

1. 消费信贷规模大，教育信贷政府管

谢怀筑等（2018）提出，英国是欧洲消费金融市场规模最大的国家。2017 年，英国的个人信贷金额高达 15700 亿英镑，约 87% 用于住宅和再贷款，由政府支配的学生教育贷款为 1138.4 亿英镑。遭受 2008 年国际金融危机之后，英国消费金融下跌，但由于受政府主导，学生教育贷款并未受到影响，其占比不断提升，2004—2017 年实现了由 8% 到 35% 的飞跃。

2. 银行优势明显，盈利模式单一

基于对超过 2/3 的市场份额的绝对控制，商业银行在英国消费信贷领域优势明显。在 2017 年英国消费金融市场中，货币消费金融机构占据七成份额，使用信用卡的比例高达 71%，而发薪日贷款公司通过满足居民的短期消费信贷需求，也占据了一席之地。信用卡占信贷收入的比重较大，并在逐年增高，盈利模式单一，但发薪日贷款公司的利率普遍较高，以 MrLender 为代表，其每天 0.8% 的发薪日贷款利率，远超我国消费金融 0.05% 的日利率。

（三）瑞典：技术驱动创新，专注客户需求

1. 专家技术获收益，产品渠道新发现

从世纪之交开始，新的消费金融供应商瞄准了瑞典市场，瑞典企业利用技术变革进一步开拓消费市场。强劲的盈利能力吸引了更多专业供应商，它们利用数字技术在消费金融领域获得巨大收益。瑞典拥有较高的数字采纳率、完善的信用评分体系及完备的基础设施，这促使人们从传统的基于账户的透支额度、分行分销产品和销售点（POS）分销信用卡转向更高份额的现金贷款和非卡式的 POS 信用。

2. 利基市场占主导，便利客户促发展

全能银行的消费金融是欧洲各国的普遍选择，德国全能银行控制着 95% 以上的消费金融总量，而法国全能银行则保持着 90% 以上的份额。相比之下，瑞典的全能银行在过去 15 年中却损失了 35% 的消费者融资，2016 年仅占 40% 多。与此同时，瑞典已经占据了一些利基市场的主导地位，例如 2016 年瑞典占无担保现金贷款市场 55%~65% 的份额。

在瑞典，贷款方式主要有以下三种：

（1）现金贷款。瑞典传统的现金贷款是由零售银行分支机构提供的。2010 年后，中介公司和聚合公司出现，为消费者提高了贷款透明度并为小型专业公司提供分销渠道，市场份额开始迅速转移。瑞典通过消费者债务整合方案加速了非中介化进程，其中循环信贷以较低利率并入分期现金贷款。到 2016 年，传统银行仅占现金借贷市场的 35%~45%。

（2）非卡式 POS 贷款。瑞典传统上由银行主导非卡式 POS 贷款市场（包括网上和实体店产品），这得益于它们与商户现金管理和融资产品的协同。然而，这些产品通常不能满足顾客（在便利性方面）或商家（转换率低、商户支持不足）的需求。2005 年，Klarna 进入市场，允许消费者在收到商品时通过发票付款，并在适当的时候为商家推出结账解决方案，使得消费者在线支付更便利、更安全，从而显著提高了转化率。

（3）信用卡。因为差异化的信用卡价值主张（如忠诚度、回报、保险福利）难以维持，加上监管（如交易费用上限）和竞争（由价格比较网站推动）给核心收入流带来了相当大的压力，传统银行支持的品牌关联信用卡已经失去了市场份额，新的消费金融提供商通常专注于特定的产品、细分市场、目标客户，从而获得市场份额。

（四）西班牙："漏斗式"营销，专业化显著（以桑坦德消费金融公司为例）

1."漏斗式"营销

1963 年在西班牙成立的桑坦德消费金融有限公司（Santander Consumer Finance）的主要业务包括汽车金融（新车和二手车）、个人贷款、信用卡、租赁、耐用消费品贷款和其他消费金融业务。当前，该公司已经成长为全球最大的消费金融公司之一。其独特的"漏斗式"营销值得学习借鉴。

所谓"漏斗式"营销，指的是桑坦德消费金融公司的贷款业务围绕全国范围内的汽车经销商和零售商开展，采取以汽车经销商和零售商为对象的间接营销，和与以个人客户为对象的直接营销相结合的模式。桑坦德消费金融公司通过与全国的汽车经销商和零售商合作，将办理贷款的场所设置在经销商和零售商的营业网点，由经销商和零售商负责对个人客户进行营销，从而初步获取客户。随后，公司根据经销商和零售商所收集的个人客户信息和付款记录，建立个人客户资料数据库，采取"漏斗"模式，基于一定条件筛选目标客户群，通过营销邮件、电话呼叫与短信等方式，进一步将其转变为直接个人贷款客户，不断扩大客户群。

2. 专业化突出

桑坦德消费金融公司提供的信贷产品多元化。不同于银行传统业务，该公司主要提供特定用途贷款，其金额较小且无须抵押担保，例如 POS 机贷款、房屋装修贷款、商家会员卡等是针对家用高档耐用品的消费。还有未设特定用途的贷款，例如现金贷款、透支、循环信用等，也是该公司的主推产品。

同时，桑坦德消费金融公司的分销网络灵活化。传统银行个人消费信贷业务的销售主要依赖其分支机构，而桑坦德消费金融公司则采取与百货公司、大型购物中心等大型零售商捆绑的策略，利用其分布广泛、人流往来密集的特点，为消费者提供即时贷款申请服务，借助地域性便利，增强分销网络的灵活性；还利用电子邮件、电话传真等直销贷款申请渠道及邮局、网店等方式，不断拓宽销售渠道，进一步完善分销网络，提高竞争力。

七、欧洲消费金融的监管措施

（一）英国：连续性立法，市场化征信

1. 监管部门持续立法，行业协会辅助规范

《消费信贷法案》（Consumer Credit Act）的颁布及修订，为英国消费金融的长期发展打下了坚实基础，为放贷戴上了枷锁，例如最高限额为 1.5 万英镑；必须取得公平交易局（Office of Fair Trading）颁发的牌照；明确规定 7 天的冷静期；严格规范消费信贷广告和营销制度，确保规范广告的真实性等。

行业协会出台的辅助性规范与政府法律法规相得益彰。行业协会与政府相关部门密切合作，研究制定利率、条款，对消费者进行规范与指导，不仅贯彻执行了法律法规，而且填补了法律法规无法完全覆盖的空白区域。消费者金融协会（Consumer Finance Association）对短期消费信贷平台进行自律性监察，英国信贷自律协会（The British Association of Credit Self–discipline）对短期贷款平台进行自律监管，消费者信贷交易协会（Consumer Credit Trading Association）负责制定综合性个人消费金融平台的自律规范。

2. 征信体系全面市场化

征信机构采用市场化的方式获取征信数据，通过政府立法的引导，充分发挥市场配置资源的主导作用。《数据保护法》（Data Protection Act）对个人征信数据列出了相应的保护措施：英国的征信机构属于私人部门，只有在市场主体同意的前提下，征信机构方可取得相关的征信数据，由于政府支持，政府部门和法院的相关信息能够免费采集，而获取私人部门的信息需付费；个人信用数据的使用者为商业银行和贷款机构，其他机构，即使是司法部门，也只能付费使用征信数据。

（二）西班牙：管理自动化、严密化，风险损失小

1. 自动化信贷管理

自动化的贷款审批系统，使得桑坦德消费金融公司不仅能缩短审批时间、提高效率，而且能够识别和防范欺诈行为，降低经营风险。使用自动化与高度集中并存的评分卡系统处理客户的贷款申请和审批工作，减少了相应的人工成本，且在很大程度上避免了人工操作失误的风险。

使用客户数据库自动识别不同合约信息，一旦比对结果不匹配系统就会发出警报，此时反欺诈委员会将对发出识别警报的申请人信息进行监测与分析，避免信贷欺诈行为的发生。将客户细分技术应用于催收业务，利用还款行为以及预期损失风险对客户进行评分，根据评分结果采取不同手段进行催收，可保证催收业务执行效率的最大化。

2. 风险管理严密化

贷款业务的整个周期都离不开风险管理。公司可以形成完善的制度来规范相关行为：制定贷款政策和设定产品特性，明确目标客户特征（还款能力、贷款上限）、贷款额度和期限；充分利用内部信息系统、外部征信系统以及合作伙伴的数据信息等，结合自动化贷款审批系统完成核准。完善的风险管理制度不仅能为客户提供便利，而且可以保障公司业务运行过程的安全性。

八、对我国消费金融发展的启示

（一）制定法律法规，防范信息泄露

与欧洲相比，当前我国还没有给消费金融提供一个有法可依、有保障的良好发展环境。当务之急是持续立法，形成完整的法律法规体系，以此规范和促进消费金融行业发展。

唐坚（2020）提出，我国央行的征信系统已经成为世界上收录人数最多、数据规模最大、覆盖范围最广的征信系统，但信息泄露的情形时有发生。可见加强征信系统的技术防范、杜绝违规查询仍是重中之重，同时应确保征信维权渠道畅通，加强征信宣传力度，引导大众遵守规范，为消费金融的发展营造良好氛围。

（二）创新营销模式，制定差异化发展战略

直接、间接营销模式相结合，专注于中低端消费人群，通过与众多行业合

作，加强产品宣传推广力度，拓展销售渠道，挖掘潜在客户。分析海量数据，获取大众需求以及市场经验，推出相适应的弹性信贷产品，丰富产品功能，不断满足客户多样化、个性化的需求，提供更为优质、便捷的消费金融服务。

（三）注重数据积累，建立信贷管理系统

加快建立和完善客户数据库，让数据分析为客户评分系统的运行提供基础。结合客户评分的具体情况，提高贷后管理和催收的效率，进而建立信贷管理体系。信贷管理体系有助于提升审批的合理性，降低运营风险，防范欺诈行为。我国消费金融公司还应当促进核心业务系统的建设，学习引进专业的营销和风险控制技术。

第三节　日韩消费金融的发展状况及其对我国的启示

一、本节引言

改革开放以来，中国消费金融产业的发展起步于国有金融机构（主要是银行）相关业务的开展。在其发展过程中，商业流通企业的介入相对较少，几乎完全由银行主导。而在我们的邻国日本和韩国，消费金融主要发端于商业企业。目前我国消费金融发展势头正好，基础设施不断完善，出现了一些新型金融机构和消费金融产品，但基础体系（如征信体系）还比较初级，相关法律也有待完善。未来我国可以参考和借鉴日韩两国的经验，结合实际情况促进我国消费金融产业的进一步发展。

二、日韩消费金融的发展历程

（一）日本消费金融业发展的三个阶段

日本的消费金融整体起步较早，市场的成熟度也相对较高，其发展历程可分为三大阶段。

第一阶段：20 世纪 50 年代中期到 60 年代是日本消费金融的导入期。此时正值日本战后经济重建时期，在实体经济的助推下，分期付款得以导入流通业和零售业。日本的消费金融最早主要由非银行金融机构及零售行业主导。1950 年，绿屋、丸井等百货商店率先提供消费信贷服务，客户可以选择按月分期付款。与此同时，信贩公司开始为日本的工薪阶级提供小额贷款服务，分期付款也渐渐扩

展到了电器及汽车产业。此时日本的消费金融缺乏政府管控，自发生长。到了60年代，丸井百货首次发行了银行系信用卡，并将“月付”的概念转化为“消费信用”。随着消费金融业务规模的逐步扩大，日本政府于1961年颁布《分期付款销售法》，介入消费金融市场，维护发展秩序。同年，日本征信所成立。自此，日本消费金融业务初步形成了由金融业和流通业主导、政府监管的模式。

第二阶段：20世纪70—80年代是日本消费金融的扩张期。这一时期，流通系信用卡发展迅速，行业竞争白热化，风险也有所蔓延。具体来看，消费金融服务逐渐脱离百货商店，成为一项更独立的业务，形成了以信用卡为主的多元化产品格局。在消费金融高速发展的大背景下，更多公司加入了竞争，例如1980年住友信用服务有限公司与VISA共同成立了“VISA日本”，根据特许经营制度，各地方银行子公司开始发行VISA卡。竞争加剧的同时，日本消费信贷的年平均增长率超过18%，几乎是同期工商业贷款增长率的两倍。然而，由于监管力度跟不上行业发展的速度，高利率、高违约率等问题都没有解决途径，经济纠纷案件的数量大幅提升，风险开始增加。到了80年代末，随着日本泡沫经济的形成，消费金融业发展渐缓，竞争力较弱的消费金融公司不得不退出市场，日本消费金融市场进入弱监管时代。

第三阶段：20世纪90年代至今可视为日本消费金融的逐渐成熟期。20世纪90年代初，日本经济泡沫破灭，经济增速放缓，消费金融市场开始依靠提升服务来吸引用户。信用卡使用范围扩大，增加了积分、优惠措施等客户服务，业务逐渐成熟，但难免受到冲击。在这一阶段，过度贷款导致多重债务者和破产者增加，由此引发了一系列暴力催债的现象。进入21世纪，日本开始通过金融监管来规范消费金融行业发展，2006年起进入强监管时代，《贷款业法》首先为贷款利息设置了上限，这也导致日本消费金融行业开始萎缩。2006年及以后的十年被称为消费金融业的“十年严冬”，十年内专业信贷公司缩减超过80%。但在这一阶段，法律监管制度得以逐渐完善，日本消费金融行业回归健康规范发展的道路。

（二）韩国消费金融业发展的五个阶段

韩国消费金融的发展历程与日本的较为类似，可以分为五个阶段。

第一阶段：20世纪60—80年代的导入期。在这一阶段，韩国实施了经济发展五年计划，随着经济的发展，居民购买力水平逐渐提升，消费需求也大幅增加。在这一宏观背景下，一些百货商店和制造企业开始引入消费金融，意在促进消费并维护消费群体。1967 年，商场发行了百货商店内部信用卡，与此同时，汽车公司引入了分期付款销售业务。与日本相同，韩国的消费金融业务也始于流通业。1972 年，韩国启动了租赁营业；1978 年，韩国首次出现信用卡，由外汇银行发行；1982 年，韩国支持居民以分期付款方式购买家电。在第一阶段，韩国消费金融服务业出现了三大类主要产品：信用卡、分期付款及租赁营业。

第二阶段：1987—1996 年的起步发展期。由于发行信用卡的百货公司破产，韩国消费金融出现调整。在这一阶段，韩国消费金融领域推出了法律法规，行业基础逐渐完善，例如 1987 年和 1990 年，韩国先后制定《信用卡业法》和《分期付款业法》。1995 年，韩国又颁布《信用信息使用及保护法》，规定依照此法成立非营利性信息登记机构。此后，更多的消费金融企业逐步出现。

第三阶段：1997—2001 年的政府扶植期。顾名思义，在这一阶段韩国政府用"无形之手"推动了消费金融的发展。1997 年亚洲金融危机爆发，韩国经济受到重创，信用卡市场同样出现负增长。同年 8 月，为刺激消费，韩国制定了《专业信贷金融业法》，此法规允许公司综合经营多种消费信贷产品，也就是可以同时发行前文所述三类产品。1998 年，韩国政府宣布废除贷款最高利率，全面放松信用卡监管。在分期付款与现金借贷两种业务中，后者由信用卡支撑，在韩国的规模和占比都更大。韩国信用产业协会的网站显示，1999—2002 年，韩国信用卡使用额度从 91 万亿韩元增至 623 万亿韩元，增长约 5.8 倍；信用卡发卡量从 3900 万张增加至 1.04 亿张（当时韩国人口 4800 万人），人均持卡 2.16 张，随之大幅增长的是消费金融市场的风险。

第四阶段：2002—2004 年的信用卡大乱期。在这一阶段，韩国的信用卡市场问题集中爆发。亚洲金融危机过后，不少银行发行信用卡提供贷款，借此获益，所以各个机构争先恐后发行信用卡，力图赚取短期效益，银行之间竞争激烈。为得到更多客户，银行放松了对客户信用的审核，随意发放和推销信用卡，甚至肆意提额，出现了信用卡大乱期。为了拉拢客户，银行纷纷压低贷款利率，甚至放宽信用卡的办理限制，持卡人在欠款 30 天后即可再申请第二张信用卡（在我国，向同一银行重复申请办理信用卡需要间隔 90 天），持卡人可以利用这一点快速取现来弥补欠款。基于此，2002 年中下旬，韩国现金贷款的拖欠率急速上升，到 2003 年年底，韩国信用不良者数量超过 370 万人，韩国政府出台了各项政策来应对信用卡问题，监督和限制信用卡业务，到2004年，韩国信用卡的市场规模同比减少了25.5%，信用卡行业加速重组。

第五阶段：2005年至今的成熟期。经过信用卡大乱期后，韩国政府于2005年6月起开始着手调查信用卡公司的风险，次年3月，推出《信用卡公司风险管理示范标准》。2011年，韩国政府开始限制信用卡公司的恶性竞争，将重点转移到行业内部的风险控制；与此同时，韩国仍然推动着信用卡业务，根据2016年消费数据，加油站、大型商超等部分行业中信用卡的使用率超过90%，韩国成年人平均持有3.9张信用卡。整体来看，这一阶段韩国消费金融行业的市场基础设施趋于完善。

三、日韩消费金融的治理与监管

（一）日本对消费金融的治理与监管

（1）日本监管治理消费金融行业的最主要法律依据是2006年修正的《贷款业务法》，2010年，该法律全面实施，主要从以下三个方面来规范消费金融服务机构及借款人：①提高行业门槛，从机构角度加强监管。法律规定，获得消费金融经营资格需要更高的净资产额，从以前的个人300万日元、法人500万日元统一提高至2000万日元以上。②防止过度贷款，从借款人角度防止坏账。为防止过度授信和多头债务，规定借款人申请的贷款不得超过其年收入的1/3；另外，规定若借款人在一家公司申请贷款超过50万日元，或在多家公司申请贷款总额超过100万日元，则需提供材料来证明自己的偿债能力。③废止“灰色利率”，高于《利息限制法》利率上限的同时低于《出资法》利率上限就是所谓的灰色地带，这一点影响最为深远。为了满足新的利率上限要求，日本四大消费金融企业将目标客户转移至低风险群体，市场风险得到了管控。但综合来看，消费金融的潜在客户大大减少，再加上国际金融危机的影响，日本的消费金融业受到重创，这是严格监管带来的难以避免的结果。

（2）日本通过设立信用信息机构并共享信息来降低坏账率。目前日本最主要的三家信用信息机构是全国银行个人信用信息中心（KSC）、株式会社日本信用信息中心（JICC）和信用信息中心（CIC），根据规定，消费金融公司必须加入三者之一。公司在收到贷款申请时，可以通过这些机构的数据库查询借款人记录在档的借贷信息。

（3）各消费金融企业还利用人工智能和大数据技术来判断借款人的倾向。比如 J.Score 信贷公司就通过人工智能技术来判断客户信用度和潜力，依靠客户输入的年龄、工作、年收入等信息，人工智能技术会生成贷款分数。分数越高，贷款期限越高，贷款利率也可能较低，在监管的同时促进消费。

（二）韩国对消费金融的治理与监管

（1）韩国在 2002 年发布《信用卡公司健全性监督强化规范》，制定统一标准来规范消费金融业。要求信用卡公司按照一定规范发放信用卡，对办卡门槛及贷款额度进行了限制，还限制了部分高频借款人的信用卡取现功能。然而这一规定并没有彻底解决市场混乱的问题，仍有许多借款人“拆东墙补西墙”，或选择向小额贷款企业借款。与此同时，韩国不断降低法定最高利率，意在解决高利贷问题。如今韩国小额贷款公司的最高利率已经从最初的 66% 降至 39%。另外，由于经历过信用卡大乱期，目前韩国对信用卡的监管十分严格，具体流程如图 2–1 所示。

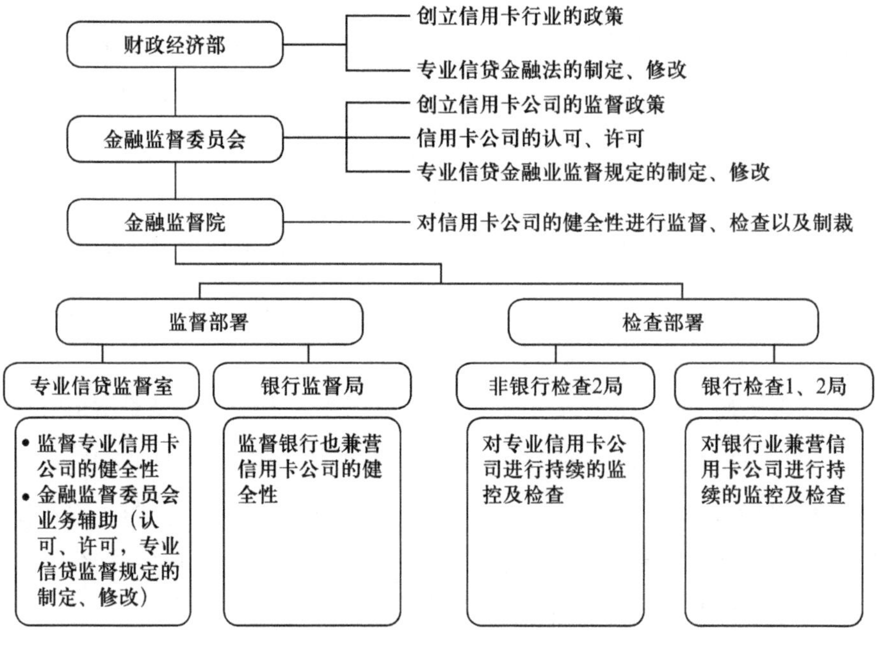

图 2–1　韩国信用卡公司的监管体系

资料来源：权小星 . 韩国消费金融变迁史：一场“信用卡大乱”引发的蝴蝶效应［N］. 第一财经日报，2017–12–14.

（2）完善社会征信基础设施。从 2003 年起，韩国政府强制规定，持有大于等于四家金融机构账户的用户，必须通过银行联合会（KFB）及征信机构平台进行信息共享。其中，共享信息包括但不限于其持有的银行卡信息、借贷记录和收入情况。到 2012 年，治理更加严格，持有两家及以上金融机构账户的用户即需要进行信息共享。与此同时，征信机构还引用金融机构、通信公司、医疗保险系统的数据，对用户的个人信用进行评分和分级。具体来看，韩国主要的征信机构将个人信用等级分为 1~9 级，有偿提供信用报告。目前，在保证稳定收入来源的前提下，若用户需要在韩国主流信用卡公司申请信用卡，至少需要持有 NICE 和 KCB 两家公司的信用账户，且信用等级都在 6 级以上。

2011 年，韩国掀起新一轮办卡潮，韩国政府及时就信用卡签发对象做出限制，坏账率较 5 年前的数据增幅得到控制（从 0.1% 升至 1.91%），随后再次降至 1% 以下。2016 年，韩国就小额贷款公司发布限令，禁止其在黄金时段在电视及广播媒体播放广告。与此同时，韩国依旧大力促进消费金融市场（尤其是信用卡市场）发展。韩国大力支持 VAN 代理公司的发展，规定小型企业无须与各家信用卡公司签约，只要和 VAN 代理公司签约后，由 VAN 代理公司与各大信用卡公司签署加盟合约。这样既减少了小型企业的工作量，又提升了信用卡支付的便捷性，推动了信用卡消费。目前，韩国国内共拥有 12 家 VAN 代理企业，且企业规模较大。

四、对我国消费金融发展的启示

日韩两国消费金融的发展历程及经验教训给我们带来以下三点启示：

（1）防范经济周期风险。由于消费是拉动经济的重要动力，所以金融危机后，政府刺激居民消费，这是风险的起因。有观点认为，消费金融行业有明显的周期性，从日韩两国不难看出，其发展路径确实基本一致。1997 年亚洲金融危机之后，政府出台政策刺激消费，放松监管，因此消费金融行业的参与机构增加，过度的竞争使得市场上信贷产品泛滥，又因为监管的滞后最终导致坏账爆发。与此同时，经济不景气，人们收入下降，肯定会影响还款能力，市场上的不良现象随之出现。从这点来看，我国应该适当调整消费金融政策，不能盲目追求或是引导爆发式生产，应对过度的竞争行为进行适度限制，防止信用消费过度膨胀。

（2）警惕坏账问题。韩国政府曾在 2005 年对信用卡坏账率进行了普查，发现信用卡的坏账与过度消费有直接关系。根据报道，近 65% 的大额债务用于奢侈消费。由于政府扩大内需的政策放宽了信用卡的使用限制，导致市场开始出现不当竞争，进而导致过度消费和坏账增加。如今我国网络信贷消费盛行，为吸引客户而临时提高贷款额度的情况也时有发生，过高的额度和可能会成为消费者过度消费的一个诱因。另外，我国目前对网络上的消费信贷宣传管制不严，部分广告为了促进消费可能传播不恰当的消费观，诱导消费者过度消费。由此可见，我国目前需要警惕坏账问题。在这方面，日本采取担保合作模式，以预防坏账问题及可能带来的催收问题。我国可以借鉴日本的成功案例，完善担保与保险机制，转移和化解风险，"用保险公司的信用取代难掌握、易变化的消费者信用"。在网络信贷宣传方面，应当建立合理的宣传制度，避免诱导性的推广，并提供充分的风险提示。

（3）进一步完善征信体系。首先，我国与日韩的征信系统有明显区别。日韩的征信系统是以消费金融行业协会为主体发展而成，行业多元化，而我国的征信系统建设体现着较强的政府主导特征，由中国人民银行建立统一数据库。政府主导模式使得我国征信系统建立速度较快，但收集的信息并非以市场为导向，仍然存在信息分散凌乱、征信应用不广等问题。基于此，本书认为未来我国征信体系建设的大方向应该是扩大信息采集范围，并丰富征信系统接入的信息。陶雄华（2010）表示，韩国的征信体系共有三种信息共享模式：一是金融机构将信用信息报送 KFB（强制性要求），KFB 再提供给私营征信公司；二是协会或集团内部信息共享；三是通过商业合同收集信息，由征信公司收集汇总。我国可以向韩国学习信息共享的路径，并且在保证信息完整性的基础上，扩大征信在市场上的应用，改进和丰富征信产品。

参考文献

[1] Bhutta N. Payday Loans and Consumer Financial Health [J]. Journal of Banking & Finance，2013（81）：1-36.

[2] Burke M，Fry J. How Easy Is It to Understand Consumer Finance? [J]. Economics Letters，2019（4）：1-4.

[3] Butaru F，Chen Q Q，Clark B，et al. Risk and Risk Management in the Credit Card Industry [J]. Journal of Banking & Finance，2016（11）：218-239.

[4] Deku S Y，Kara A，Molyneux P. Access to Consumer Credit in the UK [J]. The European Journal of Finance，2016（10）：941-964.

[5] Deville J. Consumer Credit Default and Collections: The Shifting Ontologies of Market Attachment [J]. Consumption Markets and Culture, 2014 (5): 468–490.
[6] Li L, Xiao J J. Consumer Finance and Social Indicators in China [J]. Social Indicators Research, 2014 (3): 1173–1175.
[7] Oh J H, Johnston W J. Credit Lender–Borrower Relationship in Credit Card Market–Implications for Credit Risk Management Strategy and Relationship Marketing [J]. International Business Review, 2014 (6): 1086–1095.
[8] Di W H, Eckel C, Murdoch J. Introduction to Special Issue on Behavioral Consumer Finance [J]. Journal of Economic Behavior & Organization, 2013 (1): 126–129.
[9] 池凤彬，刘力臻．日本征信业的历史沿革及运营机制分析 [J]．现代日本经济，2018 (5)：81–94.
[10] 胡滨．从强化监管到放松管制的十年轮回——美国金融监管改革及其对中国的影响与启示 [J]．国际经济评论，2020 (5)：102–122+7.
[11] 李卓．金融科技背景下消费金融创新发展研究 [J]．北方金融，2019 (5)：20–24.
[12] 廖岷，王鑫泽．商业银行投贷联动机制创新与监管研究 [J]．国际金融研究，2016 (11)：45–55.
[13] 刘洋．欧洲：从工业革命到福利资本主义驱动消费金融发展 [EB/OL]．搜狐网，2017–07–14.
[14] 路洲臣，潘文彪．美国放松金融监管改革及其启示——美国近期出台的《经济增长、放松监管及消费者保护法案》评析 [J]．价格理论与实践，2018 (10)：73–76.
[15] 马立珍．试析资产证券化的特殊功能 [J]．黑龙江社会科学，2010 (1)：61–63.
[16] 磨雁能．广西消费金融发展现状、存在问题及政策建议 [J]．区域金融研究，2018 (3)：64–67.
[17] 钱凤兰．国内外产融结合的实践分析及对策建议 [J]．河北金融，2013 (8)：21–22+55.

［18］权小星.韩国消费金融变迁史：一场“信用卡大乱”引发的蝴蝶效应［N］.第一财经日报，2017-12-15.

［19］苏冬蔚，肖志兴.基于亚洲六国宏观数据的我国金融危机预警系统研究［J］.国际金融研究，2011（6）：14-24.

［20］孙慧宗，林丽敏.金融自由化与经济危机：基于日本金融深化实践的再认识［J］.当代经济研究，2019（3）：96-101.

［21］孙彦红.德国与英国政策性银行的绿色金融实践比较及其启示［J］.欧洲研究，2018(1)：26-40.

［22］谭燕芝，唐文娟，毛章勇.经济转型进程中消费金融的风险防控［J］.中州学刊，2017（11）：25-30.

［23］唐坚.征信体制建设对市场经济的影响［J］.中国市场，2020（1）：8-11.

［24］陶雄华.生产贸易链条件下企业信用评价体系构建［M］.北京：经济科学出版社，2010.

［25］王钟秀.美国金融集团监管模式及其对我国金融改革的启示［J］.当代经济研究，2018（9）：31-37.

［26］谢怀筑，张田，郝威亚.消费信贷监管的欧盟经验［J］.西部金融，2018（11）：4-7.

［27］徐超.美国信贷市场结构：演变，影响及启示——基于金融监管视角［J］.国际金融研究，2014（5）：52-62.

［28］杨鹏艳.消费金融的理论内涵及其在中国的实践［J］.经济问题探索，2011（5）：97-101.

［29］尹丽.后金融危机时代消费金融创新与风险管理协调发展的逻辑路径——基于消费金融公司的视角［J］.学术论坛，2013（6）：152-155.

［30］张艾莲，刘柏.日本消费信贷及其对中国消费经济发展的启示［J］.现代日本经济，2013（5）：1-8.

［31］赵旭，周菁，赵子健.美国消费金融发展及对我国的借鉴研究［J］.现代管理科学，2016（6）：24-26.

▶ 第三章　从线下到线上：网络消费信贷和传统消费信贷的异同

随着互联网的快速发展，网络信贷和传统信贷的差别越来越大。本章首先从目标客户和产品模式两个角度讨论我国网络消费信贷和传统消费信贷在覆盖面上的区别。然后进一步分析网络借贷的优点，即在贷款流程和贷款速度上的便捷快速。最后比较网络消费信贷与传统消费信贷在贷款流程、贷款风险、利率风险、控制手段等方面的异同，对这两种消费信贷模式的弊端进行全方位剖析，提出了消费者防控潜在风险的有效手段。

第一节　网络消费信贷的涉及面更广

一、本节引言

当前，越来越多的人利用网络借贷来满足自己的消费欲望，网络消费信贷也发展得越来越快。消费信贷原本是商业银行的业务之一，现如今，许多金融公司和网络平台也推出了消费信贷产品，如蚂蚁花呗、京东白条等。网络消费信贷与传统消费信贷的差别也逐渐变大，网络消费信贷在用户、产品模式、业务流程等各方面都颠覆了传统的消费信贷。本节从目标客户和产品模式两个角度讨论了我国网络消费信贷和传统消费在涉及面上的区别：在目标客户上，传统消费信贷门槛高，对客户的要求也较高；在产品模式上，网络消费信贷种类更多，客户可以做出的选择更多。总体来说，网络消费信贷的涉及面比传统消费信贷更广。

二、两种消费信贷模式的目标客户比较

（一）传统消费信贷的目标客户

消费信贷发展较快，各种网贷公司及小贷公司的信用贷层出不穷，但是这些平台发生的事故也较多。相对那些建立门槛较低的网络消费信贷平台来说，传统消费信贷更加专业，但为了控制风险，其对客户的要求也更高。虽然不少规模较大的银行给自己的消费信贷产品打上了低要求的标签，宣传其消费信贷产品并不需要担保和抵押，且申请后很快就能发放贷款。但实际情况却截然不同，《国际金融报》的记者在 2017 年走访了这些银行并仔细询问银行客服后发现，许多宣称无须抵押和担保、极速放款的消费信贷产品的申请条件并不低，大多数情况下，银行会选择客户，只对那些信誉优、收入相对稳定或有一定业务往来的优质客户发放贷款，一些银行甚至只对本行代发工资的用户或是在本行有金融资产的用户提供此信贷产品。接下来，本节通过几个实例来探讨传统消费信贷的目标客户。

1. 实例一：中国建设银行

从中国建设银行的官网上可以看到，其对贷款对象的基本要求是：信用等级良好的建设银行客户。除此之外，中国建设银行希望目标客户在本行办理过业务，如储蓄、购房贷款、保险、外汇投资等，并且涉及业务越多，授信额度越高。其提供的信贷产品如表 3–1 所示，可以看到，信贷申请条件较严苛。

表 3–1　中国建设银行信贷产品

产品	贷款对象
个人消费贷款	适用于有消费融资需求，年满 18 周岁，且不超过 60 周岁的具有完全民事行为能力的中国公民
学易贷	有出国留学、高端在职教育等教育消费融资需求的个人客户
家装贷	适用于有装修融资需求，年满 18 周岁，且不超过 60 周岁的具有完全民事行为能力的中国公民
国家助学贷款	中华人民共和国境内的（不含香港和澳门特别行政区、台湾地区）全日制普通本、专科生（含高职生）、研究生和第二学士学位学生

续表

产品	贷款对象
下岗失业人员小额担保贷款	下岗失业人员
个人黄金质押贷款	年满18周岁，具有完全民事行为能力，并能够提供可质押的建设银行品牌金的个人客户

资料来源：中国建设银行官方网站。

2. 实例二：兴业银行

兴业银行对用户的要求更为苛刻，从兴业银行特地为其之前新发布的信贷产品兴闪贷建立“白名单”就可见一斑。这份“白名单”里的客户大多都是拥有兴业银行借记卡的客户，而该产品是兴业银行为其选出的优质客户提供的专享贷款金融服务，能够享受这种服务的客户需要满足以下几个条件：①客户须拥有本行借记卡。客户需要通过本行的借记卡登录微信银行、手机银行进行预授信的启用，之后再自助进行贷款支用。②客户的信用必须良好，征信上不能有逾期、套现等不良信用记录。③兴闪贷是特地为与本行有长期业务往来的高质量客户提供的，能够申请兴闪贷的必须是与兴业银行有经常性业务来往的客户（如在本行进行过基金、保险等投资理财业务或办理过工资代发等）。④只有接收到兴业银行邀请短信的客户才具备申请资格，若该客户并没有接到邀请短信，除非其有住房公积金或个税缴存，否则不具备申请资格。

3. 实例三：中国银行

经营时间超过百年、在我国知名度较广、影响力很大的中国银行，也将目标客户定位在高质量的客户，信贷准入门槛高。从其官方网站可以看到，银行有专门提供给受邀请用户的中银e贷，虽然也为未收到邀请的用户提供信用借贷服务，但其申请要求很高，甚至到了在当地拥有房产是条件之一的地步。除此之外，中国银行的申请额度相对网络消费信贷来说也较低，其工作人员曾提到，虽然客户最高能取得30万的授信，但税后年收入20万者，平均只能申请到5万左右的贷款。其他银行则大不相同，若客户税后年收入20万，通常能够取得20万元的授信。

（二）网络消费信贷的目标客户

相对于传统消费信贷，大部分网络消费信贷对目标客户的要求较低，客户在网络平台上传身份证明，等验证通过后，根据信用评价即可获得相应的消费贷款额度。相比银行贷款复杂的手续，这种信贷交易就像网上购物一样自由，对放贷者和借款人而言都比较方便，因此其目标客户多为年轻客户和中低收入客户。在网络消费信贷中，借款人在各类互联网平台享有“一站式”服务，包括资料的上传及审核、转账乞贷、利息的计算、分期付款等。用户需要做的，只是动手注册、提供可以验明合法公民身份的资料。完成注册后，就可以在这类平台借款。同时，可以证明其信用良好的相关证件也较多，包括身份证、学生证、各类账单、短期银行流水、护照、购房合同、房产证等，平台则根据这些证明提供相应的借款额度，信用程度越好，借款额度越高。由此可见，互联网使得信贷自由度极高，无论是借款人还是提供借款的平台，操作起来都十分方便。

以我们实际生活中最常用的“花呗”和“借呗”为例，几乎所有拥有支付宝账号的用户都可以直接通过“花呗”进行消费。此外，最初支付宝平台上提供的小额信贷产品“借呗”对客户的限制也很少，用户注册支付宝，完成实名验证并填写相关信息，蚂蚁商城小贷公司会根据客户填写的信息来选择用户（筛选的严格程度主要由其风险控制和当年准入门槛决定），最后给予挑选出来的用户不同的贷款额度。整体来看，其准入标准相对传统消费信贷来说要低得多。“借呗”还具备“无场景依托、无指定用途、无客户群体限定、无抵押”的性质。而在国家发布有关文件后，“借呗”调整了规则，调整后的规则强调，会为消费者提供“指定用途”的个人消费贷款，但实际上，这里的指定用途就是用户在平台设置的一些选项中进行选择，平台并不会去查明用户的选择是否符合真实情况，“借呗”对贷款对象的要求仍然较低。

（三）目标客户比较小结

综上所述，在目标客户方面，传统的消费信贷对客户的筛选条件更多、审核更严格，目标客户是符合其要求的高质量客户。网络消费信贷则没有那么多明文规定，对目标客户的要求较低。即在目标客户层面，网络消费信贷的涉及面更广。

三、两种消费信贷的产品模式比较

（一）传统消费信贷的产品模式

传统消费信贷的产品模式较为固定，主要是信用卡、个人消费贷款这类产品。当下这类消费信贷产品在银行贷款总额中占比较少，截至2015年年底，不管是信用卡类产品还是个人消费贷款，其所占银行贷款业务总额的比例都居于下游，占比分别低于5%和2%。值得一提的是，这些款项一般是专款专用，依托消费场景分为汽车贷款、旅游贷款、装修贷款等，由银行基于申请资料向客户发放贷款。以中国建设银行为例，本节对以下几种产品做出介绍，见表3-2。

表3-2 中国建设银行贷款产品介绍

业务产品	贷款用途	贷款额度
个人消费贷款	个人消费贷款必须有明确的消费用途，具体可用于个人及其家庭的各类消费支出（不含购买住房和商业用房），如可用于住房装修、购车、购买耐用消费品、旅游、婚嫁、教育等各类消费用途	单户贷款额度不超过200万元
个人汽车贷款	中国建设银行向个人发放的用于购买汽车的人民币贷款	所购车辆为自用车的，贷款金额不超过所购汽车价格的80%；所购车辆为商用车的，贷款金额不超过所购汽车价格的70%，其中，商用载货车贷款金额不得超过所购汽车价格的60%
学易贷	用于个人出国留学或在职就读MBA、MPA等高端职业教育所需的学费及生活费用	单户贷款金额最高不超过100万元
家装贷	是中国建设银行所有具有装修融资服务功能的个人贷款产品，包括个人住房抵押额度贷款、个人消费额度贷款等	单户贷款额度不超过100万元；其中对申请贷款用户其住房贷款所购住房的装修、住房贷款正常还款2年（含）以上无拖欠记录和其他违约情形的住房贷款客户，建设银行将直接给予最高不超过30万元（含）且不超过房屋价值（以办理住房贷款时确认的抵押物价值为准）30%的信用方式消费贷款

资料来源：中国建设银行官方网站。

从表3–2中可以看到，中国建设银行推出的信贷产品根据消费场景分类，具有专款专用的特点。中国建设银行对贷款的用途及消费范围都有较明确的规定，申请额度也各不相同。

（二）网络消费信贷的产品模式

同传统消费信贷相比，网络消费信贷的产品模式则体现出多样化的特点，有依托消费场景的，有依托支付方式的，也有针对特定目标人群的。本节分别对这三种模式进行举例分析。

1. 依托消费场景的网络消费信贷产品

京东白条是典型的依托消费场景的网络消费信贷产品。刚推出时，京东白条只能用在固定的商品销售场景，也就是京东的自营商品。因此，京东白条在早期不被界定为信贷类产品，只是作为一种商业信用行为，不需要放贷主体。时至今日，京东白条已经发展成一种几乎众所周知的网络消费信贷产品，以京东小贷为主体，为此类业务提供了相应的牌照支撑。在发展过程中，京东完成了重要的“两步走”：第一步是扩大产品的使用范围。京东白条过去只能在京东商城的自营产品上使用，现已能在与京东合作的第三方商铺的产品和服务上使用；第二步是开发出一系列“白条+”。京东依靠与第三方机构的合作，在“白条”的基础上开发出诸如旅游白条、安居白条（租房白条）、教育白条、装修白条等。

2. 依托支付方式的网络消费信贷产品

以蚂蚁花呗为例，其根据用户在淘宝等各类电商平台上登记的真实交易信息进行授信。用户能在当月提前获得一笔款项用以消费，下个月进行还款，也可以分期还款，并且免息期极长。“花呗”旗下有未出账单分期、已出账单分期和交易分期三类业务，模式和传统消费信贷产品中的信用卡账单相似。“花呗”的主要业务模式是已出账单分期，占90%左右。可以在不同的消费场景使用也是“花呗”的优点之一。发展初期，“花呗”依托的平台主要是网购平台，例如淘宝和天猫的用户几乎都可以用“花呗”购物。发展至今，“花呗”已与超过40家电商平台达成了合作，较为有名的有亚马逊、苏宁易购等，还有我们常使用的口碑、美团、大众点评等。此外，“花呗”与电器及数码类产品的商家也有合作，例如OPPO、华为、海尔等，并且与海外购物的部分网站也有合作。总体来看，与传统消费信贷相比，网络消费信贷业务模式更多，用途更广。

3. 针对特定目标人群的网络消费信贷产品

以分期乐为例，从它的全名“分期乐——年轻人信用消费平台”就能看出，它是以年轻人为目标客户的金融服务平台，主要为大学生群体提供分期贷款。其申请条件对大学生十分友好，申请者不需要抵押物，只要上传学生证、身份证这类证件就可以在该平台上进行借贷。创立初期，它紧紧抓住了大学生的需求，分析市场，推出了用于购买手机的信贷产品，并且允许分期还款，这对大学生而言极具吸引力。随后，分期乐的消费场景又延伸到了数码、体育运动、美容美妆、日用品、学习等多个消费场景。可见其主要是根据年轻群体的消费行为推出产品，消费额度一般也较小。经营模式上，分期乐和京东形成战略合作关系，客户在分期乐网站上进行分期购物和小额贷款，京东为消费者提供商品和物流配送服务。与传统消费信贷相比，这类网络消费信贷产品的申请操作更加简便，业务模式也更为灵活。

四、结论

通过以上分析可以发现，在涉及面上，网络消费信贷比传统消费信贷要广，主要体现在目标客户和产品模式两个方面。

在目标客户上，传统消费信贷门槛高，大多数商业银行推出的信贷产品对客户都有高要求，如需要与银行有业务往来，甚至要求客户有房产，可见其主要针对信誉良好、收入来源较稳定的客户群体推出信贷服务。而网络消费信贷通常无须这么多要求，只要证件齐全，在平台上简单操作就可以贷款，但对客户来说风险也相应较高。

在产品模式上，传统消费信贷多为信用卡或大件耐用品（如汽车）消费，通常依托消费场景，专款专用，额度较大。而网络消费信贷，除了依托消费场景的，还有依托支付方式和针对特定人群的信贷产品，呈现出多样化特点，客户选择余地多，网络消费信贷对消费用途的限制也较小。

第二节　网络消费信贷的使用更便捷

一、本节引言

网络消费信贷诞生于互联网时代，贷款流程比传统消费信贷更加便捷，贷款速度也远比传统消费信贷迅速。这种便捷的形成原因有三个：消费主力军对便捷的网络信贷的需求增加、互联网巨头在用户常用平台搭载网贷入口、大数据等新兴技术的发展。这种便捷也带来了两个问题：借款平台过分追求快捷导致坏账率上升；借款平台掌握大量用户数据，信息泄露的风险很高。因为企业竞争激烈、技术更迭迅速，网络消费信贷的未来趋势、竞争格局值得期待。

二、两种消费信贷模式的贷款流程比较

（一）传统消费信贷贷款流程复杂、贷款速度慢

由于传统消费信贷的贷款流程复杂、审批程序烦琐，传统消费信贷业务的开展一般立足于线下经营场所，信贷员或客户经理须要直接接触客户，获取其实际有效的财务数据，做好贷前调查工作和贷后检查工作。银行等传统金融机构在信贷业务中出于对风险控制的考量，会从财务、非财务等一系列具体的指标出发去仔细地评估业务风险。

在传统消费信贷的贷款流程中，审批流程最复杂。刘懿（2011）提出，传统消费信贷的审批为多层审批，领导负责。一般为支行客户经理发起，支行公司部门调查审核，交审批部门审批，支行权限内的项目由支行信审会投票决定。其中，支行信审会由支行分管领导、公司部门领导、审批部门领导等各部门领导组成；支行权限外的项目要上报总行公司部门，公司部门对项目进行再次深入补充调查后移交总行审批部门；总行审批部门出具审查意见后上总行信审会，总行信审会由分管行长、公司部门、信审部门、财务部门等领导组成。总体来说，审批严格且时间通常较长，需要耗费大量的人力、物力，由于排队者太多，有的客户申请后必须排队等候几天，贷款申请才开始被接收处理。所以，传统消费信贷的贷款速度比网络消费信贷慢，例如四大行的信用卡申请办理一般需要审核 10 天，制卡 3 天，合计 13 天左右。

（二）网络消费信贷贷款流程简洁、贷款速度快

网络消费信贷的用户主要通过线上广告、朋友推荐、应用市场等渠道了解贷款产品，用户一般在手机 App 上就能完成申请，电商平台根据客户信用数据产生消费额度，实时审批授信，通常 30 分钟左右即可完成审批，即便是较慢的逐笔授信，也仅需要 1~3 个工作日。因此，网络消费信贷的流程相对传统消费信贷更加简便快捷，接下来通过 2 个实例来说明。

1. 实例一：京东白条

京东白条是依托京东购物平台产生的，其贷款流程可以全部在手机上完成，分为四步：抢名额、签协议、传信息和打白条。首先贷款人需要下载京东金融 App，登录后点击“白条”，因为京东白条名额有限，还需点击“抢名额”。然后进入签协议阶段，贷款人需要自行阅读 7 份协议并且同意，京东风控部门才有授权来查询贷款人的相关信息以决定是否授信。第三步是传信息，贷款人需要进行实名认证、绑定银行卡和确认手机号 3 项操作。最后在通过京东 App 购物结算时，在“收银台”选择“打白条”，贷款即可完成。

2. 实例三：蚂蚁借呗

蚂蚁借呗是基于支付宝的贷款工具，其贷款流程有点特殊，原因在于它是根据贷款人的情况自动开通的，其分析依据主要是个人收入、消费、存款情况，有一定的门槛，普通大学生一般很难开通。蚂蚁借呗的贷款流程是：已被开通服务的贷款人进入支付宝的“借呗”页面后需要点击“借钱”，在“借钱”栏中系统会提示可以借的最大额度；用户在借钱栏中输入自己想要贷款的数额、用途、时间，共有 5 种消费用途可以选择（个人日常消费、装修、旅游、教育和医疗），借款期限有 3 种（3 个月、6 个月和 12 个月），选择任意一种期限都可以提前还款；然后选择需要收款的账户并检查借款详细信息，并点击同意协议，输入支付密码并验证身份，将收到的短信验证码输入对话框，随后等待放款。

三、网络消费信贷比传统消费信贷便捷的原因

（一）网络消费信贷的用户对便捷度有更强的需求

剧锦文等（2017）提出，居民消费信贷的使用者偏向于年轻群体，18~29 岁

的在校及刚毕业的群体占了将近一半，80后、90后已逐渐成为主要消费人群，而50~59岁和60岁以上的中老年群体很少使用消费信贷。主要是由于年轻人倾向于在互联网上消费、购物，因此大多采取网络消费信贷。年轻人的生活节奏快，对网络消费信贷的便捷化有强烈的需求，这刺激着网络消费信贷朝着便捷化的方向发展。

（二）依托平台能提供更有效率的服务

由于年轻人群体有极强的借贷需求，而他们大多又依赖互联网的应用平台，给互联网头部公司带来了巨大的流量和消费借贷市场，因此最早开发网络消费信贷业务的也是这些互联网金融巨头，如阿里巴巴、京东、腾讯等。它们开发出消费信贷业务后，网络消费信贷进入良性循环：消费者个人流量数据为公司信用评级提供基础、公司依据评级给消费者贷款、消费者收到贷款后在该公司的平台上消费，信息不对称程度逐渐降低，效率提升。

例如阿里巴巴和京东依托电商平台切入网贷，腾讯选择社交平台切入网贷，度小满金融则通过搜索平台百度切入网贷。电商平台以方便高效、不受空间限制的独特优势渗透到日常生活中，使消费信贷的应用场景更加丰富，为消费信贷提供了土壤。阿里巴巴是最早推进信贷业务的电商平台，发现用户支付时资金不足的现实需求后，便在支付宝创立了“花呗”与“借呗”，在淘宝、天猫这些网购平台将支付与信贷挂钩，使用户在购买商品时可以直接选择“花呗”分期等便捷服务。京东是最早以赊购模式开启信贷业务的电商平台，通过不断扩张，现已形成了专门做网络消费信贷的京东金融。百度旗下的有钱花信贷服务被安装在了百度云、百度搜索等流量端口处，只要用户点进去填写材料，信贷审核很快就能通过。

（三）互联网技术的发展

随着大数据领域的技术突破和资本投入，基于大数据的网络信贷审核已经日益成熟，在这种模式下，客户仅需提供少量信息，就能随时随地在移动端办理网络消费信贷，且可以通过系统自动完成贷款审批和授信。网络消费信贷平台在后台通过大数据系统采集了近万个数据颗粒，计算了近千次指标，分析了近百个特征变量。对数据的精准分析和流程的自动化处理，既消除了内控风险，也加快了信贷审批速度，简化了流程。例如度小满金融旗下的有钱花信贷服务，就通过大数据分析用户消费、搜索内容和收入等情况，基于人工智能运算，授予贴合该用户风险程度的授信额度，如果用户在借贷期间信用良好，额度还会随之上升。

大数据技术除了在流程上提升了网络消费信贷的便捷性，在获客模式上的改变也使得网络消费信贷更加便捷。在传统信贷业务中，银行从业人员很难精准对接真正有需求的贷款客户，能接触到的客户没有贷款需求，有贷款需求的客户资质又达不到银行的放贷条件，这种信息不对称无疑令贷款客户和银行业务员十分痛苦。而网络消费信贷的提供方很多已经拥有获取客户数据的平台，如蚂蚁金服依托淘宝、京东金融依托京东商城、度小满金融依托百度，它们基于海量的网络数据，对用户进行画像分析，主动挖掘价值高且有贷款需求的用户，在大型流量平台为用户量身打造贷款服务，如腾讯在用户频繁使用的微信上开通微粒贷入口，阿里巴巴在支付宝上自动给用户开通“借呗”额度。

四、总结与未来展望

网络消费信贷是互联网时代的独特产物，满足了用户的新兴需求。网络消费信贷虽然是大势所趋，但目前还处于成长期，网络贷款平台给用户带来便捷服务的同时也存在很多问题。未来头部企业的网络信贷服务可能会更加便捷，小型企业的服务会逐步丧失吸引力。随着互联网信贷法律体系的完善和监管的严格化，网络消费信贷市场的贷款提供方会呈现两极分化。头部企业由于掌握海量数据，对用户的消费画像分析准确，风险定价、信用评级更加合理，不良贷款率会下降，资产更加优质，形成良性循环。而中小微企业因为数据获取难、获客成本高、社会知名度低，在资金、规模、品牌效应上难以与头部企业竞争，很难给客户提供与之媲美的服务。

第三节 网络消费信贷的潜在风险更大

一、本节引言

本节从贷款流程、贷款风险、利率风险、控制手段等方面对网络消费信贷与传统消费信贷进行比较，总结了两者的社会受众和发展潜力，并对这两种消费信贷模式的弊端进行全方位剖析，提出了应对潜在风险的有效手段。

二、两种消费信贷模式在审批流程上的风险控制比较

（一）传统消费信贷审批流程的风险控制

在传统的消费信贷框架下，信用卡作为消费者与银行之间的信用凭证，能够帮助消费者在资金不足的情况下直接从银行贷款，即时满足消费者的购物需求。传统的信贷业务流程更强调对风险的控制，对服务质量、产品价格、服务效率、产品质量、客户满意度等考虑得并不多。银行出于内部控制和专业化管理的需要，将业务流程中的不同要素交给不同部门管理。中国银行业对传统消费信贷业务的标准化程度要求并不高，在消费信贷业务长期处于卖方市场的大环境下，其对服务效率的要求也并不高。中国银行传统消费信贷的模式如表 3-3 所示。

表 3-3　中国银行传统消费信贷模式

贷款金额	少于或等于 30 万元
贷款期限	贷款额度截止期为 1 年，额度期限内借款人可多次使用该额度进行贷款
贷款用途	医疗、教育、家装、购车等借款人合法合理的消费支出
使用方式	授信额度有效期内可多次重复使用、随借随还。贷款天数按照实际用款天数按日计息
还款方式	单笔借款可以采用到期一次性还本付息、按月付息到期还本等还款方式
担保方式	信用贷款，无须抵质押担保

资料来源：中国银行中银贷款官网。

（二）网络消费信贷审批流程的风险控制

当传统消费信贷发展到一定程度的时候，网络消费信贷才刚刚起步，处于摸索前进、互相学习且并不成熟的阶段。作为国内最早“吃螃蟹”的一批电子商务开拓者，阿里巴巴、京东等电子商务巨头率先开创了与信用卡贷款消费异曲同工的电子商务消费信贷模式，如表 3-4 所示。不可否认，电子商务消费信贷模式与传统的信用卡消费模式本质相同、形式不同，随着移动互联时代的到来和电子商务的进一步发展，各个商业银行机构、电子商务消费信贷平台的运作模式也进行了一定的调整。例如阿里巴巴在淘宝上提供了先买后付的消费信贷，它作为中间

人先向甲方商家支付所有的费用，然后乙方消费者再向阿里巴巴（中介平台）支付购买商品的待付欠款。京东旗下的京东白条也采用了相同的营销模式。而这种所谓的网络消费信贷模式实际上就是从古至今流传下来的“赊账”。

表 3-4 传统消费信贷与网络消费信贷的审批流程对比

项目	传统消费信贷	网络消费信贷
目标客户	主要是银行优质客户	年轻客户、中低收入客户
产品模式	信用卡、大额消费贷款等	消费分期、小额借款等
贷款利率	较低	较高、风险定价
放款速度	较慢、一般在两周及以上	分钟级或小时级
贷款流程	线上或线下申请、线下面签	线上申请、审核及放款
风控手段	央行征信、人工审核	大数据征信、场景合作方审核、人工智能审核（AI 审核）

资料来源：易观分析 . 2017 年中国消费信贷市场专题分析［R］.2017-12-01.

（三）审批流程风险控制小结

商业银行的审批模式可以总结为线上与线下的结合式审批。一方面，商业银行通过银行账户对客户的消费习惯进行线上大数据审核；另一方面，商业银行通过线下的人工审核，对放贷主体的年龄、资产、收入来源、工作情况等进行详细检查，减少对没有相应还款能力的客户的放贷，以降低自身的坏账风险。

互联网平台的信贷审批则仅通过线上大数据技术进行。有自身消费平台支撑的互联网信贷主体，如阿里巴巴、京东等，可以通过分析用户在该平台的交易习惯大数据信息，决定放贷的额度，控制信贷风险。但对于没有网络消费平台数据支撑的互联网信贷平台，如腾讯系，则只能通过用户的社交网络数据来评判给予客户的信贷额度，其风险有所上升。一些小额信贷平台对客户资质的审核仅凭借征信记录，并不能做到有效的事先预防，往往会导致放贷金额与还款能力不匹配，导致坏账风险增加，影响信贷平台自身的现金流。

十、两种消费信贷模式的利率风险比较

（一）还款期限对比

在最长还款期限方面，两者对于 1~36 个月做到了全覆盖，都有相应的产品

可供客户选择。其中，互联网消费信贷平台的主要还款期限在1~12个月，还款期限超过12个月的产品并不多见，说明互联网信贷主要集中于服务短期的资金流转，对于超过1年的长期资金融通，缺乏竞争力。而商业银行的多数产品可以提供超过1年的还款期限，且最长可达5年之久，这说明商业银行的信贷产品在长期资金的流转方面有较好的表现。

（二）利率对比

首先，在最低借款日利率方面，商业银行仍旧占有较大的优势。商业银行较之互联网信贷平台有更为严格的信贷审批发放流程，信贷损失的风险也大幅度降低，因此可以提供给客户较低的利率。通常而言，商业银行四类信贷产品的最低日利率均低于0.02%，而互联网平台的最低日利率由于信贷产品的不同而差异较大，但大部分产品的最低日利率超过了0.02%。

其次，额度是仅次于利率的第二大痛点。常见的互联网消费信贷产品，如蚂蚁花呗、京东白条等，其最高额度有限，相较于传统商业银行所能提供的动辄数十万的额度来说，属于非常小额的贷款。受限于额度的上限，这类互联网小额信贷产品显然不能满足客户对于“消费信贷”这类产品的各种需求。

十一、两种消费信贷模式的管理风险比较

互联网消费信贷的利率与风险密不可分，产品利率是具体风险水平的量化体现，而风险又因资金用途、周期、借款主体及审批流程的不同而存在差异。又因为互联网信贷线上审批的特点，使得借款主体的资质成为风险控制的难点，进一步导致互联网消费信贷的整体风险高于传统消费信贷。互联网消费信贷的管理风险主要有四种：监管风险、财务风险、法律风险、信用风险。

（一）监管风险

从监管风险角度来看，由于网络消费具有不可变更的模糊性与隐蔽性，监管机构对全国网络消费者的信贷状况监察困难的情况持续已久。作为我国重要的商业监察管理机构，银监会也颁布了很多相关规定，例如《消费金融公司试点管理办法》。崔立群（2018）提出，这一政策在一定程度上起到了作用，但是对于互联网金融的相关监管界定仍然极为模糊，而且随着互联网金融模式下多种产品的推出，这一策略中的漏洞日渐凸显。

（二）财务风险

财务风险主要是通过商业银行结构体系体现出来的。若缺乏全面系统化的财务管理程序和手段，将导致商业银行、金融机构内部出现财务风险。

（三）法律风险

张峣（2018）提出，网络消费信贷存在法律风险的主要原因有以下三点：一是与网络消费信贷相关的法律制度不健全，无法可依；二是网络消费信贷法律规定不完善，虽然制定了相关法律，但是法律普适性不够强，有法难依；三是参与网络消费信贷的消费者群体法律意识不强，使法律形同虚设，有法不依。

文珍烨等（2020）提出，由于蚂蚁集团旗下的阿里小贷公司为其提供资金来源，避免了平台资质的合法性问题。但有些私人信贷消费平台则没有获得资质，于是它们便以民间借贷的方式向消费者发放贷款，披着合法渠道的外衣，达到非法获利的目的。此外，如果用户出现套现行为，很多网络消费借贷平台则另有处罚性措施，可能按日收取滞纳金，甚至可能要求支付占服务本金、利息总金额30% 的违约金。有些违法违规平台表面上约定较低的月利率，既吸引了客户，也规避了法律监管，却以收取名目繁多的费用获利，如砍头息、手续费、保证金、没能按期还款的违约金、逾期费用等。

（四）信用风险

顾名思义，信用风险即贷款方违约时债权人所应承担的风险，主要是从消费者信用角度来说的。我国互联网贷款服务的信用体系尚不完善，处于初级阶段，所以在“互联网 +”模式下，一部分贷款者有违约动机，而这种侥幸消费心理会影响其他贷款消费者，进而影响金融机构的效益。互联网消费信贷的主要用户是正规商业银行信贷业务中没有覆盖的群体，如学生等。这类群体本身就没有稳定收入，因而普通的信用风险审核机制并不能起到作用。

对于有收入来源的用户群体，根据《2017 年中国消费信贷市场专题分析》，在互联网消费信贷的活跃用户群体中，月收入在 3000~8000 元的占到了 62%，属于主要用户群体。但在用户支出方面，5000 元以上支出水平的用户占比最多，达到了 29.5%。这意味着参与互联网消费信贷的用户普遍收入并不高，但仅作为消费方式之一的互联网消费信贷占比却非常高，说明该类用户的支出需求较大，因此对于信贷借款的需求也较大。这种收入与支出不匹配的消费模式，往往会导致“共债率”大幅度上升，不利于放贷平台的风险控制。

十二、总结与未来展望

在互联网技术的推动下，网络消费信贷已经成为我国经济社会发展不可或缺的环节。想要尽可能降低网络消费信贷发展过程中的潜在风险，就要深入研究网络消费信贷在当今社会的新模式，出台完善的网络消费信贷法律法规。政府和企业要对症下药，对不同的消费信贷风险采用差异化的举措，齐心协力支持网络信贷平台安全稳定发展。网络消费信贷的相关管理部门应加强监管，做好征信体系的构建；金融机构应采取合理的措施加强内部控制，降低风险，想方设法构建和谐良好的网络消费信贷大环境。

（一）增强网络消费信贷监督

政府监管部门应紧密协作，对网络信贷消费进行整治，对网络信贷消费的经验模式进行审查，不断完善监管系统。同时也应继续完善在线信用消费的典章制度，对经营的业务范围做出标准明确的规定。企业应提高风险预防意识，充分了解贷款人的基本信息、信用状况和还款能力，严格审核信用申请信息，杜绝虚假信息，避免不良贷款，减少自身业务损失。

（二）加强金融法律知识教育

大部分消费者在进行网络信贷消费前缺乏对商家资质和信贷利率的了解，这主要是因为消费者缺乏金融知识。网络信贷消费者应该多渠道自学网贷金融法律知识，增强网贷风险意识，必要时要采取法律手段维护自身的正当利益，避免因网络消费而遭受损失。

参考文献

［1］易观分析 . 2017 年中国消费信贷市场专题分析［R］. 2017-12-01.

［2］Chen X，Huang B H，Ye D Z.The Role of Punctuation in P2P Lending：Evidence from China［J］. Economic Modelling，2017（1）：634-643.

［3］Emekter R，Tu Y，Jirasakuldech B，et al. Evaluating Credit Risk and Loan Performance in Online Peer-to-Peer（P2P）lending［J］. Applied Economics，2015（1-3）：54-70.

［4］Hou X，Gao Z，Wang Q. Internet Finance Development and Banking Market Discipline：Evidence from China［J］. Journal of Financial Stability，2016（22）：88–100.

［5］Xu J G. China's Internet Finance：A Critical Review［J］. China & World Economy，2017（4）：78–92.

［6］Kim D. The Importance of Detailed Patterns of Herding Behaviour in a P2P Lending Market［J］. Applied Economics Letters，2019（2）：1–4.

［7］Yan Y W，Lv Z H，Hu B. Building Investor Trust in the P2P Lending Platform with a Focus on Chinese P2P Lending Platforms［J］. Electronic Commerce Research，2018（2）：203–224.

［8］Zhong W Q，Jiang T F. Can Internet Finance Alleviate the Exclusiveness of Traditional Finance? Evidence from Chinese P2P Lending Markets［J］. Finance Research Letters，2020（2）：101731.

［9］崔立群 . 互联网金融模式下消费信贷的比较及风险控制探究［J］. 时代金融，2018（11）：36–37.

［10］胡援成，吴江涛 . 商业银行小微企业金融服务研究［J］. 学习与实践，2012（12）：24–29.

［11］纪志宏，王晓明，曹凝蓉，等 . 互联网信贷、信用风险管理与征信［J］. 金融研究，2014（10）：133–147.

［12］剧锦文，柳肖雪 . 中国消费者消费信贷选择的实证研究［J］. 经济与管理研究，2017（9）：54–63.

［13］李杨，刘国亮 . 中国消费信贷市场发育研究［J］. 山东社会科学，2017（9）：145–151.

［14］廖理，张伟强 .P2P 网络借贷实证研究：一个文献综述［J］. 清华大学学报（哲学社会科学版），2017（2）：186–196.

［15］刘洋，王会战 . 互联网视角下我国民间借贷的风险评价与控制——以 P2P 平台为例［J］. 宏观经济研究，2017（3）：146–157.

［16］刘懿 . 农村商业银行的信贷审批流程改革［J］. 时代金融，2011（3）：53.

［17］彭小辉，王坤沂 . 消费者社会化、金钱态度与互联网消费信贷行为［J］.

统计与信息论坛，2019(5)：110-118.

[18] 彭小辉，王静怡，王坤沂．博弈视角下大学生互联网消费信贷决策行为研究[J]．审计与经济研究，2020(1)：120-127.

[19] 文珍烨，王艳华．大学生网络信贷消费的法律风险及控制——以蚂蚁花呗为例[J]．北方经贸，2020(5)：42-44.

[20] 杨鹏艳．消费金融的理论内涵及其在中国的实践[J]．经济问题探索，2011(5)：97-101.

[21] 姚海放，彭岳，肖建国，等．网络平台借贷的法律规制研究[J]．法学家，2013(5)：94-98.

[22] 张弢，任广乾．银行信贷中第三方监督创新研究——以资产管理公司为例[J]．经济与管理研究，2011(4)：72-79.

[23] 张峣．我国互联网消费信贷风险及其法律防范[J]．金融理论与实践，2018(8)：77-81.

[24] 赵岳，谭之博．电子商务、银行信贷与中小企业融资——一个基于信息经济学的理论模型[J]．经济研究，2012(7)：99-112.

[25] 朱迪．当代大学生的信贷消费与“校园贷”风险[J]．青年研究，2019(6)：49-59.

第二篇

非理性网络借贷消费的主要群体及其引发的各种问题

青年是我国网络借贷消费的主力军，他们更加习惯和偏好使用网络贷款购买自己想要的物品。本篇第四章主要分析了青年的心理特征、消费观念及网络消费习惯，并进一步分析了网络借贷广告的助推作用。随着青年超前消费的增多，其可支配收入减少，债务逐渐累积。消费债务的普遍存在对个体的认知能力产生了一定影响，使得青年容易陷入债务循环的陷阱。本篇第五章着重分析消费债务对人的心理功能、决策能力和心理健康造成的影响。同时，网络贷款是存在风险的，消费者的非理性网络借贷消费行为往往会引发一系列问题，带来多方面的不良影响。本篇第六章着重探讨非理性网络借贷消费引起的价值观偏差问题、信用风险问题及人身安全问题，分析过度借贷消费的危害，并为消费者提高风险防范意识提出建议。

▶ 第四章　青年：我国网络借贷消费的主力军

青年是我国消费群体的重要组成部分，同时也是我国网络借贷消费的主力军。在青年一代中，出生于1996年后的Z世代见证了互联网技术的飞速进步，他们作为互联网的第一代“原住民”，有着旺盛的消费欲望、对网络购物有着更高的接受度。本章首先探讨青年的消费行为和消费观念，分析青年群体的心理特征对消费观念的影响。其次进一步分析了我国Z世代的消费特点、消费方式变化及网络借贷消费习惯。最后分析了网贷广告对青年群体非理性借贷消费的助推作用，并为青年群体合理使用网络消费信贷提出建议。

第一节　青年的心理特征对消费观念的影响

一、本节引言

青年，大致是指年龄在16~28岁的年轻人。一般认为，整个青年时期包含三个阶段：①青年初期，年龄在16~18岁，这个年龄段大致对应高中时期；②青年中期，年龄在18~22岁，一般对应大学阶段；③青年后期，年龄在22~28岁，属于步入职场开始经济独立的年龄阶段。

作为一个重要的消费群体，青年凭借其巨大的消费潜力、较强的消费欲望和购买能力等，成为我国消费群体的重要组成部分（王静，2020）。青年也是我国网络借贷消费的主力军，根据《北京青年报》的统计，我国网贷案件的被执行人年龄大多在20~30岁。因此，对青年群体的消费行为和消费观念进行探讨，有助于了解我国的消费现状和未来可能出现的消费趋势，同时也有助于对非理性网络借贷消费现象进行更详细的分析。

二、青年阶段认知能力的发展

（一）自我意识成熟，注重自我表达

认知能力的发展首先促进了青年对自我的认识，他们开始评估和了解自己，通过逐渐成熟的、概括化的观察能力，青年逐步形成了对不同事物的态度和看法。当代青年的自我意识逐渐成熟，加之通信技术的发展为信息交流提供了更加广阔的渠道，青年可以更加便捷地表达自我态度和观点。易观分析（2020）调查发现，中国的 95 后热衷于反馈和分享他们的想法，72% 的受访者表示他们经常或频繁提供反馈。这种自我态度的表达，不仅在各大网络社交平台上随处可见，在消费中也有所体现。根据德勤（2019）的调查报告，在当代年轻人的人生愿景中，生育子女和购置房产等已经不再是他们最希望达成的愿望，环游世界和获得高收入才是他们最想要的。另外，当代青年可以通过改变购物方式、选择不同品牌的产品、在社交平台上发表关于某产品的看法等形式表达自身理念，他们会出于个人原因而与企业产生或者中断联系，这些原因通常与该企业对社会产生的影响相关，42% 的千禧一代会因为企业的产品和服务对社会或者环境带来积极影响而加深和企业之间的联系，原因在于他们认为这家企业符合道德标准。

（二）逐步形成世界观与消费观

青年认知能力的发展也体现在逐渐形成的世界观上。陆晓龙（2015）提出，世界观的形成是个体意识倾向性成熟的标志，它初步形成于青年初期，在青年中后期进一步成熟。对世界的认识促成了青年对消费的选择，具体表现在对消费水平、方式产生了稳定而系统的看法，能够根据自己的衡量标准对商品价值进行比较。青年对世界的看法、对商品价值的衡量与自身所处的经济环境、社会环境、自然环境息息相关。过去 40 年，我国经济一直处于快速发展时期，人们的生活条件得到了改善，人均可支配收入逐年上升，可享受的物质资源更加丰富。根据马斯洛的需求模型，当代大多青年的生理需求、安全需求都可以轻易得到满足，因此他们更加关注社交需求、尊重需求和自我实现需求。这使得当代青年倾向于为了社交、自我实现等进行消费，消费需求更为强烈，消费期望也更高。

根据艾瑞咨询（2018）的调查报告，当代的 95 后家庭月平均收入高达 10676 元，相比中国统计局 2017 年公布的上半年全国居民家庭月平均收入 6250

元，高出 70.8%。这些在更加优越的物质条件下成长起来的年轻人更偏好文化娱乐服务消费。有报告显示，视频服务和游戏服务等在线娱乐产品分别占各类 App 使用时长的 27% 和 9.2%。同时，当代青年也更愿意为了偶像消费。在 95 后人群中，有一小半的人都为偶像消费过，2018 年的平均消费金额高达 1365 元。之所以有如此多的年轻人愿意为偶像和娱乐活动消费，也许是因为马斯洛需求理论中自我实现的需求，他们认为通过为偶像买单能够获得认同感、归属感，能得到同伴的认可和尊重，扩大社交范围。

三、青年阶段情感上的丰富化

青年的情绪和情感已经逐渐趋于稳定和成熟，但由于自身的阅历及性格等因素，青年群体也存在情绪动荡不稳的问题。综合来看，青年比较热情、容易激动，在情感体会方面更加丰富、深刻，与此同时，他们对情感的自我调控能力也在逐步提高，情感上总体趋向稳定。

（一）冒险冲动爱尝鲜

青年富于热情，容易激动，对待事物的态度倾向于奔放、果断，同时富于想象，喜欢冒险，更爱尝鲜。这可以对消费行为形成两方面的影响：一方面，喜欢冒险且热情的特点使得当代青年人更容易接受新生事物，在消费上表现为对新商品的追捧以及接纳新支付方式等。例如当代年轻人已经成为旅行消费的主力军，他们充满好奇心，喜欢说走就走的即时满足感，愿意通过消费来获得不同的体验。易观分析（2020）的研究报告显示，在线旅游用户中，24 岁以下人群占比从 2018 年的 11.81% 提升至 2020 年的 17.49%，31~35 岁人群占比从 23.33% 提升至 30.95%。另一方面的影响是青年对大额消费、超前消费的接受度也越来越高，很多年轻人认为信贷产品是更加精明的消费方式。随着当代青年收入的增长和消费能力的不断提高，他们乐于尝试和探索新事物，通过消费去触摸世界，95 后逐步成为跨境消费的主力军。

爱尝鲜与猎奇心理使得大多数青年消费者勇于尝试超前消费。青年一代往往会被现实世界中的新兴事物勾起兴趣，他们乐于并且敢于大胆尝试未知领域的新鲜事物。青年消费者尤其会被各种非本土国家、非传统类别及前卫爆款类的产品所吸引，例如前两年红极一时的火鸡面，其受欢迎的原因就是很多青年消费者都抱着好奇、尝鲜的心态去买了几包，想尝尝这款传说中最辣的方便面到底有多辣。

需要指出，虽然青年已经具备较强的思维能力、决策能力，但青年对事物的分析判断能力不够成熟，在思想感情、兴趣爱好等方面趋于稳定但仍未完全稳定，容易受到客观环境和所接触到的信息的影响。在处理事情时往往容易感情用事，在消费上有时表现为冲动消费，只要是自己喜爱的商品就会想办法迅速做出购买决策。这些特点使新事物在短时间内容易得到青年的追捧并且流行。

（二）兴趣逐步稳定带来持续性花费

随着年龄的成长和心智的逐步成熟，青年的兴趣、性格逐步稳定，他们对自己和世界都有了更加成熟的认识，能明确自己的喜好。这种稳定持续的兴趣和逐步实现的财务自由促使更多年轻人为自己的兴趣付费。《城市画报》和腾讯QQ2017年的联合调查显示，85%的95后为兴趣花过钱，其中游戏是最大的花费项目，其次是音乐、阅读、运动、动漫、影视。95后为动漫付费的比例高出95前人群10%，60%的95后每年为兴趣花费0~1000元，5%的95后每年为兴趣付费超过3万元，主要支出为购置装备和虚拟货币的费用。

青年善于通过兴趣结交朋友，加入各种“圈子”。他们对各自的圈层文化有着强烈的归属感并且乐于为兴趣买单，同时这种消费的欲望和潜力通过圈层文化得到不断释放。一些企业抓住了这个商机，使得圈层文化与大众娱乐、消费市场之间的跨界合作逐渐增多。

（三）孤独感带来“自悦式”消费

当代青年大多是独生子女，他们与同龄人之间的关系不如上一代人在多个兄弟姐妹的家庭环境中形成的关系亲密，与亲友之间的联系也日益减弱。互联网浪潮与家庭环境特点相结合，催生出当代青年在社交氛围中的孤独感。他们一方面更注重自己内心的想法，注重自我娱乐和消费，另一方面通过屏幕（手机、电脑等）保持着与他人之间的距离。这种虽然待在一起但各自看电脑、手机的“群体性孤独”现象在80后、90后、95后群体中相当普遍。他们要么远离故乡，独自求学、工作，要么每天承受着忙碌和压力，要么缺乏情感寄托和温暖。

面对沟通不畅、交流紧张的社交困境，很多青年选择借助购买物品、享受服务缓解孤独和空虚，达到充实自己的目的。另外，青年崇尚自由、乐于享受、不愿意受外界干扰的性格特点是自我愉悦的消费方式在青年中流行的原因。刘凯强（2020）提出，当代青年的孤独感催生出“孤独经济”，针对青年钟爱定制化、喜欢便捷化、倾向私密化等独特偏好，各类“自悦式”服务如雨后春笋般出现，并成为消费市场的新宠。例如速食自嗨锅、单人KTV及胶囊健身仓等“独自消费”广受当代年轻人的追捧。这些“自悦式”消费的兴起与当代青年的孤独心态密不可分，一方面，他们追求消费的便捷性、效率性，希望通过消费即刻实现自我需求，逐渐形成吃完就走、买好就离开的消费习惯；另一方面，他们也在不断寻找在精神层面能慰藉心灵的消费形式。

四、青年阶段自我意志逐渐明确

青年不断发展的自我意志不仅体现在完成意志过程的主动性和自觉性上，而且体现在处理矛盾的果断性及支配自己行为的能力上。这表现为青年可以在不依靠外力督促的情况下实现自我管理，明确自己想要什么并且采取行动、付出努力。这种自我意志调控着青年的行为，使其在做决策时不再仅通过短时间内的即时喜好做出决断，而是将内在和外在因素都纳入决策的考虑范围，甚至可以为了一些长期目标牺牲短期利益。他们可以支配自己的行为，考虑不同行为带来的后果，并且最终选择自己所期望的。

（一）自制力增强使得消费具有计划性

自制力的增强意味着青年控制和支配自己行为的能力在逐渐增强，会使自己的行为服从于原定的目的和计划，行动的理智性提高了。在消费上表现为青年开始管理自己不合理的欲望，约束自己的预期，按照既定的预算及需要购买的商品或服务的紧急程度、重要程度等进行理性消费。这也体现出当代青年较为成熟的价值取向，例如他们会查阅商品或服务的相关资料，询问已购买者的使用感受，或者与同类商品进行比较，了解价格、使用年限等信息之后再决定是否购买。同时，在购买后如遇到使用问题，青年愿意及时找到商家或相关人员进行反馈并处理该问题，或者向外界反馈使用结果，甚至在购买后遇到较为严重的商品质量问题、实际享受服务与承诺不符的情况时，能较为积极地采取措施维护自己的权利。

青年的这种趋于理性的消费行为还体现在收入和支出上。一般来说，理性消费通常都是支出低于收入，或者在考虑自身还款能力的情况下，适度进行贷款消费。目前大多数青年的确能做到理性消费：随手记（2017）的调查显示，2017年全年全国青年每月的人均收入为6726元，支出为4386元，支出约占收入的2/3，说明每月的储蓄大概占月收入的1/3左右。另外，青年的存款金额也在增加，2016年青年的月存款为2340元，比2015年的月存款数额高出15.3%。说明之前人们对青年“月光族”的印象与现实之间存在很大差距，青年对于消费其实较为理性，并且能保留一定的存款。

青年对待消费的冷静、理性的态度还体现在金钱管理上，例如通过记账的方式合理控制支出和收入，并做出预算。随手记发布的《2017年轻人消费趋势数据报告》指出，2016年年轻人每月平均记账次数约为41笔，每天记账高峰时段是晚上10点前后。从地域来看，南方地区青年记账活跃度高于北方青年。在全国记账次数排名前五的省市中有4个地处南方，其中上海的人均记账频次最高，每年达到人均612笔。金钱管理也体现在当代青年逐渐提高的理财意识上，他们通过对财富和债务进行管理，达到使财富保值增值的目的。当代青年的理财意识显著高于老年人，易观分析（2020）的调查报告显示，90后理财比例为42.1%，80后理财比例为50.7%，而70后的理财比例仅为13.2%。

从借贷消费的额度上看，青年在借款消费时能控制使用额度并及时还款。蚂蚁花呗在《2017年轻人消费生活报告》中指出，当代年轻人，尤其是90后能够理性对待借款消费。蚂蚁花呗的数据显示，其中70%的人能将每月用掉的“花呗”授信额度控制在2/3以内，并且99%的人都能够按时还款。

（二）独特的生活方式使得消费多元化

明确的自我意志也代表着对生活状态的选择。随着时代的发展和进步，社会的包容性变得更强，物质生活水平也在不断提升，在满足自身温饱和生存需求的基础上，人们对于生活方式有了更加多元的理解。当代青年逐步按照自我意志选择自己的生活方式，并形成稳定的生活习惯。青年群体的生活方式出现分化也代表着青年心理逐渐成熟，对自己的喜恶有了充分认识和理解。

生活方式的多元选择也带来了不同的消费偏好。当代青年人注重自我认同、自我实现，追求独立自主，在做任何事情时，都力图表现出自己的个性。这种注重自我个性的心理明显地影响了青年一代的消费观念，年轻的消费者越来越追求个性化，有特别鲜明的主张和喜好。例如脱发、失眠、肥胖是当代青年群体最常见的健康问题，所以有的年轻人早早选择健康养生，增加健身、购买保健品的开支。另外，随着物流业的迅速发展，人们能够享受更加便捷的服务，一些年轻人追求这种便捷和舒适感，热衷于方便速食和餐饮外卖。

青年群体的另一个重要特点是追求时尚和个性，紧跟潮流。这一特点体现在消费行为上则表现为，相比上一代人，青年消费者在面对一件商品时，首先考虑的不再是实用性或者性价比，而是这个产品是否能与青年自身的品位及生活态度相符，是否能构建和营造出一种独特的生活方式，例如购买热门品牌的当季时尚单品、潮流品牌的鞋子等。随着物质生活水平的不断提升，青年越来越关注宠物带来的情感慰藉，养宠物成为他们的一个重要爱好，“宠物经济”开始兴起。SSENSE（加拿大知名购物网站）的官方宣传语中就说道：千禧一代越来越多的人会在宠物身上花钱，尤其是狗。当代青年越来越习惯通过服装来体现自己的风格和宠物的个性。可以看到，Marine Serre 在 2020 春夏系列就专为前卫酷狗狗设计了带有新月符号的牛仔胸背。追求装扮和时尚也是当代青年人的一种重要生活方式，尤其是在女性成为美妆消费的主力人群之后，也有一部分男青年开始追求装扮和时尚，引爆了化妆品、护肤品等一系列的“颜值消费”。

五、青年阶段消费风险意识薄弱

（一）消费风险意识薄弱的心理机制

我国当代青年所处的社会环境比较安稳，青年消费者普遍存在消费心智不够成熟的问题，加上平时接触的有关网络信贷的经济金融知识过少，大多青年处于对超前消费“空有胆量，不敢尝试”的迷茫状态。个别缺乏自制力的青年消费者，特别容易受到享乐主义、拜金主义、攀比心理等非理性消费心理的影响而热捧超前消费，遭受损失。凡事过犹不及，过度的猎奇心理容易使青年落入商家的营销陷阱。为了彰显自我个性而不节制地消费、为了盲从他人而进行非理性冲动消费、未能清楚地认识网络信贷的安全隐患等原因往往会导致当代青年消费者浪费钱财，甚至极端痴迷多个借贷平台，导致恶性事件发生。例如“男孩一面（鞋）墙，堪比北京一套房”的热门帖子就从侧面印证了男青年对球鞋文化过度追捧的现状。

（二）消费风险意识薄弱产生的不良影响

网络消费欺诈案件和非理性网络借贷消费案件屡屡发生的一大重要原因就是青年消费者对网络诈骗犯罪缺乏心理防御机制，风险意识过弱，在不健康的逐利心态下，轻易相信网络借贷平台所抛出的陷阱，造成个人财产损失。如今互联网上的网络借贷平台多不胜数，质量更是良莠不齐，缺乏统一的标准，监管漏洞也让各类非法网络平台有了可乘之机。一般网络借贷平台会通过用户填写的个人信息来评估用户的信用状况，以此决定用户的放贷额度与周期。一般越大越正规的网络借贷平台对个人的信用状况越注重，放贷额度也会越小。如果缺少风险意识的青年消费者被非理性消费观冲昏了头脑，盲目追求消费，很有可能会选择一些不知名的网络借贷平台，这些平台的借贷程序相对简单，要求借贷人提供的信息也不多，然而它们对于是否能安全储存信息，能否保障个人信息不被第三方恶意窃取都不会做出保证或规定，此时相关贷款者就容易掉入网络平台的陷阱之中，个人信息也会遭到泄露。

第二节　互联网“原住民”：Z世代与网络借贷消费行为

一、本节引言

Z世代通常是指出生于1996—2010年的人。这个概念兴起于美国，与之相对应的是X世代和Y世代。X世代是指出生在1965—1980年的人，Y世代是指出生在1981—1995年的人。与这些更早出生的人相比，我国的Z世代伴随着中国经济的蓬勃发展长大，见证了移动科技的飞速进步。在他们成长的过程中，互联网、智能手机、平板电脑已很常见，他们有机会在尚未懂事时就用上智能产品，了解世界上正在发生的事情，体会实时咨询的便捷。毫无疑问，他们是互联网的第一代“原住民”。

根据2018年国家统计局的数据，我国出生在1996—2010年的总人口约为2.2亿人，约占2018年统计时总人口的15.97%。Z世代占了中国总人口的1/6，其消费力不容小觑。目前Z世代的收入来源大部分都是父母发的零花钱，但许多95后的Z世代也开始迈入职场，经济独立。Nielsen（2019）发布的《中国年轻人负债状况报告》显示，年轻人使用信用卡的比例为46%，使用互联网分期消费产品的比例高达61%，可见年轻人的超前消费意识高涨。本节将分析我国Z世代的消费特点与网络借贷消费习惯。

二、Z世代的消费特点

（一）偏爱互动式营销

随着互联网经济的兴起，电商直播逐渐成为零售新常态。赵京文（2020）提出，截至2020年3月，电商直播用户规模已达2.65亿，占网购用户的37.2%，占直播用户的47.3%。电商平台通过直播互动的方式，吸引消费者，提升转换率。2019年11月12日，天猫发布了有关于“双11”活动的数据，超过50%的商家采用电商直播的方式卖货，“双11”全天电商直播创造了近200亿元的交易额，约占最终成交额的10%。超过一半的品牌通过直播的方式获得了新增长。

相比其他年龄段的用户，Z世代消费者成长于“网红”直播带货的高速增长期，偏爱互动式营销，更易被“种草”。根据淘榜单联合淘宝直播（2019）发布的《天猫618淘宝直播消费者画像》，90后用户是直播间“剁手王”，00后紧随其后，同样具有较强的购买力。95后用户对“网红博主”推荐物品的接受度最高，19%的95后在足够信任博主推荐的情况下会直接购买，而这一比例在80前人群中仅为14%。与此同时，95后也已经成为各种“种草”平台的主力军，例如分享美食食谱、穿搭技巧的小红书的用户中95后占49.6%。

（二）酷爱网络购物，看重评价和反馈

根据第45次《中国互联网络发展状况统计报告》，截至2020年3月，我国网络购物用户规模已达71.027万人，使用率高达78.6%。2019年全国网上零售额高达10.63万亿元，其中实物商品网上零售额达到8.52亿元，占社会消费品零售总额的比重为20.7%。可见网络购物逐渐成为消费的新常态。

相对于90后和80后，95后使用网络购物的比例更高，达到41%，而90后使用网络购物的比例仅为30%。在网络购物的关注点方面，95后比85后、85前更关注商品的好评度，67.9%的95后在网购时会参考商品的评价。仅有51.6%的85前会关注这一点。在关注商品评价的同时，95后也非常乐意分享使用体验，72%的受访者经常提供使用反馈。

（三）容易随性购买，冲动性消费多

虽然 95 后整体的经济实力不如 85 后和 85 前，但由于心智尚不成熟、性格尚未完全稳定、较易感情用事等，95 后比出生于 1984—1995 年的千禧一代更易产生超出计划和需求的购买行为。冲动消费往往伴随着频繁的退货行为，淘榜单联合淘宝直播（2019）发布的《天猫 618 淘宝直播消费者画像》指出，如果商家的售后服务和退货政策无法满足 95 后的需求，64% 的 95 后可能不会再次光临。

三、Z 世代的消费趋势

（一）“颜值经济”的爆发：“美即正义”

Z 世代对外表和身材的追求催生了“颜值经济”，带动了美妆个护、医美整容和健身美体方面的消费。2017—2019 年，线上美妆个护方面的消费稳步提升，涵盖护肤、彩妆、头发洗护、身体护理、美容仪等多个领域。根据第一财经商业数据中心发布的《2019 线上美妆个护人群洞察报告》，90 后和 95 后消费能力较强，95 后成为新晋的“剁手党”。在 MAT2019 线上美妆个护各代际消费增速方面，95 后超越了 90 后，位居第一，如图 4-1 所示。

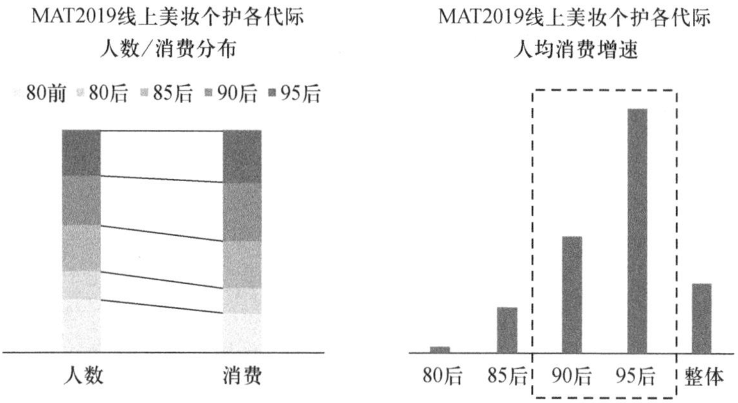

图 4-1：MAT2019 线上美妆个护各代际消费分布与人均消费增速

资料来源：第一财经商业数据中心 .2019 线上美妆个护人群洞察报告［R］.2019-10-28.

此外，90 后和 95 后对于医美整容的态度也更为开放。医美类 App 的使用者中有 60% 是 90 后，其中 1/7 的使用者是男性，表明对于 Z 世代而言，追求美不再是女性的专利。与此同时，对于好身材的执念也让 95 后成为健身房的常客。

（二）“宠物经济”的升级：为宠物消费

随着收入增加和消费升级，“宠物经济”逐渐兴起且具有较大的增长空间。《2019年中国宠物行业白皮书》显示，2019年中国城镇宠物消费市场整体规模达到2024亿元，比2018增长18.5%；城镇宠物犬猫数量为9915万只，比2018年增加766万只。

作为独生子女，Z世代对陪伴有着更多的需求，也更愿意为喜欢的事物花钱。第一财经商业数据中心消费大数据（2018）显示，90后在宠物相关行业的消费增速几乎是其他年龄阶段的2倍。并且，90后也更重视与宠物之间的情感交流，会为宠物庆祝生日和购买宠物亲子装。相对而言，70后和80后在这方面的消费较少。

（三）共享经济的深入渗透：以租代买

总体来说，Z世代对于新兴的共享经济有着更高的接受度，认为这是一种时尚、绿色的方式。尤其是在出行方面，90后和95后是各类共享出行工具的主要使用人群。根据哈罗单车2017年发布的《用户骑行和属性报告》，24岁及以下年龄的人群占总体用户的35%，是所有年龄阶段中占比最高的。在共享汽车方面，90后用户占比逐年提升，2018年达到33%。

（四）“懒人经济”异军突起：懒需求旺盛

Z世代对于便捷生活的追求也催生了“懒人经济”，带动了外送服务和线上医疗服务的发展。根据第一财经商业数据中心发布的《2018中国互联网消费生态大数据报告》，90后和95后逐渐成为外卖服务的主要使用者。外卖服务App的24岁以下用户规模增速最高，同比增长超过1000万。在手机点餐用户年龄占比中，95后占比为20%，超过85后和70后。使用丁香医生线上问诊服务的人群中，90后占比最高，达到63%，远超80后和70后，而且90后每周打开次数更多，用户黏性更高。

四、Z世代的消费方式：借贷消费成为日常

在年轻人中，消费信贷产品的渗透率较高。根据Nielsen2019年发布的《中国年轻人负债状况报告》，有86.6%的中国年轻人在使用信贷产品，扣除42.1%的当月还清人群之后，实质负债人群达到44.5%，如图4-2所示。

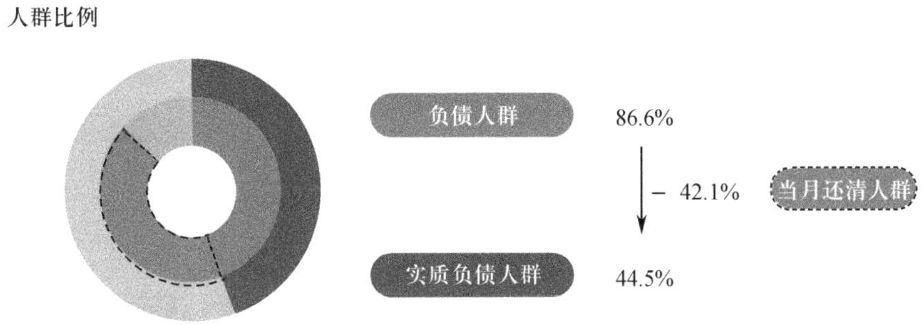

图 4-2　年轻人负债人群和实质负债人群比例

资料来源：Nielsen. 2019 年中国年轻人负债状况调查报告［R］.2019-11-13.

（一）负债状况：Z 世代的财务状况相对健康

债务收入比（债务偿付额 / 可支配收入）可用来衡量年轻人还款负担能力和真实生活现状。如图 4-3 所示，中国年轻人的平均债务收入比为 41.75%，13.4% 的年轻人零负债。如果扣除使用消费信贷作为支付工具的部分，年轻人的实际债务收入比更低，仅为 12.52%，如图 4-4 所示。在校学生的债务收入比低于年轻人平均债务收入比，只有 7.5%。互联网分期消费和信用卡是 Z 世代最常使用的信贷产品类型，分别占比 16.9% 和 13.7%。从调研结果来看，大部分年轻人保持了较为健康的消费习惯，并没有被债务所拖垮。

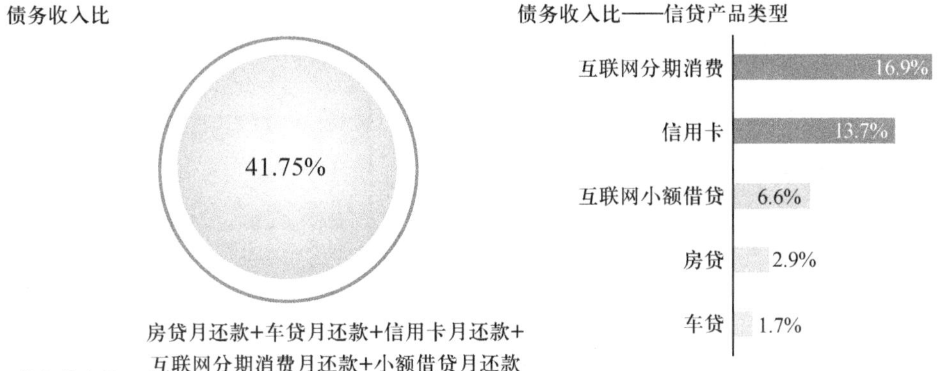

图 4-3　年轻人债务收入比和信贷产品类型

资料来源：Nielsen. 2019 年中国年轻人负债状况调查报告［R］.2019-11-13.

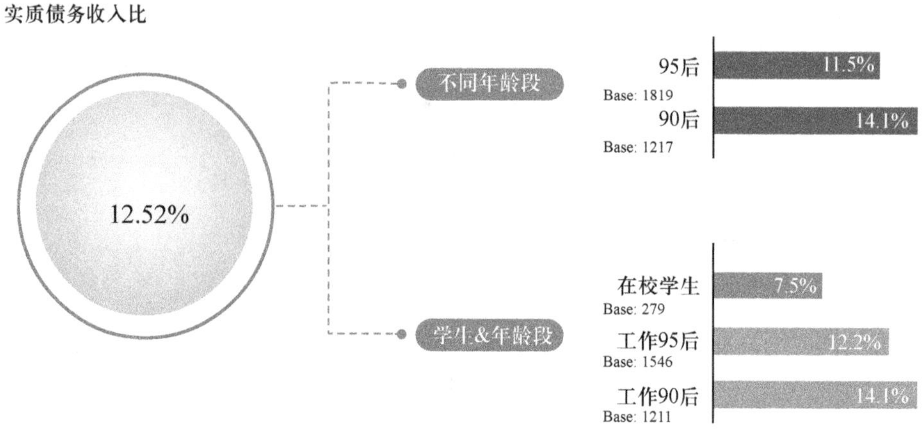

图 4-4 年轻人实质债务收入比

资料来源：Nielsen. 2019 年中国年轻人负债状况调查报告［R］.2019-11-13.

许多年轻人还存下了不少钱。如图 4-5 所示，83% 的年轻人有存款意识，其中 32% 的年轻人有明确的存款计划，仅有 17% 的年轻人完全没有存款意识。随着年龄的增大，每月新增存款呈现出逐渐增多的趋势。参加工作的 90 后中有 34% 的人能存下收入的 25% 及以上。

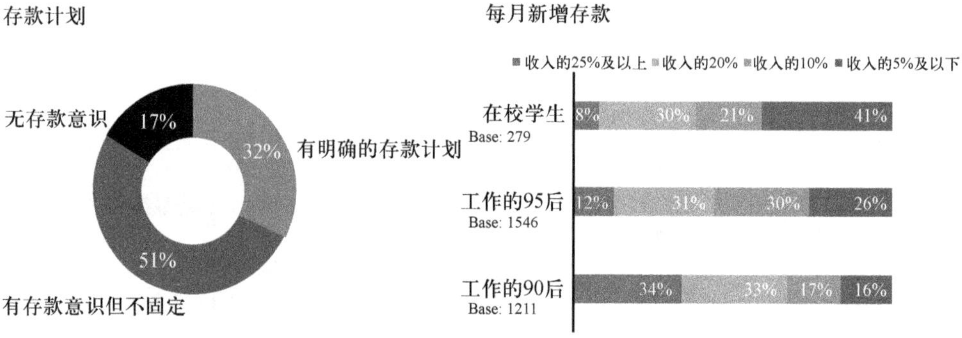

图 4-5 年轻人存款计划和每月新增存款

资料来源：Nielsen. 2019 年中国年轻人负债状况调查报告［R］.2019-11-13.

总体来说，年轻人的信誉情况也较好。如图 4-6 所示，87% 的年轻人在近一年从来没有逾期还款，仅有 3.6% 的年轻人出现经常逾期、以贷还贷的不良消费习惯。在遇到还款困难时，63% 的年轻人会寻求家人或者朋友的帮助，仅有 6% 的年轻人选择欠款不还。

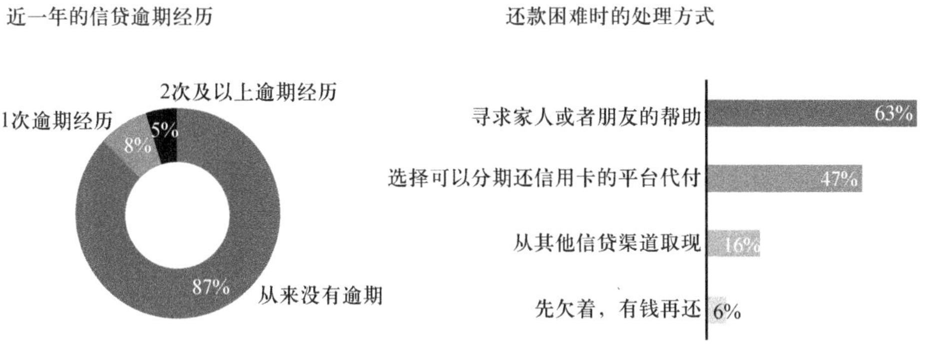

图 4-6　年轻人近一年的信贷逾期经历和还款困难时的处理方式

资料来源：Nielsen. 2019 年中国年轻人负债状况调查报告［R］.2019-11-13.

（二）借贷消费理念：超前消费很正常

在 Nielsen（2019）的调研中，有 43.3% 的年轻人认为使用信贷产品是一种更精明的消费方式。其中，更多参加工作之后的 95 后认同这种观点，占 50%；在校学生的认可度最低，仅占 33%，如图 4-7 所示。许多年轻人将借贷消费作为支付工具，在信贷期限内还款。这样在避免支付利息的同时，盈余资金还可用来攒取利息。

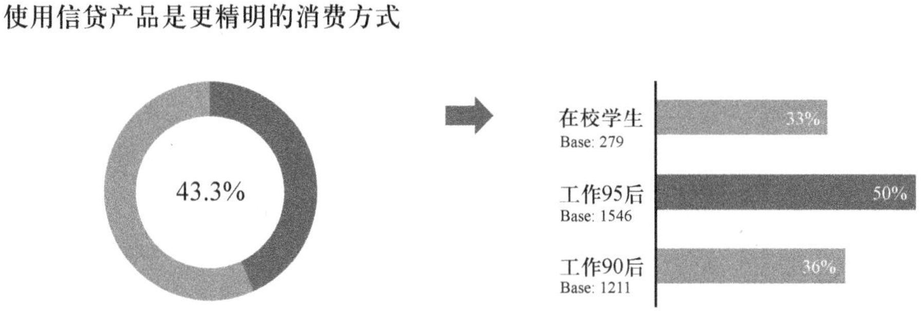

图 4-7　年轻人认为使用信贷产品是更精明的消费方式的比例

资料来源：Nielsen. 2019 年中国年轻人负债状况调查报告［R］.2019-11-13.

如图 4-8 所示，仅有 23.5% 的年轻人对信贷持谨慎态度，认为信贷有风险，不到关键时刻不会使用。其中，在校学生所占比例最高，为 42%；参加工作的 95 后所占比例最低，为 16%。这表明对 Z 世代来说，借贷消费是非常正常的理念。

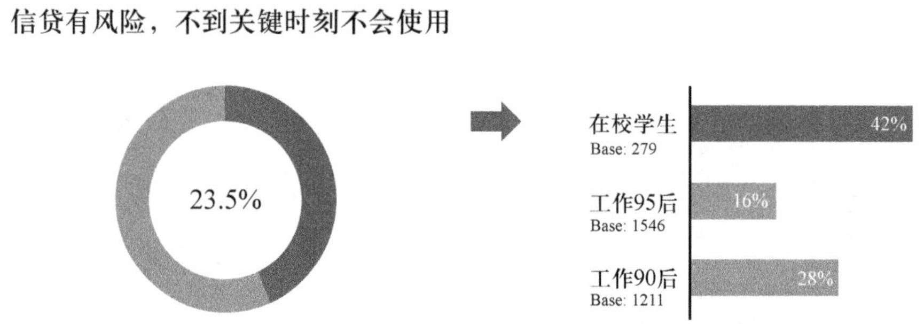

图 4-8　年轻人认为信贷有风险的比例

资料来源：Nielsen. 2019 年中国年轻人负债状况调查报告［R］.2019-11-13.

（三）借贷消费用途：以提升生活品质为主

目前，Z 世代月平均生活费为 2000~4000 元，他们没有养家的义务，又普遍有着追求生活品质和消费升级的愿望，可以自由支配自己手里的钱，花钱的能力极强，月平均消费额约为 2640 元，主要的消费项目分布在饮食、衣物和娱乐方面。以互联网为支撑的新媒体为 Z 世代提供了更为丰富的选择，也深深影响了 Z 世代的消费观念。信用消费已成为 Z 世代消费升级的重要途径。

由于结婚生子、组建家庭是年轻人背负房贷买房的主要原因，而大部分 Z 世代尚未迈入这一阶段，因此房贷对于 Z 世代的影响有限。约 87.6% 的年轻人是无房贷人群，在参加工作的 95 后中，有高达 58% 的人没有购房计划。由于一线城市的房价较高，有 22% 的年轻人需要支付房贷，而在三四五线城市中，这一比例仅为 11%。除了房贷之外，年轻人信贷资金的用途主要为生活娱乐、运动健身和学习培训。在最常使用的信贷渠道——互联网分期消费中，借贷资金主要被用来支付基本生活用度和提升生活品质，如图 4-9 所示。

可见在消费方式方面，Z 世代偏好使用借贷消费。总体来说，Z 世代的信誉程度较好，出现逾期经历的占比较低，并且他们已经逐步开始产生存款理财意识。使用信贷工具的主要用途是生活娱乐、运动健身和学习培训，以此提升生活品质。

值得一提的是，虽然总体而言 Z 世代的消费债务状况基本健康，但统计趋势之外，仍然有少部分年轻人在借贷消费时较为随意，容易陷入消费债务陷阱。考虑到我国人口基数庞大，统计学上的少部分比例在现实中就是数量可观的一大群

互联网分期消费		信用卡		互联网小额借贷	
基本生活用度	62%	提升生活品质	64%	提升生活品质	57%
提升生活品质	61%	基本生活用度	55%	基本生活用度	53%
休闲娱乐	55%	休闲娱乐	48%	休闲娱乐	48%
恋爱/社交	29%	运动健身保健	30%	技能培训	35%
运动健身保健	27%	工作学习	28%	运动健身保健	33%
工作学习	26%	技能培训	28%	恋爱/社交	30%
技能培训	24%	恋爱/社交	24%	工作学习	27%

基数：正使用信用卡的人，n=1382；正在使用分期消费的人，n=1849；正在使用互联网小额借贷的人；n=885

来源：Q38 请问您使用信用卡的主要原因是？[多选] Q49 请问您使用互联网分期消费产品的主要原因是？[多选] Q56 请问您使用小额借贷的主要原因是？[多选]

图 4-9 年轻人信贷资金用途

资料来源：Nielsen. 2019 年中国年轻人负债状况调查报告［R］.2019-11-13.

人。因此，提高青年群体的金融素养，使其在进行网络借贷消费时避免认知偏差的干扰是十分必要的。

第三节 网贷广告对青年人非理性借贷消费行为的助推

一、本节引言

本节主要揭示网贷广告对青年群体非理性借贷消费的影响，着重分析网贷广告的主要特征：第一，运用前期评估和线上、线下渠道进行精准投放；第二，使用激发虚荣心理、引发情感共鸣、模糊网贷本质的多种营销策略，助推非理性借贷消费行为。在当前有关网贷广告的法律法规不完善，且监管机制滞后的情况下，本节试图为青年群体进行网络消费信贷提供警示，倡导理性网贷、科学消费。

二、网贷企业的运营特点

（一）普遍选择电商模式

2008 年国际金融危机以来，我国宏观经济总体活力不足。在这样的时代背景下，传统信贷行业适当收紧，新兴互联网行业顺势把握市场机遇，利用长尾优势冲入市场，推动网络信贷迅速发展。互联网金融企业使用高速发展的移动网络技术改变了传统业务发展模式、风险控制理念和产品设计思路，使得网络信贷产品在各种互联网平台中不断涌现，在商务电子场所中的应用量不断上升，扩大了网络消费信贷用户群体。

由于网络信贷自身具有门槛低、速度快、回报率高等特性，互联网金融市场选择了电商模式作为主要网络信贷平台。电商模式指的是运用电子商务平台，将信贷金融领域中的供应商与消费者连接起来，使想要借贷的个人消费者和小微企业可以利用电商平台进行快速操作。当前许多互联网巨头选择了电商模式，以第三方支付为核心提供网络信贷产品。例如蚂蚁金服的“花呗”“借呗”，依托阿里巴巴集团，与淘宝、天猫连接，在线上场景中大量、精准地投放广告，向用户提供网络信贷产品。此外，腾讯的微粒贷、京东的京东白条等也运用了这种电商模式。

（二）普遍选择青年群体

1. 青年工薪阶层

由于网络消费信贷门槛低、灵活性高，因此受到个人消费者及小微企业的青睐。目前网络消费用户表现出一种年轻化的趋势，并以 Z 世代为主要群体。因此，网贷广告的最大目标群体是青年工薪阶层。

首先，由于青年工薪阶层消费意识较强，但初入职场的他们薪资水平不高，购买力和消费意愿不匹配。网贷广告瞄准时机，引导性地为青年工薪阶层进行小额借贷提出解决方案。其次，青年工薪阶层初入社会，需要采办的消费品较多，例如职场所需的服饰、电子产品、租房家居用品等，网贷广告借机引导消费主义思潮，推动消费观转变。最后，青年工薪阶层消费意识比较超前，愿意透支自己的未来劳动力，以增加现有消费力。网贷广告则打出“投资今天创收明天”的口号，鼓励消费。

2. 青年大学生

大学生是社会中的特殊群体。他们在法律上已经成年，但还没有全面接触社会，正处于接触新事物的新阶段。大学生的生活自由度高，业余时间较为充足，同时具备较强的接受能力和好奇心。然而，他们普遍没有独立的经济能力，生活费有限。因此，大学生群体作为网贷广告的目标群体之一，非常容易被诱导。

此外，网络消费信贷门槛较低，即使没有稳定工作的大学生，也能满足授信条件。例如蚂蚁金服旗下的蚂蚁花呗，只需要用户拥有支付宝账户，年满 18 周岁且通过实名认证，就可以开通。其门槛极低，基本上可以囊括所有大学生用户群体。同时，网贷广告也给大学生带来一些诱导信息，让大学生在想要购买价格较高的商品（如电子产品）但资金不足时，可以采用网络借贷的方式，在规定时限内还款没有利息。

三、网贷广告注重精准投放

（一）精准的投放前评估

网络信贷平台通常注重广告投放的前期评估，在充分评估的基础上筛选出与借贷用户画像契合度较高的群体，进行精准投放，以达到将用户群体转变为消费群体的良好效果。

首先，在设计和投放广告前，网络信贷平台通常会将用户特征分为两类：基础因素和模糊因素。基础因素包含消费者性别、年龄、种族、学历、相貌、居住地、个人诚信记录等。有研究认为，人口属性特征对个人互联网借贷水平有重要影响作用，包括性别、年龄、居住地等。例如，年轻女性对化妆品、服饰的需求量较大，学生对文具、教辅材料有定量的需要，消费者月收入越高，购买力越强。模糊因素是指无法明确界定且具有一定模糊性的影响因素，包含个人财务水平、占有社会资本、社会关系等。例如，从财务因素方面切入可以看出，家庭财务状况对个人贷款意愿有显著影响，家庭财务水平越高，个人网贷意愿越低；从社会关系角度来看，贷款人的朋友逾期还款概率越小，那么贷款人本人逾期还款的概率也会比较小，也就是说，朋友的监控在一定程度上能够激励借款人偿还网贷。

其次，前期评估标准主要从自有场景内部筛选。一方面，在现今网络信贷平台选择的主要模式——电商模式下，平台可以轻松采集到用户的基础因素，也就是性别、年龄、月收入、居住地等数据。例如蚂蚁花呗的开通条件之一是绑定支付宝，平台可以通过支付宝调取用户的性别及年龄等基础因素，对用户的借贷需求进行预测评价，然后根据有针对性的预测结果，向用户投放网贷广告，进行商品营销。同时根据用户的收入水平，测评不同用户的经济能力，提供有针对性的借贷额度。此外，平台还可以根据用户的借贷需求程度，通过投放广告，进行不同力度的营销补贴，以促成最终交易。另一方面，网络信贷平台也可以根据用户的行为和消费偏好等信息，推测出用户的模糊因素。例如在电商模式下，蚂蚁花呗与支付宝联合后，可以从同属于阿里巴巴集团的线上购物平台淘宝及天猫内部，采集用户的线上购买记录、浏览记录等，从而推测出用户的模糊因素。假如用户在一段时间内集中购买台灯、组合柜、衣架、墙纸等，则可推测出用户可能正在装修房屋；假如用户偏好精油、发膜、直板夹等产品，则可推测出用户对护发美发较为在意；假如用户经常购买狗粮、小号犬类玩具、犬类深色毛发护发素，则可推测出用户正饲养深色小型犬等。因此，结合基础因素及消费行为、购物偏好、历史借贷数据等模糊因素，网络信贷平台可以推测出用户借贷交易的可能性，进而将影响用户借贷交易行为的关键因素进行整合，精准地向用户投放网贷广告。这样可以降低成本、增加效率、提升竞争力，有效增加网贷数额。

（二）精准的投放渠道

网贷广告内容多样化，其投放渠道可归纳为线上推广和线下推广两种。

线上推广渠道包括新媒体（微信公众号、微博、抖音等）、媒介、社群、自有场景推广（交易渗透、营销补贴）等。线下推广渠道则包含线下广告投放（传统纸媒、电视媒体、展位等）、直销网点、公司形象建设、线下营销活动补贴等。网贷广告的精准投放主要采用线上推广渠道，一般借助新媒体在自有场景内进行广告投放。例如上文提到电商模式平台下的阿里巴巴、京东、腾讯等互联网集团，通过自有平台，分别在淘宝和天猫、京东商城、微信等线上场景中投放网贷广告，利用既存客户优势、流量资源优势、网络技术优势和用户数据优势，在前期评估之后精准投放，向客户提供网络信贷产品。

利用这种精准的投放渠道和灵活的投放方式，能形成消费信贷闭环，一方面节省了网络信贷平台的营销成本，省去了线下的人力成本、场地租赁与维护费用。另一方面，提高了广告投放效率。由于线上投放不受场地限制，能接触到的有网贷需求的客户群体更多，而且还能通过精准投放，让一些本来没有网贷需求的客户产生网贷想法，从而在降低成本的前提下增加收益。

四、网贷广告的“助推式”营销

（一）引起情感共鸣

网贷广告常常将青年群体在情感、工作、生活中存在的共性烦恼隐藏在广告当中，引导观众产生强烈的共鸣；用接地气的叙述手法将故事穿插在广告当中，用重复和转折的叙事口吻宣传网贷理念。当受众因极强的代入感而产生情感共鸣，却发现自己购买力不足时，广告最后提出解决方案——使用网络消费信贷，从而引诱青年群体使用网贷。

有一条广告语是“一点改变好过一成不变”，广告中首先提到了年轻女性生活中普遍会遇到的事——恋爱。然后选取一件贴近生活的小事——忍受不合脚的高跟鞋，通过屏幕拉近与观众的距离感。最后再讲一个完整的故事，用来引起情感共鸣。广告中女主角在忍受分手的痛苦与煎熬后，终于有一天，她拿起口红，给自己涂了一个漂亮的唇色，对着镜子微笑。广告让买一支新口红成为女主角在恋爱受挫后的转机，让口红成为“一点改变”的契机，从而得出“一点改变好过一成不变”。很多年轻女性在生活中会遇到类似的“恋爱困境”，联想到自己失恋时的心境，就很容易产生情感共鸣，对购买口红这“一点改变”好过“一成不变”产生同理心，从而通过网络消费信贷购买商品。

网贷广告面对年轻男性受众群体也是一样。先提到年轻男性生活中普遍会遇到的烦恼——职场不顺。然后选取一件在职场受挫时常常会遇到的小事——忍受周围人奇怪的眼光，用来体现生活气息和拉近距离感。最后，以男主角的视角讲一个完整的故事。求职时屡次碰壁的男主角突发奇想，在面试官音乐总监面前一反常态，改变发型弹起吉他，最后成功了。以此引发有过求职碰壁经历的年轻男性的情感共鸣，让他们感到广告中的事件很真实，非常贴近自己的生活，从而选择相信广告最后宣扬的理念“一点改变好过一成不变”。

以引发情感共鸣为突破口的网贷广告往往会选取年轻群体在生活中的共性烦恼，例如肥胖、与同龄人比较产生的压力、应付爸妈的唠叨、在工作生活中存在感低、自我认同感较差等。也有广告中提到了异地恋、高房价、压力性脱发、“996”工作制、催婚等，以此让年轻群体产生同理心。最后，广告的落点都是鼓动性较强的广告词，例如“愿所有忍耐前行的年轻人，不再错过生活”，由此输出广告价值观，鼓励超前消费和网络借贷消费。

（二）挑起虚荣心理

青年群体是网贷广告的目标群体，但无论是大学生，还是初入职场的工薪阶层，普遍因为年纪较小而缺乏生活经验，心智还不成熟，容易轻信他人，判断力欠缺，易于动摇。网贷广告则抓住了这种心理特征，用鼓动性的语言诱导青年群体，利用青年群体的虚荣心理引导他们进行网络借贷消费。

例如有一则网贷广告语是“花明天的钱，圆今天的梦”，这其实是在宣扬超前消费主义，鼓励青年群体中购买力与需求不匹配的部分消费者为满足一时享乐而进行网贷，提前消费。还有一则网贷广告中列举了不少使用网贷提前消费的青年人的例子，快递员买了第一把萨克斯，本科毕业生开始了自己的环球旅行。广告中主人公说：“我害怕的是我的世界只有两点一线。”这不断迫使年轻人思考自己与同龄人的差距，渐渐引发一种虚荣心和攀比心，错把自我享乐作为人生追求。当受众群体想要效仿广告主人公满足自己的欲望，却发现自己的消费水平达不到时，就会进行网贷。在这种诱导下，青年群体虚荣心泛滥，购物欲膨胀，从而更热衷于网络借贷消费。

（三）模糊网络消费信贷的本质

广告的本质是营销传播，目标是推广和售卖产品，而网络消费信贷的本质是借贷消费。然而，部分网贷广告会进行包装，突出网络消费信贷的人文关怀，涉及家庭、教育、工作、收入等亲切话题，将网络消费信贷与社会生活紧密连接，传达网络消费信贷对社会生活的助推优势，甚至宣称其可以解决社会问题，让世界更和谐美好，从而模糊网络消费信贷的本质，取得用户信任。

例如有一则主题为“微小心愿，立刻实现”的广告，其中共讲述了三个故事。第一个故事主人公是兰银香，她是一名乡村小学教师，想为留守儿童发明一款睡前故事音箱。某网贷平台帮助她找到技术团队，利用先进的端对端语音合成技术发明了可以模拟父亲声音讲故事的智能音箱，让留守儿童在与智能音响的沟通中感受到父爱。

第二个故事主人公是陆文宇，他是一名父亲，也是一名软件交互设计师，他希望开发一款保护小孩视力的 App。某网贷平台帮助他找到软件开发团队，开发出一款可以运用智能技术感知小孩眼睛与屏幕间距离的 App。

第三个故事主人公是屈伟斌，他是一名电台主播，闲暇时他经常照顾独居老人，希望能为老人开发急救手环，以便老人遇到身体不适或其他紧急情况时可用手环呼救。某网贷平台帮他联系硬件开发团队，最终成功研发出急救手环。

在广告中，网贷平台主张帮助借款人实现他们具有创意和善意的愿望。广告想站在社会整体利益的角度，彰显网贷平台的品牌主张——履行社会责任，帮助社会大众，体现人文关怀，让世界变得更美好。然而，此类广告模糊了网络消费信贷的本质。无论网络消费信贷立意多高、最终用作何处，都不应模糊和隐藏其借贷消费的内核，以免让消费者忽视自身经济状况、盲目使用网络信贷，从而落入债务陷阱。

五、网贷广告的监管问题

我国目前对互联网金融活动的法律监管仍不完善，针对网贷广告的监管力度亟待提升。

首先，网络借贷属于互联网金融活动行为，而我国目前针对互联网金融活动行为的相关法律还不成熟。银监会在 2011 年 8 月发布《关于人人贷有关风险提示的通知》，中国人民银行会同有关部委在 2015 年 7 月发布《关于促进互联网金融健康发展的指导意见》，网络借贷风险专项整治工作领导小组办公室在 2017 年 12 月印发了《关于做好 P2P 网络借贷风险专项整治整改验收工作的通知》。然而，这些都是有关互联网金融及网络消费信贷的相关指导意见，并不是具有针对性、强制性的法律法规。

其次，虽然有诸多指导意见明确提出推销网络消费信贷的广告必须是真实的、合法的，不能欺骗或误导消费者。然而，对于如何准确判定广告是否属于“宣传诱导”仍然存疑。例如 2015 年 12 月 18 日深圳市市场监督管理局发布《关于规范投资理财类产品广告发布的通知》，其中对 P2P 网贷广告提出要求，不得“夸大或者片面宣传投资理财产品”，杜绝“可能对投资者产生误导的情形”。但这也存在一定的弹性空间，判定“夸大”和“可能”的界限十分困难，须要进一步明确监管职责。

参考文献

[1] 第一财经商业数据中心 . 2018 中国互联网消费生态大数据报告 [R] . 2018-12-20.

[2] 第一财经商业数据中心 .2018 年度数据报告：年轻消费力推动下的互联网消费八大趋势 [R] . 2018-12-20.

［3］第一财经商业数据中心 .2019 线上美妆个护人群洞察报告［R］.2019-10-28.
［4］Nielsen.2019 年中国年轻人负债状况调查报告［R］.2019-11-13.
［5］埃森哲 . 嗨！欢迎来到消费 Z 时代［EB/OL］. 埃森哲官网，2017-12-14
［6］艾瑞咨询 .2018 年种草一代 · 95 后时尚消费报告［R］. 2018-04-19.
［7］曾晓玲，杨倩，杨雅伟 . 当代大学生消费结构的变迁及动力研究——基于“70 后”与“90 后”大学生的比较［J］. 思想理论教育，2015（4）：95-99.
［8］柴若冰，张楠楠，乔香兰 . 我国 P2P 网贷法律风险规避机制研究［J］. 绥化学院学报，2020（5）：36-37.
［9］陈杰 . 洞察“Z 世代”消费趋势［J］. 知识经济，2019（26）：66-69.
［10］城市画报，腾讯 QQ. 95 后兴趣报告［R］. 2017-03-07.
［11］德勤咨询 . 千禧一代年度调研报告：社会矛盾与技术变革［R］. 2019-05-23.
［12］董小苹 . 大学生消费心理特征及发展趋势［J］. 当代青年研究，2006（10）：60-64.
［13］范政，王淑合 . 大学生过度网贷消费的心理特征及对策研究［J］. 黑龙江教师发展学院学报，2020（2）：95-98.
［14］哈罗单车 . 哈罗单车用户骑行和属性报告［R］. 2017-11-20.
［15］李茜 . 当前大学生消费观研究——以辽宁省在校大学生为例［D］. 大连：大连理工大学，2019.
［16］李勇坚 . 让网络购物评价更加真实客观［J］. 人民论坛，2019（5）：56-57.
［17］李云虹 . 直播带货　互联网流量变迁简史［J］. 法律与生活，2020（1）：10-11.
［18］刘飞燕 . 青年的消费心理特征及对企业营销的启示［J］. 南京社会科学，1996（12）：62-66.
［19］刘凯强 . 孤独催化下的青年“自悦式消费”体验叙事与成因定向［J］. 云南社会科学，2020（1）：177-184.
［20］陆晓龙 . 开展科技教育活动，提升青少年综合素质［J］. 中国校外教育，2015（17）：1+15.
［21］马莉 . 大学生“网贷”消费异化研究［J］. 法制博览，2020（4）：67-68.

［22］蚂蚁花呗，DT 财经 .2017 年中国年轻人消费生活报告［R］.2017-05-03.
［23］那日苏，阮洁，张鹏 . 内外压力源对大学生从众消费行为影响探究［J］. 商场现代化，2019（12）：14-16.
［24］彭玉英 . 网络消费信贷平台发展现状及对策［J］. 现代经济信息，2019（18）：295.
［25］阮洁，张鹏 . 大学生非理性从众消费——基于社会心理的视角［J］. 知识经济，2019（18）：60-61.
［26］宋官东 . 对从众行为的新认识［J］. 心理科学，1997（1）：88-90.
［27］苏宁金融 .90 后人群消费趋势研究报告［R］.2019-10-16.
［28］随手记，易观分析 .2017 年轻人消费趋势数据报告［R］.2017-01-10.
［29］孙笑然，陈明明 . 电商直播营销效果分析［J］. 福建茶叶，2019（9）：27.
［30］淘榜单，淘宝直播 . 天猫 618 淘宝直播消费者画像［R］. 2019-06-18.
［31］田甜 . 浅析网购行为对大学生消费观产生的消极影响及对策［J］. 农村经济与科技，2019（8）：95-97.
［32］王飞，王婷婷，莫斌，等 . 大学生电信网络诈骗受骗心理变化研究［J］. 电子商务，2018（11）：94-96.
［33］王静 . 青年是推动消费升级的生力军［J］. 中外企业家，2020（9）：81.
［34］王丽霞，傅映平 . 大学生“校园网贷”现状与风险防范研究——以云南中医学院为例［J］. 经济研究导刊，2018（18）：89-92.
［35］王永中 . 消费升级对中国经济影响几何［J］. 人民论坛，2018（26）：84-86.
［36］吴芹 . P2P 网贷平台的品牌营销传播策略［J］. 新闻爱好者，2016（2）：13-15.
［37］席婷婷 . 当代青年的图像化生存现象探析［J］. 云南社会主义学院学报，2020（1）：104-110.
［38］狗民网，亚宠展 . 2019 年中国宠物行业白皮书（消费报告）［R］. 2019-08-19.
［39］姚美菱，张星，樊艳改，等 . 移动互联网时代大学生消费观的研究［J］. 湖南邮电职业技术学院学报，2019（1）：78-80.
［40］易观分析 . 95 后年轻人群消费趋势洞察 2020［R］. 2019-12-27.

［41］于朝晖．CNNIC 发布《第 45 次中国互联网络发展状况统计报告》［J］．网信军民融合，2020（5）：25–27.
［42］展梦硕，高双双．浅析网络信贷消费平台的发展现状及前景——以“蚂蚁花呗”为例［J］．纳税，2019（17）：200–203.
［43］张玉华．“90 后”大学生消费行为误区及其疏导路径探析［J］．中州学刊，2012（2）：103–106.
［44］赵京文．电商直播发展态势及广电媒体应用建议［J］．视听界，2020（4）：9–14.
［45］赵威．基于多级模糊综合评价模型的互联网借贷平台营销策略研究［D］．北京：北京邮电大学，2019.
［46］郑玉香．我国大学生面子消费决策行为特点的探索性研究［J］．经济问题探索，2009（2）：55–60.
［47］周璐，张贞．消费心理对大学生电商小额信贷意愿的影响研究［J］．电子商务，2020（3）：76–77.

▶ 第五章　非理性网络借贷消费引起的心理与行为问题

相较于经济宽裕的人，经济状况不良者，尤其是长期负债者会出现更多的认知负担。许多研究证明，长期负债会给个体带来负面影响，如焦躁、沮丧、怨恨、愤怒等。本节着重分析消费债务对人的心理功能、决策能力和心理健康造成的影响，并在此基础上提出相应的建议。

第一节　消费债务引起认知功能下降

一、本节引言

我国的收入差距相对较大，不同收入群体的消费观念也大不相同。网络消费信贷的普及，在客观上提高了人们对自身消费水平的认知。原本买不起的东西，通过分期付款，也可以买得起了，由此人们就会不自觉地承担一笔负债。长此以往，债务的累积会导致原本有能力承担债务的人不堪重负。根据中国人民银行2018年10月公布的数据，我国半数以上的家庭存款为零。截至2018年10月，我国居民的负债率在120%左右。这一数据说明我国居民手中的可支配现金比重越来越低，信贷、透支工资、举债消费等现象越来越普遍。因此，研究债务对个体的影响有重要的意义。

二、债务压力拉低了认知能力

当人们认为自身财力不能满足消费需求时，就会通过消费信贷满足自己的消费欲望，消费债务便由此产生了，这些消费债务也会进一步影响人们的认知和行为。处于消费债务压力下的消费者会将注意力更多地转移到金钱上，同时也更看重商品价格及所付出的机会成本，他们往往通过调整自身的消费行为来应对债务带来的经济压力。之前的研究表明，债务压力会降低消费者的认知能力，降低程度与消费者感知到的对债务的控制能力有关。当消费者感知到对债务的控制力较强时（认为可以通过自身努力偿还债务），他们就会选择获取更多资源或更有效地分配现有资源来进行消费；当消费者感知到对债务的控制力较弱时（认为通过努力也无法偿还债务），他们就会选择通过补偿性消费等重建控制感，以应对债务带来的压力（Hamilton 等，2019）。

如上所述，面对债务压力时，消费者会更加关注金钱，这会增加消费者的认知负担，从而减少个体的认知“带宽”，拉低消费者的认知能力。Hamilton 等（2019）用一组对比实验来解释上述现象：将被试分为 A、B 两组，A 组被试在拿到充足的资金后进入一家餐厅，而 B 组被试在拿到少量的资金后进入同一家餐厅，观察两组被试浏览菜单时的眼球运动发现，B 组被试在浏览菜单时，更加关注菜品的价格，忽略菜单上注明的菜品折扣信息。这说明 B 组被试在面对财务约束时，会不自觉地更关注价格信息，这种关注削弱了 B 组被试对折扣信息的处理与反应。在长期负债的状态下，消费者会首先考虑金钱，而在形成习惯后，便很难抑制首先考虑金钱的想法。在实验中，长期给予 B 组被试财务上的约束，B 组被试会对价格越来越关注，对价格信息的处理会更加敏感，即使解除财务约束后，B 组被试也难以抑制对价格的关注。

三、债务压力限制了选择范围

选择限制是指对消费者需要或者想要的产品和服务进行消费限制。研究表明，当被限制进行某种消费选择时，消费者会对被限制的选择更加渴望。例如当一家店传递出产品限量销售的信息时，消费者购买此产品的欲望会更加强烈。当消费者意识到自身面临着债务压力，且已经限制了自己的选择时，选择限制催生的更加强烈的欲望会让他们产生沮丧、冲动情绪。例如一个在校大学生想购买新款苹果手机，但是他的经济能力不足，当他认识到自身的经济能力限制了自己的选择时，他可能会产生一种冲动情绪，进而引发冲动消费，即不考虑自身偿还能力，直接贷款或者借款来购买新款手机。

四、债务压力强化了社会比较

债务压力将消费者的意识从自身渴望拥有的状态转移到自身实际状态，而社会比较可以诱导消费者产生资源稀缺的主观感受。当消费者将自己与富裕的他人进行比较时，他们会感到自身所拥有的资源不足。当面对社会比较时，债务压力较大的消费者会产生负面情绪。例如让消费者回想一段自己在经济上优于其他消费者的经历，消费者会产生愉快的情绪，而回想起自身在经济上劣于其他人的经历时消费者则会产生自卑情绪。

社会比较的情景可变性较为模糊，这取决于消费者的主观感受。认为社会比较是高情景可变性行为的消费者会尝试提高自己的社会地位，并更多地关注那些比他们差的其他人，以应对社会比较。这类消费者会与经济上不如自己的消费者进行比较，在情绪上减轻自身面对的债务压力。而那些认为社会比较是低情景可变性行为的消费者会选择通过消费更多的稀缺商品（奢侈品等）来缓解社会比较带来的负面情绪，增强他们的相对社会地位。

此外，社会比较会改变消费者对产品属性的认知，例如在通常情况下，消费者认为食物、水、电是生活必需品，而高档轿车、化妆品为非生活必需品，但当消费者进行社会比较时，昂贵的衣服可能会被视为必需品，因为消费者需要通过消费昂贵的衣服来提高自己的相对社会地位，增加掌控感。再例如新入职的职员会选择购买较贵的公文包，而入职已久的职员则不会，因为新入职的职员需要通过物质上的消费来增加对陌生环境的掌控感。消费者对产品属性认知的转变可能会加剧其所面临的债务压力，新入职的职员收入并不稳定，消费昂贵的商品可能会进一步加剧他所面临的债务压力。消费物质产品是消费者应对社会比较的一种方式，这种方式在青少年中最为常见。随着时间的推移，消费者会通过寻求物质财富来适应社会比较，进一步增加对社会环境的敏感度，这也使得消费者对待他人时更加大方。

五、债务压力增加了环境不确定性

债务压力会改变消费者与环境的互动方式。当消费者习惯于某一环境中的特定互动方式时，该环境对消费者而言是可预测的，消费者对环境的控制感会更强。例如一家面包店会在晚上九点后对店里的面包进行促销处理，持续一段时间后，消费者了解了面包店的促销时间，该环境就是可以预测的，消费者对该环境也会产生一种控制感。

债务压力限制了环境的可预测性，而不可预测性通常意味着不可控制。消费者的未来财务状况越不可预测，消费者的感知和控制感会越低。而消费者通常对环境的可预测性表现出积极的反应，对环境的不确定性会产生厌恶和不适情绪。例如在经济萧条背景下，失业者无法预测自己什么时候可以找到工作，未来的财务状况也是未知的，所以他们会认为自己周围的环境是不可控制的，进而产生消极的逃避心理。债务压力带来的不确定性被消费者视为一种威胁，这种威胁通常被消费者归因于外部因素。归因于外部因素的环境不确定性通常是不可变的，消费者无法通过努力控制结果，因此他们会通过其他方式重建对环境的控制。例如在经济萧条背景下，失业者认为自己控制不了环境，而消费可以增加控制感，于是就会购买更多的商品来增加他们对环境的控制。

此外，消费者通常会以不太直观的方式应对环境不确定性，例如环境不确定性高的时候，人类会更多地投资在女儿身上，因为女儿更有可能在未来诞下子嗣。而在适应阶段，生长在不同环境中的消费者表现出不同的适应方式。生长在确定性较强的环境中的消费者更倾向于运用慢策略来适应环境的不确定性，即更注重长期的机会和结果，如更乐意投资在教育和长远的机会上。而生长在确定性较弱的环境中的消费者倾向于快策略，即更注重即时的奖励，如拿到工资后立即进行享乐消费。总体来说，当环境的不可预测性较高时，消费者会选择更加专注于现在并寻求最大限度的即时机会来适应环境的不确定性。

第二节　消费债务与不健康消费的恶性循环

一、本节引言

债务是消费态度产生偏差的后果，同时也是消费态度产生偏差的原因。本节首先从享乐心理、攀比心理、虚荣心理、从众心理四种偏差性消费心态分析消费债务的形成，即消费心态是如何影响消费者的债务的。其次，本节从注意力损耗角度分析长期负债对消费者消费观的影响。

二、容易造成消费债务过度的四种偏差性消费心态

享乐心理。当前我国经济高速发展，物质水平不断提高，消费档次也有了更高的标准。及时作乐、快乐消费成为年轻一代的消费理念，网络消费信贷提供次月还款业务，消费门槛低、额度大，人们可以抛开现实经济问题，通过网络消费信贷超前消费，获得物质上的满足。但网络消费信贷债务的不断增加和无力还款的压力使消费者产生了负面情绪，这种痛苦往往会超过超前消费带来的快乐，甚至会把人逼到绝境。

攀比心理。当下有些消费者使用网络消费借贷购买东西，是为了满足自己的攀比心理，"不落后于别人"也是年轻人的消费理念。在物质方面与别人存在差距时，有些消费者就会产生自卑心理，于是开始提高自己的消费额度去购买超出自己经济实力的物品，假装自己和别人一样，甚至比别人更好。出于攀比心理，人们往往会忽视自己的债务状况而盲目消费，从而引发严重债务问题。

虚荣心理。虚荣心往往不需要别人的衬托，有时候虚荣心就是希望能够获得其他人的羡慕和认同，让自己获得满足。有时候我们打扮得光鲜亮丽，希望得到别人的夸奖，但要维持这些羡慕和夸奖，必须借助源源不断的物质，而网络消费信贷就可以让消费者快速拥有这些物质。随着虚荣心慢慢变强，网络借贷的金额也会越来越大，到最后消费者控制不了自己，就会因过度消费欠下巨额债务。

从众心理。年轻人，特别是大学生，有时候只是单纯受好奇心和从众心理驱使去购买产品，尤其是高科技产品和昂贵的化妆品，是年轻人的热门选择。通过网络消费信贷，消费者可以去购买自己想要了解的产品。一旦开始享受网络消费信贷带来的好处，有些消费者便一发不可收拾，不顾自己的经济情况，人家有的我也必须有，到最后也会形成严重的债务问题。因此，网络借贷消费虽然是现在的一种新型主流消费模式，但是过度消费会引发一系列的债务和情绪问题，严重的甚至可能会危及借贷人的人身安全。

三、长期负债引起的注意力损耗与不健康消费

（一）注意力损耗论理论的假设

众所周知，个体的注意力是有限的。何吴明等（2019）提出，任何形式的资

源匮乏，都会引导个体将注意力集中于所匮乏的资源上，而对其他事物的关注不足。资源的匮乏会使个体产生相应的认知偏差，从而改变人们观察事物和做出决策的方式。例如在沙漠中，人们往往会渴求水源和食物；在寒冷地区，人们则迫切需要取暖；在饥寒交迫的状态下，人们更加关注温饱，而对环境保护之类的长远问题则不甚关心。在债务压力下，人们缺乏的东西就是金钱，这将会限制个体的注意力，导致个体将注意力集中于匮乏的资源（金钱）上。因此，负债状态损耗了人们对其他事物的注意力，使得人们很难再关注金钱之外的其他事物。

（二）注意力损耗论与消费债务的相互作用

第一，债务压力造成的注意力损耗可以用不同收入水平下的群体消费观念来解释。当人们确定了一个目标并为此奋斗的时候，达到此目标之前的阶段就显得尤为重要，人们会专注于目标，从而相应减少对其他事物的关注。我们可以看到长期负债的人，其追求的目标往往是获得金钱，而对其他目标的关注有限。

第二，长期负债者往往会因为收入不够而使得消费受限，因此性价比会成为他们消费时的一项非常重要的考量。负债的消费者在消费时会考虑商品的功能是否与其价格相符，是否是自己可以轻松承担的，因此会消耗掉一部分注意力。

第三，消费者在消费时还容易被周围环境影响，且影响程度取决于消费者对环境的在意程度。消费者如果很介意周围人对他的看法，那么他的注意力则会从消费本身转移到从消费中获取一种优越感。而这一现象会进一步改变消费者的行为倾向，消费者将很有可能会做出超越理性的事情。最后，如果消费者的收入不稳定，那么对于未来的不确定性将会使其无法确定自己的消费水平。

（三）注意力损耗容易造成比较性消费

在上述三方面的影响下，消费者很有可能会利用借贷来提高自己的消费水平。这在一定程度上是由于消费者对自身所处的环境非常在意，想通过提高消费水平获得心理上的自我提升。某种程度上似乎是出于社会比较的动机，这种比较促生了以消费来提升自我价值的心理。

网易新闻曾报道过这样一个案例，刚大学毕业的男生小孔（26 岁），在大学中度过的每时每刻，他都希望自己过上更好的生活，和家境更好的朋友一起玩，无奈囊中羞涩。不经意间，小孔知道了一种来钱特别快的方法，那就是网络借贷。有了第一次，就会有第二次、第三次，小孔借的每笔贷款数额都不大，只有上千元，他也没有重视还款要求、利率和逾期利息等。由于这几笔钱来得太容易，小孔没有想太多就轻易地花了出去。有本事花却没本事赚回来，很快小孔就无法填补窟窿。面对催款的电话和短信，以及讨债公司的上门催款，小孔只好在另一个信贷平台上借贷还款。然而利滚利让小孔的损失越来越大，最终他借了 70 多家信贷平台的钱，到手的仅有 100 万元左右，但是他的欠款已经有近 300 万元了。

很明显，由于虚荣心作祟，受周围家境较好的朋友的影响，小孔的消费观发生了扭曲。小孔在消费的过程中很大程度上考虑的不是这笔消费的必要程度，而是他的消费水平必须和朋友持平，不能低人一等。或者是他希望借助高消费来获得别人的羡慕，获得一种不属于自己的优越感。这恰恰印证了环境使小孔的注意力发生了转移，消费观发生了偏差。

还有一个案例，玲玲是一个非常勤奋的女孩，在大三期间，她找了两份兼职，每天工作 10 个小时以上，工资是按时发放的，每小时 21 元。有时候为了挣更多钱，她甚至通宵工作。虽然异常辛苦，但是玲玲觉得一切都值得。但她却没有将辛苦挣来的钱攒下，而是用来购买奢侈品和旅游，很快她的钱包就撑不住了。但高昂的花费并没有难倒玲玲，她很容易就从网络信贷平台借到了钱，用来购买一些她喜欢的衣服、手提包和化妆品。渐渐地，玲玲购买的奢侈品越来越贵，她的网络借贷金额也越来越大。最终玲玲在网络信贷平台上借了 40 多万。

此案例中的玲玲原本拥有稳定的收入，如果她不那么在意社会环境，那她的生活可以逐渐变好。然而社会比较导致她的注意力转移，消费观改变，引导她走向最坏的结局。

第三节　消费债务引起的情绪和心理健康问题

一、本节引言

近年来，随着科技的不断发展，网络借贷平台层出不穷，使得网络借贷消费成为人们“赶时髦”的一种方式。然而人们在消费时，尤其是年轻人容易产生攀比、从众等心理，导致他们的消费偏于非理性，进一步影响心理健康状况，甚至可能造成严重的后果。审查制度不严格加上网络借贷平台的宣传“助推”，使得人们更容易做出不理性的决策，因此非理性借贷消费引起的心理健康问题普遍存在。

二、非理性借贷消费引起的不良情绪

作为新时代的创新产物，网络借贷消费门槛低、操作简单、方便快捷，成为年轻人的热门选择。但是，还款的压力和高利率同样也让消费者产生了情绪问题。情绪是与人的意识活动相联系的体验展现方式，其受到心理特征、社会环境、压力等方面因素的影响。情绪存在易感性和易变性。简单来说，情绪可分为积极情绪和消极情绪，它们会深入影响人们的日常生活、思想品质、身心健康等。本节主要聚焦于网络借贷消费引发的不良情绪问题，对此进行深入分析。非理性借贷消费导致的债务通常会引起借贷人的以下不良情绪。

（一）后悔和否认

后悔是指对以前没有做的事情，或者做错了的事情感到难以释怀。大量债务会影响借贷人的身心健康和家庭关系，严重的债务问题会引起夫妻矛盾，影响借贷人的工作热情，所以债务压力常常让借贷人感到非常后悔。

否认是指个体有意识或者无意识地拒绝承认某些事情，这些事情可能是让自己焦虑痛苦的，想要去逃避的。所以债务人在潜意识中假装这件事从来没有发生过，以逃避焦虑和痛苦。否认是一种原始简单的心理防御机制，对自己心理遭受的痛苦予以否定，可获得一些心理安慰。虽然网络信贷消费给借贷人带来了巨大的心理压力，但是借贷人通常回避债务问题，尝试去否认和规避自己的债务。当欠款迟迟不还，邮箱里堆满提醒还款和逾期处罚通知时，有些借贷人还是选择视而不见，任其拖着，将自己收到的提醒还款通知扔到一边，当作从来没有看见过，这就是否认债务的情绪。但这种否认情绪只会加重自己的债务，因为否认债务、不及时还款只会导致越来越多的债务堆积，包括滞纳金和罚金等。

（二）恐惧和愤怒

恐惧是指面临某种危险情境，尝试去摆脱它但却无能为力，从而产生的一种担惊受怕的强烈的压抑情绪。当人的心理建设崩塌时，恐惧就会产生。当债务和压力出现的时候，借贷人的心思会主动聚焦于自己内心的担忧和恐惧，一直思考如何处理和摆脱债务。负债会增加借贷人的工作压力，借贷人可能考虑到如果遭到雇主辞退，将会对财务状况造成致命的打击，债务更加难以偿还。随后借贷人会进一步考虑自己的日常生活，开始精打细算，但却发现无论怎样都要花钱，吃饭、打工、车费等都要花钱，这样一想会进一步加剧借贷人的恐惧。因此强调债务的存在，会影响借贷人的生理和心理健康，且债务金额越大，借贷人的恐惧感就会越强。另外，恐惧感不仅影响借贷人的工作和日常生活，还会剥夺借贷人思考事情的积极情绪，借贷人吃了一顿丰盛的晚餐或者购买了一些自己喜欢的物品，这些本来可以增加他的幸福感，但恐惧情绪使得借贷人看不到消费带来的幸福感，反而去思考买东西花费的钱会不会让自己的债务雪上加霜。

愤怒是当内心的想法或愿望不能实现或与现实相矛盾时，人们对社会现象和自己的遭遇，甚至是与自己无关的事情感到极度反感和烦躁。愤怒是一种消极的情绪状态，会产生不适的生理和心理反应。愤怒的人认为事件或者人物对自己有威胁，从而产生报复的念头。当债务超出借贷人的控制范围，导致本来可以获得快乐的事情因为要处理债务而不得不搁浅时，借贷人就会产生愤怒。当造成债务的原因是一些悲观的事情，如失业、盗窃等，会加大债务压力，也会加剧借贷人的愤怒情绪，甚至引发一些过激行为。

（三）羞耻和尴尬

羞耻是个体因为在人格、能力、外貌等方面的欠缺而表现出的思想或者行为上的退缩。羞耻往往表现为沮丧、自卑、自我诋毁、自我怀疑和失望。如果遇到公开的环境，这种羞耻感会加强。因此人们为了减少羞耻感，最后会逐渐自我孤立。在借贷消费者的认知中，金钱财富往往与成功成正比，因此网络借贷消费带来的债务可能会使借贷人在同事和朋友面前感到羞耻。借贷人觉得没有赚到充足的财富，不可以随心所欲购买自己想要的东西，财务状况恶劣让自己无法拥有理想的生活。当借贷人因为羞耻而不愿意向身边人提及自己的债务时，他们甚至会遭到孤立。有时为了消除羞耻和尴尬，借贷人假装自己无债务，拼命跟上别人的消费习惯，从而导致更严重的债务危机。

三、非理性借贷消费引起的心理健康问题

（一）焦虑和抑郁

非理性借贷消费会严重影响借贷人的心理健康，最主要的表现为抑郁和焦虑。当一个人被债务缠身时，情绪起伏较大，可能更容易陷入低落的情绪中，对

生活产生悲观、消极的态度。他们有时会下意识地回避债务问题，甚至可能选择向家人隐瞒自己的债务状况，变得沉默寡言，不愿意与他人交流，抑郁情绪加重；也可能更容易胡思乱想，莫名其妙地恐惧，担忧自己无法偿还债务，表现出超出正常情绪的紧张和焦虑不安。

未偿还的消费信贷可能会引起借贷人的焦虑和抑郁。借贷人未偿还的债务越多，心理困扰就越多，也更容易感到抑郁和焦虑，从而导致心理健康水平降低。未偿还的消费信贷总额整体呈上升趋势，说明社会延迟偏好在下降，人们更趋向于超前消费而不是储蓄。同时，如果债务无法及时还清就会越积越多，借贷人就会更加抑郁和焦虑。

无担保债务也有可能引起借贷人的焦虑和抑郁。无担保债务是指不以资产作为抵押，纯粹以信用作为保证的债务，如应付账款。以未偿还（非抵押）信贷衡量的无担保债务，对借贷人心理健康的负面影响要比有担保债务更大。也就是说，有担保债务优于无担保债务。假设消费信贷尚未偿还，有担保债务就有稳定的保证，基本能够确保该债务的履行。而无担保债务没有稳定的保证，无法确保该债务能够完整履行，那么债务人就更容易感到抑郁和焦虑。

下面结合两则案例分析无担保债务如何造成抑郁和焦虑这两种心理健康问题。根据中财网（2017）报道，2017 年 4 月 11 日，厦门某学院一名大二女生因轻信“0 首付、无抵押、无担保、无利息、快速放款”的广告而陷入“校园贷”，在泉州一家宾馆自杀。据报道，该女生仅在一个平台就累计贷款 57 万多，曾收到过多次“催款裸照”。无独有偶，广西的尹先生正为自己的生意周转资金发愁时，收到了一条“提供无抵押贷款，简单快捷”的短信，声称可以无抵押、无担保地办理 2~50 万的贷款，年利率只要 12%，但需要先提供一部分资金（贷款额的 30%）作为验资款。尹先生轻信了诈骗团伙的话，将所谓的验资款打入新办的卡内，仅过了几分钟，对方就将钱分两次转走，电话也再没有打通。尹先生这才发现自己被骗，资金周转不过来又搭进去几千元，他焦虑万分。

从这两则案例中我们可以发现，无论是“套路贷”还是“校园贷”，往往都用“无抵押”“无担保”“无利息”来吸引人们贷款，其最终目的都是骗取债务人的钱财。尤其是“校园贷”当中的“裸贷”，放贷人就是抓住年轻人冲动、爱炫富的消费心理，引导没有任何资产的年轻人选择抵押自己的名誉来贷款，这就是一种典型的无担保债务。当债务人无法及时偿还债务时，就会变得非常焦虑。放贷人还会用“裸照”去威胁债务人，甚至威胁债务人的家属，从而达到收回贷款的目的。而深陷其中的债务人在损失财产的同时也损失了自己的名誉，陷入被家人数落、被外人看不起的境地，从而导致债务人情绪低落，产生抑郁心理。可见，非理性借贷消费会引发抑郁和焦虑等心理健康问题。

（二）心理压力

心理压力是指由心理的、社会的、文化的各种事件引起的心理负担，通常是由超越个人能力或者扰乱个体身心平衡状态的事件所造成的。心理压力又被称为心理应激，指外界的刺激因素通过大脑转换后变为一种抽象的观念，再通过神经系统、内分泌系统和免疫系统的相互作用，最终可能导致各种心理、生理上的疾病。与抑郁和焦虑相比，心理压力导致的心理健康问题更加严重。抑郁和焦虑在未转变为病症之前，主要是一种复杂的负面情绪，而心理压力更侧重于个人心理负担的加重，最终表现为心理疾病。当债务人背负的债务过重，甚至无力偿还债务时，除了产生抑郁和焦虑情绪，心理压力必然增加，他们可能会给自己施加过大的压力去还钱，从而导致心理健康问题。

过高的负债率是导致心理健康问题加重的主要因素之一。负债率越高，债务人偿还债务的压力就越大，承受压力和沮丧情绪的可能性就越高。提到高负债率，我们第一个想到的就是高利贷，它带给债务人的心理压力远超正常人的承受范围。

据中国江苏网（2018）报道，家住张家港市某乡镇的王某，原是坐拥百万资产的动迁户，但由于一时贪婪，在 2014 年 5 月起了借款的心思，向一家公司借款 10 万元，其中 1 万元作为前期的利息被扣，同时每月需支付利息 3 千元，远超他的月收入 2 千元。从此一步错步步错，由于高额利息难以支付，王某开始向其他多家小额贷款公司借款，加上最初高利贷的逾期利息，最终将王某拖入了还款深渊，每月需归还的利息高达 2 万元。到了 2017 年，在卖掉自己名下的两套动迁房都无法偿还债务的情况下，王某动了挪用公款的心思，最终锒铛入狱。

高利贷自古以来就是被人们所不齿的一种放贷手段，但还是会有人在走投无路的情况下去选择借高利贷，最终陷入更加无助的深渊。主要是因为高利贷的数额大、到账快、无担保吸引了这部分人，让他们在明知后果的前提下仍然选择借高利贷。然而高利贷危害巨大，放贷人往往不顾 36% 的利率界限，收取高于本金数倍的巨额利息。而债务人在高利率的压榨之下根本无力还款，无奈之下只好从别处贷款来还，以至于陷入"以贷养贷"的恶性循环，利息也越积越多。除此之外，高利贷的放贷人往往会暴力催收，通过电话轰炸、短信轰炸、墙上喷漆等违法行为，甚至会直接到债务人家中威胁其还款。所以，高利贷会导致债务人心理压力巨大，影响债务人的心理健康，甚至会影响债务人的生理健康。

（三）精神障碍

债务过重还会导致债务人产生严重的心理健康障碍。Richardson 等（2013）研究发现，负债累累的人发生精神障碍问题的可能性比正常人高 3 倍。肖和贤等（2013）提出，精神障碍是指大脑机能活动发生紊乱，导致认知、情感、行为和意志等精神活动产生不同程度的障碍，严重时会影响人的正常生活。当消费债务过高时，债务人容易出现无法还款的压力和急于还款的焦虑，放贷人也可能对债务人采取非法催债手段，导致债务人在内因与外因的双重压力下产生精神障碍。

下面通过一个案例来分析债务过重是如何造成精神障碍的。据腾讯网（2020）报道，辽宁营口的高某由于丈夫欠下了 5 万元高利贷无力偿还，遭到了高利贷团伙的暴力催收，并在他们的逼迫下打下 16 万元的欠条。但这依旧没能让高利贷团伙停止催债，他们将高某及其女儿带走，逼着还钱，甚至逼迫高某将房子过户转卖。在高度的精神压力下，高某想通过割腕和喝鼠药结束生命，所幸被抢救了回来，但此后高某的精神就不再正常。辽宁省精神卫生中心法医司法鉴定所的鉴定结果是：高某的创伤后应激障碍，器质性人格改变，与其被寻衅滋事有直接因果关系。

沉重的债务和暴力追债是很多人难以承受的精神压力，这种压力最终会发展为精神障碍，引发心理健康问题，而且这种后果通常是不可逆的。

四、非理性借贷消费引起的不健康生活方式

消费债务过度造成的心理压力也会导致严重的健康风险。有研究数据显示，当债务人，尤其是年轻人在面对压力和风险时，可能会产生以下几种后果：超重或肥胖、身体活动不足、过度看电视、不经常吃早餐、快餐消费、酗酒、使用药物和暴力等。由上文分析可知，债务过高、利率过高、无担保都会导致债务人产生心理健康问题，感到抑郁或焦虑，甚至心理压力过大。心理压力的加剧不仅

会造成心理疾病，还会导致人更容易情绪低落、郁郁寡欢，从而可能引起暴饮暴食、易怒，有些人甚至可能会通过药物或酒精麻痹自己，从而引发生理问题。因此，如何缓解压力、管理压力对债务人来说尤为重要。研究发现，非理性借贷消费非常容易引起以下不健康的生活方式。

（一）酗酒

酗酒指无节制地过量饮酒。当消费债务过重时，在巨大的心理压力下，债务人可能会逃避债务问题，蒙蔽自己，无视巨大的债务压力。酒精对他们来说就是一个很“自然”的选择，人们常说“一醉解千愁”，喝醉能够让债务人暂时忘却自己背负的债务，于是一些债务人渐渐就养成了酗酒的坏习惯。此举显然是没有任何意义的，醉酒只是暂时的，不清醒的状态也只能是一时，人不可能永远逃避下去，清醒后债务问题还是会摆在债务人面前，迟早都要面对。酗酒不仅根本解决不了问题，还会严重危害债务人的身心健康，有可能引发糖尿病、高血压、肝硬化等疾病，危及生命。

（二）药物依赖

药物依赖指的是明知使用成瘾药物会带来问题但仍在使用的行为。药物依赖的对象主要是毒品和镇静剂，要去除这种依赖性往往需要极强大的自制力和外界的干预。药物依赖的情况与酗酒类似，都是人在逃避时的一种表现。当遇到无法解决的债务问题时，有些人就会用药物麻痹自己，逃避问题。

据新浪网（2013）报道，宁德的吴某，因透支信用卡欠下数万元债务，在无力偿还债务的压力下，开始吸食 K 粉减压，毒瘾发作，乱砸家中物品。毒瘾就是药物依赖的一种表现，用毒品麻痹自己这种行为是不正确的，因为毒品不仅会危害身体健康，更会从精神上击垮一个人，使人一蹶不振。

第四节 案例分析：非理性网络借贷消费对心理与行为的不良影响

一、非理性网络借贷消费助长了攀比消费心理

（一）案例一：“吃土一族”——林霖

据新农商网（2016）报道，林霖是一名大二学生，2015 年她通过大学生网

络借贷平台买了一部 iPhone X 手机，每个月只有 1200 元生活费的她，如今还欠着网络借贷平台的 4000 元，连吃饭都成了问题。作为一名只有一次网络借贷平台使用记录的在校大学生，林霖的生活虽然不至于陷入绝境，但也有点凄惨。这几日，除了上课，她几乎天天都把自己关在宿舍里，舀上两勺干麦片用开水一泡，就是她的一顿正餐。为了这部手机，林霖硬生生让自己欠了一屁股债，从“月光族”变成“吃土一族”。林霖说：“朋友们都有了新手机，我也想要换一个，但仅靠生活费根本攒不下钱。”她无意间在支付宝的信用专区里看到一个购物平台，可提供免息分期购买 iPhone 的服务，分 24 个月还，每月加服务费只需还款 326.98 元。林霖申请了第三等级的会员，可获得 9000 元的透支额度。早上在网上提交了升级会员的申请，校园代理人当天下午就来找她签约。手机买到了，林霖的心情却和想象中的大相径庭，生活也格外拮据起来，每个月月中就花光了生活费，又不敢告诉爸妈，到了月末连食堂都不敢去了。林霖买手机花了 6500 元，还剩 2500 元的可取现额度，她不得不继续借钱。每月除了要还 300 多元的手机分期，还要还近 600 元的提现借贷。面对记者的采访，林霖无奈地说：“感觉自己的手脚都被捆住了，只能通过这种边借边还的方式维持下去。”

（二）案例二：母亲欲断绝母女关系——高小丽

据新华网（2016）报道，高小丽是琼海市的一名大二学生，原本 2018 年开学应该读大三了，父母帮她将去学校的机票都订好了，可高小丽却找借口把上学的日期一推再推。计划 9 月 6 日去学校，5 日就有人上门来讨债，她又不想去上学了。高小丽平时爱打扮，花钱大手大脚，其实家庭条件并不好。前几年高小丽的父母都在外地做小生意，她读小学、初中都是跟爷爷奶奶一起生活。平时只要她要钱，父母就给，爷爷奶奶及亲戚也经常给她零花钱，她就这样养成了乱花钱的恶习，没钱花了就四处借钱。在初中、高中阶段，除了自己乱借钱消费外，她还帮他人担保借高利贷。结果别人跑了，催款的人就找她追债，父母已经帮她还了 9 万多元的欠款。高中毕业后她考上一所二本院校，家里把积蓄拿出来还了她的欠款，上大学第一年的学费还是办的助学贷款，生活费每月 1200 元。高小丽的父亲平时在外地做工，女儿要钱时他就给汇款，对女儿管教不多。

高小丽在学校期间究竟借了多少钱？又花在哪里了？高小丽不愿意告诉父母。但父母从上门来催款的人口中得知，2017 年 3 月，高小丽在北京一家网络借贷平台上借过两笔款，一笔是7022.64元，用于购买笔记本电脑；另一笔是1382.04元，用于购买手机。从还款记录来看，买手机的借款每月（期）应还115.17元，已偿还11期，还欠125.28元（含滞纳金）；而买电脑的借款仅偿还了一期（1170.44元），加上滞纳金，还欠6255.31元。母亲刘女士还向记者提供了一条催款短信，信息显示是上海一家网络借贷公司，借款记录为2016年7月高小丽借款8850元。而据5日上门催款的人透露，他们与高小丽交谈得知，除了这两家网络借贷平台可查阅外，高小丽在学校还有多笔高利贷纠纷，金额高达10多万元。9月7日，刘女士向《南国都市报》记者求助：她要跟女儿断绝母女关系，她实在忍受不了，几乎每天都有人打电话催款，她不知道女儿到底借了多少钱。女儿在学校四处借贷消费，从上高中起，她就没少帮女儿还钱。上大学这两年又是债台高筑。刘女士表示，她不仅难以承受这无底洞似的经济压力，精神上也濒临崩溃。

高小丽的高额债务导致父母精神濒临崩溃，高小丽本人也因为债务在亲朋好友面前抬不起头。因为追债人长期的言语暴力，高小丽患上了严重的焦虑症，听到电话铃声就会不自觉地蜷缩起来。

二、非理性网络借贷消费助长了从众消费心理

（一）案例三："土豪哥"

据新华网（2016）报道，在西南某高校读大三的秦歌，每月生活费只有1000元，2015年却在网络购物上花了近1.23万元。当他在朋友圈里晒出支付宝账单时，大家一致写下评论："土豪哥"。秦歌本人说："我哪里是'土豪'，每月10日还得往蚂蚁的窟窿里填土呢。"秦歌家境不是很好，在没有接触网络借贷之前，他买东西一直很谨慎，几乎不会买不必要的东西，生怕给家里增添经济负担。据秦歌介绍，自从去年3月经室友介绍使用网络借贷以来，他就陷入了分期消费的死循环中。从秦歌的支付宝账单中可以看出，他平均每月在网上购买1000元左右的商品，但真正立即支付的金额只有300元左右，剩余的他会推到下个月还，或者分为几个月还。2015年"双11"，秦歌在网上购买了1500元左右的商品，到12月还款时，由于拿不出那么多钱，他又通过借贷的方式套取现金来还债。但窟窿还是越来越大，最终秦歌只好告诉了父母。2016年1月底，

在乡下务农的父母帮秦歌还清了在借贷平台欠下的债。

（二）案例四：被债务压得疲惫不堪的杜晓晓

据央广网（2016）报道，2016 年 1 月 18 日，杜晓晓的室友小邓请求她帮忙在某网络贷款平台上以杜晓晓的名义办理 1 万元左右的贷款。杜晓晓觉得大家都在用网络借贷，几乎没怎么犹豫就带着自己的身份证和学生证跟小邓去办理了借贷手续，还在工商银行办理了一张银行卡。第二天，小邓又提出让杜晓晓帮她办“× 分期”，这次小邓给出的理由是“只是借 100 元出来，马上就能还上”，杜晓晓也就没有犹豫。但让杜晓晓没想到的是，当天晚上她的手机收到了一条银行短信，短信显示以她名义办理的那张工商银行卡上有两笔进账，一笔 1.44 万元，另一笔 2900 元。此后，杜晓晓又陆续发现了更多的贷款，有的是自己根本不知道的，而室友小邓无力偿还贷款，杜晓晓每天都要忍受催债人的电话骚扰。3 月 16 日，小邓的家人知道了女儿贷款的事情，从老家赶到学校。第二天，小邓当着她的家人及杜晓晓家人的面，给杜晓晓写了保证书、欠条。尽管小邓及其家人承诺会按时还债，但催债人和催款单上的数字还是像压在心头的一块石头，让杜晓晓疲惫不堪。

三、非理性网络借贷消费助长了超前消费心理

（一）案例五：“花明天的钱，圆今天的梦”

据融 360（2016）报道，杨雨洁从小就梦想长大成为一名设计师，要想成为一名设计师，就得有设计师的配置，比如一部设计师心中的保时捷——Dell Precision 5510，当时价格为 9999 元。室友们劝她等以后挣钱了再买，但杨雨洁还是捡起了分期贷款宣传单，打通了校园代理的电话。见到分期贷款的校园代理后她才知道需要自己先付 40% 的首付，然后余额用贷款形式，分月偿还。杨雨洁东拼西凑拿到接近 4000 元的首付，之后她每个月要还 875 元，共分 12 期。当时舍友们发现杨雨洁要给出 4500 元的利息，利率高达 75%，有人不停地劝她不要贷款，等以后有钱了再买。杨雨洁后来告诉室友，她到现在也没有想清楚当时想买那台电脑的欲望为何如此强烈。为了还钱，杨雨洁疯狂做兼职，债务压身，她提前完成了减肥计划，因为她吃不起肉、睡不好觉。刚还了这个月的分期，就要开始为下个月的 875 元而奔走忙碌。甚至连宿舍里的矿泉水瓶和快递箱都不舍

得给阿姨，要留着自己卖。这样的精神高压下，杨雨洁变得极度神经衰弱，甚至十分担心借贷平台会暴力催款。

（二）案例六：我以为我可以

据新浪网（2016）报道，2015 年 3 月，正在读大学的王丽看上了一款 2000 元的手机，可以分期付款，每个月还款 300 元。王丽每个月有 1000 元的生活费，粗略算了一下，她觉得每个月还 300 元在自己的承受范围之内。没想到 2015 年 3 月，王丽的生活支出有些多，当月的 300 元无法偿还。她看到网上有“低利息、无抵押、快放款”的网络借贷宣传资料，就按照要求填写了自己的信息，随后有一名自称贷款公司业务员的男子给她打电话，指导王丽签订了几个电子合同，并告诉王丽逾期不还要缴纳逾期费。王丽成功贷款 500 元，但是网络借贷平台的周利息为 150 元，最后她真正拿到手的仅有 350 元。对于一个月只有 1000 元生活费的王丽来说，这些债务是她无力承担的。就这样，到期后王丽无法偿还本金及利息，该网络借贷平台的工作人员就向她推荐其名下的其他网络借贷平台，让王丽在其他平台再次借贷，用借来的钱偿付之前所欠的本息，王丽就从一个借款陷阱落入另一个借款陷阱。也正因为这样，王丽所借款项犹如滚雪球一样越滚越大，在她已还款 28 万元后，巨额债务依然未还清。直到 2017 年 7 月毕业，王丽都是在借钱还钱中度过的。王丽毕业后回到老家，一直不敢将此事告诉母亲。2018 年 1 月，网络借贷公司不分昼夜地给王丽母亲打电话，并不断辱骂、威胁，王丽母亲不堪其扰，一次性还了 13 万元。即便如此，依然时不时接到催债电话的骚扰。那段日子，母女俩过得苦不堪言，最终选择了报警。截至报案时，王丽汇给网络借贷公司共计 28 万余元。

四、非理性网络借贷消费助长了享乐消费心理

（一）案例七：“吃土少女萌萌哒”

据新农商网（2016）报道，张萌是一个刚上大二的 19 岁女孩，她有个很萌的微信昵称——“吃土少女萌萌哒”。每个好友在加她微信时，都会不自觉地把她的微信名念一遍，然后会问她为什么要叫“吃土少女”。张萌说：“因为每个月都在还钱借钱，到了月底吃不起饭，只能吃土啦。”这个刚上大二的 19 岁女孩每个月在网上购物的花销都在 1500 元左右，没有收入来源的她，使用借贷软件提

取现金消费，再分期还款。张萌将自己的生活费分为两份，一份为 300 元，作为每月日常支出；一份为 1200 元，用来偿还各个网络借贷平台的分期账单。据张萌介绍，她目前共在 3 个网络借贷平台有借款，每个平台的还款时间相隔 10 天，还款金额为 300~500 元，每到月底，她会再向借贷平台借款 1500 元，填补生活费无法弥补的借贷账单，余下的作为自己下个月网上购物的基金，直接导入支付宝里使用。张萌很少去计较借贷平台的利润，也从没算过自己支付了多少利息，她乐得当个“吃土少女”。在她看来，借贷消费虽然让自己过上了“欠债”的日子，但网上购物消费也让她感觉很享受。

（二）案例八：借贷买足彩

据腾讯新闻（2016）报道，2019 年 3 月 9 日晚上，大二学生郑某因迷恋足彩，输光生活费后开始通过网络借贷买彩票，继而冒用同学之名借贷，最终欠下 60 多万元的巨债，实在无力偿还，最终从青岛市一宾馆 8 楼坠楼身亡。此前郑某因还贷压力，曾先后 4 次尝试自杀，其中两次跳湖，一次撞车，一次吞食了 200 片安眠药。郑某留下遗言：赌博和网贷，最终害死了我。

（三）案例九：最终走上不归路

据网易新闻（2018）报道，25 岁的小森是某高校学生，2018 年 7 月即将毕业。小森在河北保定找了一份工作，但自 5 月 12 日起，家人多次致电小森，均无法联系到他。5 月 17 日，噩耗传来，河北保定警方称小森的尸体在保定市政府附近一个废品收购站被发现。2018 年 5 月 17 日上午 9 时许，警方接到群众报警，急救医生现场确认小森已死亡。经勘查，警方初步认定小森服用了一种有毒工业盐，当事人系自杀身亡。小森死亡后，父母从保定警方那里拿回了小森的所有遗物，包括他的手机，刚开始一段时间比较平静，但从 5 月下旬开始，小森的手机不断接到外地的电话，都是催他还钱的，起初对方说话还算文明，但当得知小森已经出事后，对方开始各种辱骂。过两天开始有电话打到小森家人手机上，小森的同学也接到过要求督促小森还贷的电话。2018 年 5 月 26 日下午 4 时许，记者采访小森舅妈张女士期间，她的电话数次响起，均为催款电话。张女士曾录下个别催款电话，多段录音显示，电话一通，对方声称要小森或其家属接听，称小森在他们平台的分期借款已逾期，须要及时偿还。张女士告诉对方小森已出事，对方显然不太相信，要求张女士向其提供死亡证明等资料。多段录音显示，小森的借款均为分期贷款，每期还款数百到一两千不等，其中有一笔总额为9000余元。而在小森手机中的一个文件夹里，存着9个借贷平台App。无力偿债的压力、担心被父母指责的恐惧，最终让小森做出了愚蠢的决定，草草结束了自己的生命。

五、案例总结

从上述案例中可以看出，非理性网络借贷消费给借贷人带来的心理影响大多是负面的，轻则是无奈和疲惫，重则整个人变得焦虑和抑郁，陷入懊悔之中，觉得对不起父母、朋友。有些人甚至被恐惧和崩溃的情绪包围，最终走上不归路，结束自己的生命。网络借贷有风险，借贷要谨慎。网络借贷虽然给人们提供了诸多方便，但我们一定要在保证自己有能力偿还贷款的情况下考虑借贷消费。

参考文献

[1] Bechlioulis A P，Brissimis S N. Consumer Debt Non-payment and the Borrowing Constraint：Implications for Consumer Behavior [J]. Journal of Banking & Finance，2019（5）：161–172.

[2] Brinton M H，Provan K G，Amy F，et al. Governance and Collaboration：An Evolutionary Study of Two Mental Health Networks [J]. Journal of Public Administration Research & Theory，2010（Suppl_1）：125–141.

[3] Buchanan S，Ruebottom T，Riaz S. Categorizing Competence：Consumer Debt and the Reproduction of Gender-based Status Differences [J]. Organization Studies，2018（9）：1179–1202.

[4] Dellande S，Gilly M C，Graham J L. Managing Consumer Debt：Culture，Compliance，and Completion [J]. Journal of Business Research，2016（7）：2594–2602.

[5] Dunn L F，Mirzaie I A. Consumer Debt Stress，Changes in Household Debt，and the Great Recession [J]. Economic Inquiry，2016（1）：201–214.

[6] Fitch C，Hamilton S，Bassett P，et al. The Relationship between Personal Debt and Mental Health：A Systematic Review [J]. Mental Health Review Journal，

2011（4）：153–166.

[7] Hamilton R W，Mittal C，Shah A. How Financial Constraints Influence Consumer Behavior：An Integrative Framework [J]. Journal of Consumer Psychology，2019（2）：285–305.

[8] Jones L E，Loibl C，Tennyson S. Effects of Informational Nudges on Consumer Debt Repayment Behaviors [J]. Journal of Economic Psychology，2015（6）：16–33.

[9] Kraft H，Munk C，Seifried F T. Consumption Habits and Humps [J]. Economic Theory，2017（2）：305–330.

[10] Leicht K T，Fitzgerald S T. The Real Reason 60 is the New 30：Consumer Debt and Income Insecurity in Late Middle Age [J]. The Sociological Quarterly，2014（2）：236–260.

[11] Luzzetti M N，Neumuller S. Learning and the Dynamics of Consumer Unsecured Debt and Bankruptcies [J]. Journal of Economic Dynamics & Control，2016（6）：22–39.

[12] Richardson T，Elliott P，Roberts R. The Relationship between Personal Unsecured Debt and Mental and Physical Health：A Systematic Review and Meta–analysis [J]. Clinical Psychology Review，2013（8）：1148–1162.

[13] Ryoo S，Kim Y K. Income Distribution，Consumer Debt and Keeping up with the Joneses [J]. Metroeconomica，2014（4）：585–618.

[14] Tay L，Batz–Barbarich C，Parrigon S，et al. Debt and Subjective Well–being：The Other Side of the Income–HAppiness Coin [J]. Journal of HAppiness Studies，2017（3）：1–35.

[15] 迟香婷．家庭债务与消费波动：一个基于理论模型的探讨 [J]．中央财经大学学报，2020（8）：73–85.

[16] 何吴明，杨敏钰，李东玲，等．童年期主观社会经济地位与认知灵活性的关系：归属需求的调节作用 [J]．中小学心理健康教育，2019（13）：6–9.

[17] 李爱梅，罗莹，李斌．“金钱启动”让人理性还是非理性？——金钱启动与消费者行为决策 [J]．外国经济与管理，2016（6）：100–112.

［18］李东盈．神经症与精神分裂症患者社会支持的调查研究［J］．中国卫生产业，2016（7）：32–34.

［19］佚名．90后美女自述：为买奢侈品欠下40万网贷，你不知道我有多后悔！［EB/OL］．融360，2019–07–06.

［20］孙立欣．一个曾经做了校园分期贷款的女大学生的故事［EB/OL］．融360，2016–06–20.

［21］宋明月，臧旭恒．异质性消费者、家庭债务与消费支出［J］．经济学动态，2020（6）：74–90.

［22］V眼看大连．高利贷团伙只借出5万元却逼人还16万！欠债者无奈自杀精神失常［EB/OL］．腾讯网，2019–10–15.

［23］韩景玮．大学生欠下60万网贷自杀28名受牵连同学被免责［EB/OL］．腾讯网，2016–08–26.

［24］田新民，夏诗园．中国家庭债务、消费与经济增长的实证研究［J］．宏观经济研究，2016（1）：121–129.

［25］王珏，李蔚．情境性消费者敌意对消费者购买意愿的影响——心理情感的中介作用［J］．经济经纬，2016（2）：96–101.

［26］王为其．“90后”大学生消费特点及教育引导初探［J］．山西财经大学学报，2011（2）：166.

［27］佚名．26岁小伙网贷近百万，4年涨到两百多万，父亲送外卖帮子还债［EB/OL］．网易新闻，2019–07–02.

［28］隐秘的大号．大学生服毒自杀身亡 或因不堪网贷还款压力［EB/OL］．搜狐网，2018–06–03.

［29］肖和贤，麦秋燕．应用综合治疗的干预措施治疗早产儿喂养不耐受的临床体会［J］．中国医药指南，2013（34）：310–311.

［30］陈康．大学生借贷消费 母亲还不完欲与其断绝关系［EB/OL］．新华网，2016–09–10.

［31］佚名．大学校园里你不知道的95后：部分学生成“吃土”族［N］．中国青年网，2016–03–21.

［32］佚名．套路贷乱象：10万小贷滚成300万巨债 有人损失一套房［N］．北

京晨报，2017-05-18.

［33］汤先增．男子因欠债吸毒减压 父亲不堪其毒瘾发作报警［N］．海峡都市报，2013-03-18.

［34］佚名．女大学生网贷500元还28万后，仍被催债，警方跨省抓放贷人［N］．北京晚报，2019-06-25.

［35］熊伟．短期消费性贷款与居民消费：基于信用卡余额代偿的研究［J］．经济研究，2014（S1）：156-167.

［36］陈凤莉．团组织聚焦个案帮大学生摆脱校园贷“绑架”［N］．中国青年报，2016-04-20.

［37］杨蓬勃．基于结构方程的信用卡非理性消费行为的作用机理分析［J］．统计与决策，2012（22）：66-69.

［38］臧旭恒，张欣．中国家庭资产配置与异质性消费者行为分析［J］．经济研究，2018（3）：21-34.

［39］张冀，孙亚杰，张建龙．我国家庭负债存在过度风险吗？——基于负债结构下的消费视角［J］．河北经贸大学学报，2020（5）：28-38.

［40］张雅淋，孙聪，姚玲珍．越负债，越消费？——住房债务与一般债务对家庭消费的影响［J］．经济管理，2019（12）：40-56.

［41］佚名．“套路贷”魔爪伸向校园 变身“裸贷”敲诈学生［EB/OL］．中财网，2018-05-08.

［42］包丽芬，陈迪．两个案例告诉你，为什么民间高利贷千万碰不得！［N］．张家港日报，2018-08-29.

［43］周利，王聪．家庭债务与居民消费——来自家庭微观调查数据的证据［J］．软科学，2018（3）：33-37.

▶ 第六章　非理性网络借贷消费引起的社会问题

网络借贷消费存在风险，尤其是当消费者的欲望膨胀时，其所进行的非理性网络借贷消费往往会引发一系列问题，带来多方面的不良影响。本章重点探讨非理性网络借贷消费引起的价值观偏差问题、信用风险问题及人身安全问题，然后分析过度借贷消费的危害，并为消费者提高风险防范意识提出建议。

第一节　非理性网络借贷消费引起的价值观偏差问题

一、本节引言

随着社会经济的发展和互联网的迅速普及，网络借贷消费得到了空前的发展。凭借门槛低、办理手续简单的优势，网络借贷走进了越来越多人的生活中。大学生群体虽然收入低，但消费潜力巨大，所以逐渐成为网络借贷平台的目标群体。大学生作为一个特殊的消费群体，消费观念前卫，大多数倾向于使用分期付款的方式进行消费，网络借贷消费潜力巨大。艾瑞咨询（2018）指出，2017 年全国共有 3018 万高校在校生（包括研究生和普通本专科学生），这些在校生的消费规模达到了 3815.68 亿元。但网络借贷消费在满足人们消费欲望的同时也隐藏着风险和危害，一旦不能合理控制消费欲望，过度借贷消费将会引发多方面的不良后果。因此，很有必要对大学生的过度网络借贷消费行为进行研究。本节将以大学生群体为例，从网络借贷消费的动因入手，分析过度消费的危害，并探讨如何防范风险。

二、消费价值观偏差形成的原因

（一）偏差消费动机的驱使

消费行为深受消费动机和消费观的影响。驱使大学生进行网络借贷消费的心理动机主要有虚荣心理、攀比心理和从众心理。大学校园就好比一个微型社会，每个人的家庭环境不同，消费水平也不尽相同。大学生往往喜欢追赶潮流，热爱各种电子产品、新款服饰或者美妆护肤品。有些大学生出于虚荣心理或者攀比心理，在不具备经济能力的情况下也会选择通过网络借贷来满足自己的消费欲望。

有些人特别渴望得到别人的认可或羡慕和崇拜，他们在这种虚荣心理的驱使下很容易产生过度消费行为。调查研究发现，大学生普遍存在较强的虚荣心理，往往会为了维护自己所谓的“面子”进行一些不必要的消费。为了得到别人的羡慕和崇拜，有些大学生所选择的消费产品往往是最好、最贵的，甚至并不是必需品。虚荣心理长期占主导地位必然会导致过度消费，引发一系列不良后果。攀比心理在大学生群体中更加常见，同学之间相互攀比往往会引发不理性的消费行为。一旦相互攀比在一个圈子中形成风气后，就会引发恶性循环。另外，同学之间的相互影响会造成从众心理，以至于有些人只是出于好奇、想尝鲜而进行消费。例如有些人看见别人使用“花呗”，觉得很好奇，于是自己也开始使用；别人拥有的东西我也想要的心理促使了更多的消费，一旦成瘾，这些人将会深陷网络借贷的泥潭难以自拔。

（二）不良网络借贷平台的夸张宣传

由于网络借贷门槛低、办理手续简单、不需提供担保，对大学生来说有极大的吸引力，因此一些网络借贷平台瞄准了大学生群体。不少网络借贷平台利用做兼职的大学生大肆宣传推广自己的信贷产品或服务，以这种方式获得更多大学生的信任。也有一些网络借贷平台在宣传时以“零首付”“零利息”来拉拢潜在的网络借贷者，但这些网络借贷平台并不会讲明其服务费和逾期费实际上可达贷款总额的5%~10%。有些黑心的网络借贷平台为了获取利益，甚至故意不通知借款人还款，以便收取高额的逾期费。但大学生为了满足自己的消费欲望或者解燃眉之急，往往不会考虑网络借贷背后的风险，直接相信了网络借贷平台的幌子。

（三）借贷人自身缺乏理财意识和信用意识

作为一个特殊的群体，大学生没有稳定可靠的经济来源，再加上没有良好的理财意识，花钱如流水是常态。有限的生活费往往难以支撑他们的消费欲望，以至于他们会陷入经济紧张的窘境。在走上网络借贷的路后也很难靠自己偿还债务，因此很容易陷入不良的循环中。

网络借贷平台的贷款手续简单，往往只需要提供身份证或学生证就可以办理贷款。大学生在办理时可能不会考虑自己的身份信息是否被泄露，缺乏对个人信息的保护意识和信用意识。一些网络贷款机构可能会泄露用户的个人信息，甚至将其身份信息进行非法售卖，也可能通过借款人的通讯录联系到其家人、朋友，影响借款人的生活。

三、消费价值观偏差可能引发的社会问题

（一）从初次尝试到深陷其中

大学生群体使用频率较高的网络借贷App有支付宝推出的“花呗”“借呗”“趣分多”“任分期”。大学生没有丰富的社会经验，很可能因为一时的需要就不假思索地在这些平台上借贷。在初期，很多人可能会沉浸在随心所欲购买自己喜欢的商品的快乐之中，长期如此会形成非理性的消费习惯和消费观。他们往往禁不住诱惑或者抑制不住自己的消费欲望，在没有充裕的生活费的情况下就会不断地进行网络借贷，债务数额也不断累加，有些学生不知不觉就已经深陷其中，无法自拔。

（二）还款压力大引发“以贷养贷”的恶性循环

网络借贷平台的宣传常常以“零首付”“零利息”的噱头拉拢潜在的网络借贷者，并不会在显著位置明确提及背后的服务费和逾期费，这些费用实际上可以达到贷款总额的5%~10%。然而，只要不超过同期银行贷款利率的4倍，法律上不会判定为高利贷。有些学生陷入网络借贷之中，到了无力偿还的地步时会向其他网络借贷平台借款，最后的结果是债台高筑，面临着多个网络借贷平台的催款。至此，这些学生已经陷入了“拆东墙补西墙”和“以贷养贷”的恶性循环中。

根据央视网2018年的报道，某高校一名大二学生因为想买一部手机，就在网络借贷平台上借了3500元。但是由于无力及时还款，面临着逾期的高额利息，她只能选择再次借款“以贷养贷”，最后债务竟累积到了10多万元，在他人的威逼利诱之下，该女大学生最后竟然选择以“援交”的方式偿还欠款。

（三）增加个人及家庭的负担

非理性网络借贷带来的后果是多方面的，最直接的影响就是需要及时还款。如果超过了还款日期，借款人将会面临着高额的利息，还款的压力变得更大。大

学生经济不独立，其大部分经济来源是父母给的生活费，一小部分是通过兼职或者勤工俭学所得。在还款日期逼近时，大学生心理压力会特别大，有些甚至需要向同学借钱，或者编造各种谎言向父母要钱，这对大学生自身及其家庭都会造成一定的经济负担。

（四）陷入诈骗或高利贷的圈套

尽管一些网络借贷平台在宣传时声称“零首付”“零利息”，表面上看起来是非常友好的，但加上手续费和高额利息，实际上与高利贷相差无几，有些借款人甚至会陷入一些网络借贷平台的骗局之中。找一家网络借贷公司贷款6000元，假设先收取30%的手续费，那么实际到手的借款只有4200元，贷款的周期是7天，每逾期7天就要交600元的逾期费，显然这是一个高利贷的圈套。有些网络借贷平台在借款人无法偿还时会向其推荐别的网络借贷公司，在借新还旧的情况下不断抬高债务，使借款人陷入“套路贷”。大学生往往无法判断一些网络借贷平台的安全性和合法性，一不留神就会陷入圈套之中。

（五）引发个人信息泄露和信用危机

由于监管相对滞后，各类网络借贷平台良莠不齐，借款人信息的安全性得不到有效保障，很容易造成信息泄露问题。尽管在网络借贷平台上贷款时手续简单，但身份证信息是必须提供的，在借款人无力偿还债务时，网络借贷平台则会以此作为要挟。更过分的是，一些网络借贷平台会将借款人的个人信息进行非法售卖，从中牟取私利。在“借贷宝10G资源”事件中，网络借贷平台将一些无力偿还贷款的女性的个人信息和裸照放到网络平台上，其中一些借款人迫于压力选择了自杀。可见，个人信息的泄露会给借款人造成多方面的不利影响。

在借款人无力偿还债务时，一些不良平台通常以个人信息作为要挟，甚至通过通讯录去骚扰借款人的家人和朋友。同时，借款人在无力偿还贷款时会找各种理由向自己的家人、朋友借钱，有些借款人在迫不得已的情况下甚至会冒用身边人的身份信息进行网络贷款。长期如此，这些借款人必然会失去周围人的信任。

（六）危害人身财产安全

当拖欠贷款时，借款人不仅面临着逾期费，网络借贷平台还会想方设法地给借款人的朋友或者家人打电话进行催款，有的甚至采取暴力方式催收，对借款人采取堵门、恐吓威胁、非法拘禁等不良手段。有些借贷消费者由于长期进行网络借贷或者“以贷养贷”，最后债台高筑，无力偿还，饱受精神上的折磨。网络借贷公司甚至会请专门的贷款征收公司去催收借款，加大了借款人的压力，有些借款人承受不住会选择轻生。可见，网络借贷虽然可以满足借款人一时的消费欲望，但长期进行非理性的网络借贷，最后债务像滚雪球一样越来越多，会给借款人造成极大的心理压力和精神压力，严重干扰学业和工作，危害人身安全和财产安全，严重的会毁掉一个人的一生。

六、结语

大学阶段是重要的人生成长阶段，是学习知识与技能的黄金时期，也是世界观、人生观、价值观形成的重要阶段。在面对网络借贷时，大学生自己要正确看待利与弊，合理利用网络借贷，理性消费。同时，由于网络借贷市场存在风险，家庭、高校、政府要协同发力，保驾护航。树立理性的消费观，结合自己的经济情况进行理性消费，才不会受到网络借贷的束缚。

第二节　非理性借贷消费引起的信用风险问题

一、本节引言

近年来，网络借贷消费逐渐进入大众的视野，无论是个人还是企业，都把网络借贷作为一个好的选择。然而，凡事都有个限度，网络借贷也是把“双刃剑”，倘若过度借贷消费，则会引起一系列的信用风险。图 6–1 列示了过度借贷会对借款人产生的主要影响。

中国人民银行发布的《中国金融稳定报告（2018）》对国内近一年金融体系的稳健性状况进行了全面评估。由该报告可以看出，我国住户部门债务水平呈不断上升趋势，进一步可以分析出我国居民个人可能存在过度借贷的风险。另一个新趋势是，由于 2020 年新冠肺炎疫情突袭及经济的不稳定性增加，我国的金融业务不断下沉，覆盖面也大大增加，以互联网为代表的新型金融发展势头也很迅猛，居民贷款的途径也开始增多。网络贷款越来越流行，进一步引发了网络借贷

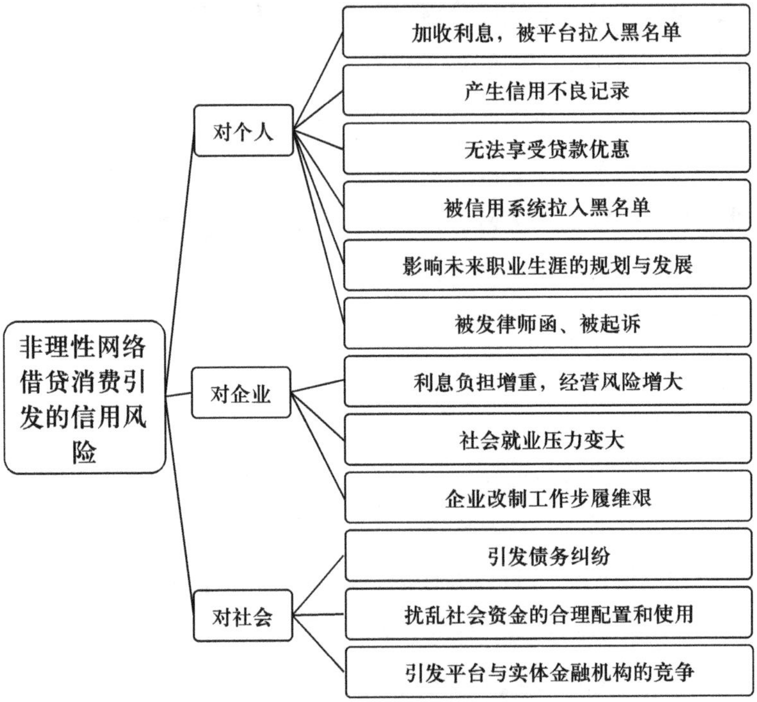

图 6-1　非理性网络借贷消费引发的信用风险

的信用风险问题。有报道显示：部分居民不考虑自己的还款能力，利用互联网金融征信机制不完善过度借贷，造成逾期无法偿还的窘境。中国人民银行前行长周小川在钱塘江论坛上发表讲话时曾提到，过分诱导年轻人提前消费、借贷消费，这不仅是一种经济、金融现象，同时也是一种文化现象，是一种人口现象，这可能会带来重要的影响。

二、消费债务对个人信用的不良影响

（一）加收利息和滞纳金的风险

每个网络借贷平台的贷款方式及规定都不一样，如果信用贷款出现逾期，该贷款平台首先会通过电话催促借款人及时偿还贷款，并且提醒借款人若不及时还款所带来的影响及后果，比如利率上浮（作为每天的罚息）。假如借款人借了 2 万元，3 个月逾期未还，最后加上利息和滞纳金，可能要还 20 多万。

（二）产生不良信用记录的风险

如果在规定的还款期限没有按时还款，借款人的名字就会出现在内部信用系统，借款人的年度信用报告中也会留下不良记录。一旦留下不良记录，可能会被保留数年，借款人在有不良记录期间也不能向其他平台借贷。加收利息和滞纳金等只是金钱上的损失，但如果产生不良信用记录，将会对借款人的日常生活以及买房、买车等产生一定限制，对生活质量带来极大的负面影响，而这些都是金钱所不能改变的。

（三）无法享受贷款优惠，甚至失去申请资格

如果此前借款人在该平台留下了多次逾期还款的不良记录，那么除了要为本次的逾期贷款加付利息，还有可能无法顺利获得该平台中与该贷款相关的优惠利率与政策。当然，之后再次申请贷款也会变得很困难。

三、信用不良引起的负面后果

我们在新闻报道中经常会见到被相关部门列入“失信被执行人”名单的“老赖”，这一举动就是向大众宣布这个人是不诚信的“老赖”。作为失信被执行人，一旦被昭告天下，他们就很难再向银行申请贷款，甚至在乘坐飞机、高铁以及高消费等各个方面都会受到限制。更严重的是，他们的行为会影响到他们的亲人及下一代，他们的子女未来在社会上也会有更多不便之处。

（一）影响个人未来职业生涯规划与发展

当前参与网络借贷的人，有很大一部分是大学生，如果连续不偿还贷款并且超过 90 天，就会被以情节严重论处。同时，网络借贷平台等会在媒体上公布借款人的身份证号、逾期信息，或告知其学校、工作单位。假如借款人已经找到一份满意的工作，但因为网络借贷逾期未还而失去这份工作，那将会是莫大的遗憾。被列入“老赖”名单后，借款人的职业选择将会更加受限，无缘公司管理职位，也无法参加公务员的选拔考试。

（二）情节严重者将受到法律制裁

倘若借款人有能力偿还债务但却拒绝按时偿还，将受到法律的制裁，甚至借款时的担保人也要付起连带责任。据找法网（2021）报道，小贷公司虽然利息高，但依然受到法律的保护。对于催收无效的借款人，借款平台会走法律程序来收取回款。一旦法院判决借款平台胜诉，那么借款人除了还清本息，还要支付双方诉讼费和巨额罚息，更有甚者会被判刑。据中国财经（2020）报道，2020年北京市互联网金融行业协会就如何解决网络借贷平台借款主体逃废债问题，有效保护出借人权益组织研讨会。会议指出，司法要坚持主体平等原则，网络借贷平台资金来源合法，同样应该受到法律保护，不能因为主体不同而区别对待。业内权威人士认为，应当在原有民事解决的框架下，建立“逃废债”行政制裁、刑事打击治理体系，像打击“恶意透支信用卡”犯罪那样，对鼓动、协助、组织“逃废债”的，予以刑事惩治，对于多次“逃废”“情节恶劣”的实行“逃废入刑”。

四、结语

虽然网络借贷消费具有独特的优势，但我们依旧不能忽视它造成的不良后果。非理性网络借贷消费会引发很多信用风险，包括加收利息、被拉入信用黑名单、产生不良征信记录、职业发展受限等，有些借款人甚至会受到法律的制裁。这都警示我们一定要理性消费、理性借贷。

第三节　非理性借贷消费引起的人身安全问题

一、本节引言

我国正处于经济和科技高速发展的时代，智能手机和互联网的普及使得网络借贷变得更加便捷。然而近年来，大学生因非理性网络借贷而失去生命的事件却时有发生。本节通过一系列真实案例分析非理性网络借贷所引发的人身安全问题。首先从借贷的源头入手，针对主要的借贷群体来探讨非理性网络借贷是如何对借款人的人身安全产生威胁的，具体产生了哪些威胁。最后通过案例研究，得出解决非理性网络借贷问题的办法和建议。

范政等（2020）提出，合理地进行网络借贷消费通常是不会威胁到人身安全的，但如果不考虑自己的实际情况，一味地进行网贷消费就是非理性的，长期下去会产生严重后果。从心理学角度看，在不同消费心理的主导下，消费者会进行不同的消费行为。而消费行为一次次出现，又会在很大程度上强化这种消费心理。因此，一次又一次的非理性网络借贷消费慢慢地便会变成一种习惯，而且因为一味受欲望的驱使，借款人并没有考虑自身的经济状况，很容易导致无力偿还债务的问题，更可怕是恶意圈套。针对大学生群体共有的不成熟性和冲动消费等特点，很多诈骗集团披着网络借贷的皮，实则将大学生们推入他们设好的陷阱中，让其无法轻易脱身。

二、消费债务过度导致的欺诈问题

（一）容易卷入诈骗团伙的陷阱

一些没有社会经验的年轻人，尤其是大学生们在进行非理性网络借贷时很容易被卷入恶意陷阱。这是因为现在有很多诈骗集团会利用层层包装来欺骗借款人，他们通常会采用高利率、虚假额度以及前期和中期审核费用、后期的中介费用等花招来坑蒙拐骗，打着网络借贷的幌子，借网络借贷来布置陷阱，进行诈骗。大部分借款人在进行非理性网络借贷时会比较迫切，通常是被物质欲望冲昏了头脑，他们会通过网络搜索来确认贷款平台是否合法，所得到的结果根本无法保证其可靠性。

范政等（2020）提出，某些网络借贷平台在放贷时会想方设法增加手续费及利息，借款人稍不留神就会掉入网络借贷平台的陷阱之中，例如借款人到还款日才发现平白无故多出来很多费用。此外，一些非法网络借贷公司对拖欠贷款的借款人往往采取暴力征收或者电话骚扰的方式，不仅骚扰借款者本人，连其家人和朋友也不能幸免，堵门、威胁、恐吓、非法拘禁等都是常见的手段。网络借贷公司企图通过这种方式给借款人造成精神及生活上的压力，从而达到迫使借款人还款的目的。我们在对使用网络借贷消费的借款人进行调查的过程中发现，大多数进行非理性网络借贷的大学生认为有时候父母给的生活费太少，当生活费不够花时，他们便会使用网络借贷消费。在使用网络借贷消费后，少数借款人会使用家长给的生活费还贷，还有少数借款人会向同学及亲朋好友借钱或者采取“以贷还贷”的方式进行还款，结果陷入恶性循环之中，不仅影响自己的学业与生活，也有可能影响自身的人身安全和财产安全。

（二）容易落入不良平台的债务循环圈套

从媒体曝光的很多案件中，我们都能找到类似“套路贷”的不良平台的身影。搜狐网在2019年报道，有位姓冯的女孩，才20多岁，却选择在一个夜晚从17楼的窗口跳楼自杀，一个年轻的生命就这样消失了。而导致这一惨剧的便是“套路贷”陷阱。她的父亲在她死后发现了她生前记录的还债账单，才知道早在三四年前，女儿在上大学时由于一时缺钱，选择了非理性的网络借贷消费，却没想到这个决定让她掉入了不良平台布下的陷阱，最后付出了生命的代价。她向一家网络借贷平台借了4000元，因为这家平台的利息滚得特别快，她一时还不上，就找其他利率很高的平台借款还债，最后她竟然负债20多万元。即便如此，她也没有寻求家人的帮助，而是自己去承受了这份心理压力，拼命挣钱，三年也只还了8万元，选择自杀前还有十几万元没还。永远还不完的欠债、没完没了的催债、侮辱、胁迫，让她的内心一团黑暗，不堪重负的女孩最终选择离开了这个世界，给她的家人留下了无尽的痛苦与眼泪。

三、消费债务过度导致的暴力问题

（一）无力偿债引发暴力催收

在申请贷款时，大部分网络借贷平台都要求借贷人准确填写自己的相关信息并上传身份证件等。同时，一般的贷款App都要求授权读取借款人的手机通讯录。因此一旦借贷平台没有在规定时间收到钱，贷款公司将会给借款人及借款人手机通讯录中的联系人发送短信或打电话进行催债，甚至是谩骂、威胁等。其中，暴力催债行为主要威胁借款人的人身安全。

在现实生活中，个别网络借贷平台利用公布个人信息来威胁一些无力还款的借款人，通过这种方式强迫他们还款付息。有的平台甚至会非法出售用户的个人信息以牟取私利。一旦个人信息被公布在网上，后果可想而知。网络借贷平台通常会采用多种暴力方法逼迫借款人还钱，一开始会持续拨打借款人的电话，在知晓借款人无力偿还后，便会使用一些卑劣的手段对借款人施加压力。比如在家门口蹲守、假冒法院递传票、在网上曝光私人照片等对借款人进行心理压迫，甚至还有过分的会逼迫女孩卖淫。非法的催款方式和非法抵押等暴力催收往往会对借款人产生致命的心理压力，严重侵害他们的人身安全。其中最恶劣的暴力催收方式便是在网络上公布借款人的“裸照”、视频及各种私人信息等对借款人施加心理压力。这些不正当的催债方式严重侵犯了借款人的隐私，损害了他们的名誉，也连累了他们身边的家人朋友，有些心理脆弱的借款人极有可能会因此产生轻生的念头。

（二）暴力催收威胁人身安全

因暴力催收侵害人身安全的悲剧比比皆是。据《南方都市报》报道，2018年7月13日13时，警察接到报警电话，之后在深圳市的一个出租屋内发现24岁男子钟某服毒自杀身亡。据钟某身边的亲人朋友说，钟某自杀的原因与网络借贷平台的暴力催收有关。甚至在钟某自杀后，钟某的家人和朋友仍旧会收到大量的催收短信和电话，给他们造成了很大的威胁。无独有偶，中财网也报道，在2017年4月，厦门的一名大二女生卷入了“校园贷”，她因为非理性借贷消费欠下了57万元的巨款，最终在得知母亲收到自己的裸照、身边的朋友被骚扰后，觉得无颜面对父母，选择在泉州一家宾馆用烧炭自杀。据不完全统计，她因借贷消费卷入了至少5个“校园贷”平台，在其中一个平台就涉及欠款多达27万元，在她自杀之前，还有5万多元没有还。孔静（2017）也提到，2016年6月，女大学生“裸条借贷”事件闹得沸沸扬扬，引起了社会的广泛关注。在某借贷平台，女大学生通过“裸持”（以手持身份证的裸照为抵押）进行借款，一旦逾期或是无法还款就被借款平台威胁发“裸照”给家人和朋友，同时，该贷款平台还将大量无力偿还债务的女性的身份信息、家庭信息及裸照等上传到互联网上，严重侵害了她们的隐私权，也对她们的人身安全造成了威胁，造成了极其恶劣的影响。有些女生因为这次事件的影响，忍受不了压力，甚至结束了自己的生命。

八、总结

本节解释了非理性网络借贷的本质及其引发的严重问题。如今大学生盲目进行网络贷款造成的问题越来越严重，已经威胁到借款人的人身安全，很多非理性网络借贷造成的悲剧也不容忽视。同时，大学生是建设国家和社会的新生力量，家庭、学校、国家等也要联合发力，引导和帮助大学生树立正确的消费观，并增强风险意识，尽可能避免悲剧再次发生。

参考文献

［1］艾瑞咨询．2018年大学生消费洞察报告［R］．2018-08-31.

［2］薄宏悦，马波涛，袁慧军．大学生网贷消费利弊分析［J］．现代经济信息，

2016（23）：308.

［3］曹国娇．校园网贷背景下大学生理性消费观的培育［J］．江苏商论，2017（8）：18–21.

［4］陈淑钦．大学生不良网贷行为的探析与风险防范［J］．品牌研究，2018（4）：237–238.

［5］陈卫东．“互联网 +”视域下高校校园网贷现状调查及对策研究［J］．法制与社会，2017（7）：87–88.

［6］段昭阳．大学生网贷问题分析及对策建议［J］．经贸实践，2018（10）：171–173.

［7］樊蓉．浅谈校园网贷的危害及解决路径［J］．教育教学论坛，2019（50）：98–99.

［8］范政，王淑合．大学生过度网贷消费的心理特征及对策研究［J］．黑龙江教师发展学院学报，2020（2）：95–98.

［9］郭纳．校园网贷发展情况调查与分析［J］．信息记录材料，2018（1）：190–192.

［10］孔静．法制教育在高校文明校园创建中重要作用［J］．法制博览，2017（36）：38–39.

［11］李醒．“互联网 +”背景下的大学生分期贷款消费心理探析［J］．教育观察，2017（23）：12–13.

［12］李长达．网贷消费对大学生的影响及对策研究［J］．山西能源学院学报，2018（2）：83–85.

［13］梁淞淞．大学生非理性网贷消费动因及对策研究［J］．现代营销（下旬刊），2019（4）：247–249.

［14］刘超，杨千慧，郑洁．高校不良网贷问题现状及对策研究［J］．现代交际，2016（22）：182–183.

［15］刘群，李秧，马常友．浅析大学生网贷的原因及存在的问题［J］．科技视界，2017（9）：126.

［16］吕欣，陈健．互联网金融背景下大学生网贷现状调查研究——以通化地区高校大学生为例［J］．知识经济，2020（2）：42–44.

［17］马彧，吴伟容．互联网金融对大学生消费的影响研究［J］．中国集体经济，2020（12）：110–111.

［18］邱墨山．24 岁深圳男子疑因网贷服毒身亡 死后家人仍不断收催债短信［N］．2018-07-15.
［19］佚名.21 岁女孩网贷被逼跳楼自杀：开始借了几千元，还了 3 年仍欠 17 万！［N］．陕西都市快报，2019-02-26.
［20］王巧云，徐福东，韩莹莹，等．关于校园网贷产生的原因、影响及应对措施研究［J］．现代商业，2019（14）：142-144.
［21］王诗薇．“校园网贷”存在的问题及对策［J］．中外企业家，2017（11）：52.
［22］王振毓，何娟．大学生网贷引发高校思政教育的思考［J］．科技风，2019（9）：47.
［23］隐秘的大号．大学生服毒自杀身亡 或因不堪网贷还款压力［EB/OL］．搜狐网，2018-06-03.
［24］夏露，朱杰，俞鸿源，等．具有高校特色的 P2P 网贷平台初期经营模式的探索［J］．商，2015（31）：200-202.
［25］肖为，刘晓丹．高校突发事件的成因分析和教育机制探究——以高校不良网贷为例［J］．南方论刊，2019（4）：68-70.
［26］薛妮．大学生网贷引发高校教育的几点思考［J］．江西电力职业技术学院学报，2018（4）：78-79.
［27］佚名．“高回报”里的圈套［EB/OL］．央视网，2018-01-18.
［28］姚媛媛，黄诗玮．当代大学生校园网贷消费研究［J］. 山西农经，2019（2）：36-37.
［29］张富富，吴晓蓉．大学生网贷存在的问题及对策研究［J］．江科学术研究，2019（4）：51-57.
［30］张跣．大学生网贷：虚假需要与消费伦理［J］．中国青年政治学院学报，2016（5）：85-88.
［31］佚名．“套路贷”魔爪伸向校园 变身“裸贷”敲诈学生［EB/OL］. 中财网，2018-05-08.
［32］佚名．校园贷提现、购物占比各半 学生：再不入“坑”［EB/OL］．中国经济网，2016-03-22.
［33］中国人民银行．中国金融稳定报告［R］．2018-11-02.

［34］佚名．网络借贷不还钱的后果［EB/OL］．找法网，2021-04-24.
［35］佚名．达飞等平台多渠道打击“老赖”推动借款人“逃废入刑”［EB/OL］．中国网，2020-08-21.
［36］周惠，陈姿伊，杨军，等．高校大学生非理性消费观剖析及引导对策研究［J］．产业与科技论坛，2020（6）：124-125.

第三篇

非理性网络借贷消费中的认知偏差因素

传统研究把消费决策分为五个阶段：需求确认阶段、信息收集阶段、方案选择阶段、具体行动阶段、购买后行为阶段。基于前述成熟观点，我们通过访谈和前期研究，提炼出了非理性网络借贷消费行为发生的三个主要过程，即需求确认过程、信息整理过程、行为决策过程。本篇从这三个主要过程入手，分析认知偏差因素对非理性网络借贷消费行为的影响。

需求程度是消费者决策的重要依据，正确识别自身需求有利于消费者在消费过程中做出理性决策。本篇第七章探讨了在网络借贷消费的需求确认过程中，认知偏差如何让消费者对某商品产生非理性需求。

当人们面临复杂决策环境时，信息的意义往往不明确，甚至相互冲突，此时大脑会过滤部分信息，并主观地补充这些信息之间缺失的联系及细节，以此增强信息的明确性，从而为决策提供支持。在复杂信息环境与大脑认知吝啬原则的冲突下，人们很容易出现认知偏差问题。本篇第八章着力分析在网络借贷消费的信息整理过程中，各种认知偏差如何影响人们对信息的认识和判断，从而导致非理性网络借贷消费行为发生。

在网络借贷消费的决策阶段，消费者通过综合各种信息进而执行行动，但当信息不足时，消费者很可能由于认知偏差做出错误的决策。本篇第九章主要研究高估自己的决策能力、更关注当前的信息及更喜欢简单明确的选项这三类认知偏差如何对网络借贷消费的行为决策过程造成影响，进而为消费者合理规避风险、理性消费提出建议。

▶ 第七章　认知偏差因素对非理性网络借贷消费需求确认过程的影响

需求确认过程是网络借贷消费过程中最基础的部分，对一件商品的需求程度是消费者决策的重要依据，因此正确识别自己的需求，有利于消费者在消费过程中做出理智选择。在信息过载的互联网时代，已经熟悉的信息、变化中的信息和符合自身信念的信息更容易引起消费者的注意，引发消费者出现不同程度的认知偏差，进一步影响其对某件商品的需求判断，导致非理性网络借贷行为的产生。

第一节　案例分析：虚假需求使得消费者容易陷入非理性网络借贷消费

一、案例陈述

在前期调研中，笔者访谈了一名大学生，受访者陈述如下：

作为一名大二学生，我的家庭并不算富裕，而且我自认为自控能力比较差，所以读大学后远离了父母，我感到格外自在，无论干什么都可以自己决定。久而久之，我就养成了花钱大手大脚的习惯。父母给的生活费除去每日开销，并不能满足我日益膨胀的欲望，于是我将目光投向“花呗”和“白条”。我从高中就开始接触这两个借贷平台，开始用“花呗”消费是为了每一单的一点优惠折扣，而我唯一一次用“白条”是在高二的时候，因为渴望拥有一台自己的电脑，我用白条分期购买了一台笔记本，并打算每个月省一笔生活费来偿还。但是被家人发现后，立刻对我进行了批评教育，并帮我提前全额还请了借款。然而当时的我并不觉得这有什么问题，我自信地认为我每个月都能还清账单，所以没有太大的懊悔之心。到了大学后，这两个借贷平台便成了我的左膀右臂，我也逐渐对它们产生了依赖，继续大肆消费。

而“花呗”和“白条”的额度毕竟有限，且因为经常分期消费的缘故，我的额度越来越少，每个月所要偿还的账单也越来越多。但我仍没有意识到自己已经误入歧途，于是我开始每个月用生活费偿还账单，再用偿还后恢复的额度创建新的账单，当时感觉一切尽在掌握之中。等到生日和过年的时候，我会有两笔额外收入，那时候我就可以结束这种死循环。人的欲望是无止境的，遇到心仪的东西，我就渴望拥有它，因为知道家人不会买给我，于是就想办法自己买。我还是低估了我的欲望，为了偿还账单，我已经没有多余的钱可以消费。

“我想要更多的钱”这个想法越来越强烈。对于我来说，兼职、打工会耗费太多时间与精力，且获得的工资并不高，我需要的是来钱够快且够多的方式。时不时刷到的贷款平台，成功地引起了我的注意，于是我尝试着下载了一个贷款软件——“某借条”。注册过程很简单，只需要输入手机号、身份证号和银行卡号，整个过程不到5分钟，我便拥有了将近2万元的额度。我抱着试一试的态度，借了1000元，分3期，我查看了每期所要偿还的金额后，瞬间放松了警惕。从数据上看来，每期只需要偿还不到400元。因为我分了3期，所以利息看起来并不高。放下警惕后，我索性又借了2000元，还是分3期，用来偿“花呗”和“白条”的账单。我当时也决定等这3个月的账还清之后再进行下一笔消费，奈何我自制力实在是不行，看着贷款软件上的额度还有那么多，想着我想要的东西也有那么多，抱着可以“以贷养贷”的侥幸心理，仍旧透支消费。

将近2万的额度很快便见底。窘境之下，我将目光投向其他的贷款平台，例如“某省”“某金融”“某金条”等，这些平台都有着共同的特点——注册简单、审核迅速、额度不高，并且没有针对无固定收入人群的特殊要求，几乎任何成年人都能注册并拥有额度。而缺钱心切的我哪里顾得上思考这些问题，一股脑注册了好几个贷款平台，每个平台都去借了一小笔钱，用来偿还“某借条”的账单，再用偿还后重新获得的额度去偿还另外几个平台的欠款。就这样，我陷入了一个死循环，一直在“拆东墙补西墙”，其间也还在任性地消费着。渐渐地，几个平台的额度也开始告急，我开始意识到危机，于是决定最大限度地减少自己的日常消费，以此偿还部分欠款。这时的我仍旧觉得我能通过这种方式来还清这些账单，只是会过得比较艰难罢了。

终于有一天，当我还清某个平台的借款后，再次尝试借款时，平台却提示我暂时无法借款。这一瞬间我如同遭到了晴天霹雳，不知所措。但好在我成功熬到了过年。用压岁钱偿还了一大笔欠款后，还能勉强再坚持一阵子。可是偏偏遇到了新冠肺炎疫情，已经失去了生活费的我，没有能力去偿还欠款。哪怕知道逾期会影响个人征信，我也无能为力。终于，我开始后悔。我不敢告诉家人，我害怕，我自责，我觉得已经没有脸去面对我的家人了。那段时间，我每天都能接到催款电话，提心吊胆地过日子，寝食难安。随着逾期的金额越来越多，我终于熬不住了，打电话给我的父母，哭着向他们坦白了这件事，我已经做好了心理准备，被他们大骂一顿，抑或是棍棒相加。但父母没有这么做，他们知道后立刻放下了手头的事情，第一时间回来和我商讨如何解决这个问题。

在算好了所有账单之后，我们想办法还清了这些贷款。之后，我和他们一起聊了许久，我告知了他们一切的起因和经过，他们耐心地开导我、教育我，我也深刻意识到自己的所作所为有多么荒唐。

二、案例分析：偏差状态造成的虚假消费需求

在上面的案例中，我们可以看到主人公心理的转变：第一阶段，初步财务自由带来的快感；第二阶段，尝试网络借贷软件的新鲜感与好奇感；第三阶段，对消费信贷产品建立起使用习惯；第四阶段，对网络借贷平台放松警惕；第五阶段，陷入“以贷养贷”的无力感。而这一切都来源于主人公非理性的消费欲望。案例中的主人公并不是出于真实需要某商品而消费，而是出于“满足消费欲”的虚假需求。下文对造成这些虚假需求的偏差认知状态进行分析，进而探讨认知偏差在其中的助推作用。

（一）虚假消费需求

“需求”是一个重要的社会学概念。人的需求以及满足需求的手段的发展程度是衡量社会进步和人的发展的重要指标。人们常说“欲壑难填”，旧欲望的满足必然会带来新欲望产生，永远没有真正满足的时候。正因为“欲壑难填”，才有必要去对欲望本身（需求本身）进行区分。关于这个问题，最有影响力和说服力的研究来自法兰克福学派代表人物马尔库塞对资本主义社会生产的批判。马尔库塞认为：人的需求可以分为真实需求和虚假需求。真实需求是人本身生存和发

展所必需的那些需求，它是生死攸关的需求，是任何一个社会都应该无条件地加以满足的需求。与真实需求相对，虚假需求是为了特定的社会利益而从外部强加于个人的那些需求，是使艰辛、侵略、痛苦和非正义永恒化的需求。马尔库塞关于虚假需求的理论对于我们理解和分析非理性网络借贷提供了一个非常恰当的视角。探讨大学生网络借贷的功过得失和是非曲直，必须首先区分网络借贷涉及需求的真实性，区分哪些是大学生生存和发展的真实需求，哪些是资本、传媒和社会强加于大学生的虚假需求。在上面的案例中，主人公使用网络借贷并非出于上不起学或吃不起饭的刚性需求，让他一步一步陷入网络借贷黑洞的，恰恰是他被网络借贷平台喂养出来的虚假需求。他在自述中说道，即便在“拆东墙补西墙”的过程中，他还在任性地消费，可见虚假需求一旦被培养出来，就很难控制。

东方森（2017）调查了 3831 名大学生的网络分期贷款用途，结果发现有 62.2% 的人用于购买数码产品，10.7% 的人用于外出游玩，8.5% 的人用于缴纳学费，6.9% 的人用于购买衣服、鞋帽，2.6% 的人用于聚餐、买零食，1.8% 的人用于购买化妆品，其余 22% 的人用于其他方面（此调查为多项选择，各项之和大于 100%）。通过上述数据我们能看出，将网络贷款用于满足电子产品和吃喝玩乐等非刚性需求的大学生占比高达 84.2%，而使用贷款缴纳学费（刚性需求）的仅占 8.5%。这说明大学生进行网络借贷的紧迫性很小，同时也反映出他们在进行网络借贷时对自身还款压力和风险责任预估不足，对合同条款和风险没有认真对待，对父母依赖意识严重。

（二）虚假消费需求的来源：虚荣心理与攀比心理的影响

赵晨序等（2020）认为攀比心理是指脱离自己实际收入水平而盲目攀高的消费心理。在社会发展过程中，消费者的消费能力取决于消费者创造收入的能力，消费者自身创造收入的能力越高，其消费能力也越高。正向的攀比心理能够促进消费者提升自我能力，增加二次创收，但消极的攀比心理则会给消费者带来盲目比较的畸形心理和精神压力，会增加消费者的非理性消费。在互联网时代，信息轰炸对当代大学生的消费心理造成了潜移默化的影响。盲目攀比的风气、高消费的示范效应、人情消费等逐渐渗入当代大学生的日常生活中，激发了大学生之间的攀比消费，影响着他们的消费观和价值观。

回想一下我们有没有经历过这样的时刻，迫不及待地想要拥有一件超出自己消费能力的商品，一个名牌包，一双限量版跑鞋，或一件昂贵的数码产品？不可否认，大多数人都会有虚荣心。区别在于：理智的人能驾驭它，而冲动的人容易被它驱使。过度使用网络借贷的大学生缺乏正确的自我认知，选择用外在的物质享受满足虚荣心，弥补内心的缺陷。

（三）即时满足心态的影响

大学生追求即时满足，希望今天能享受今天的快乐，这一点本身无可厚非，但追求即时满足的心理是如何演变成疯狂的网络借贷行为，使贷款数额逐渐超出自身偿付能力的呢？章文爽（2016）提出，社会行为的实施可能会受到三个因素的影响：一是对该行为的态度，二是对他人评价的感知，三是行为的功效感。下面分别从这三个方面讨论大学生网络借贷行为。

第一，中国社会向来崇尚艰苦奋斗，认为努力工作和追求成功是社会美德，而浪费和过度消费是一种耻辱。但随着社会的发展和财富的积累，我国逐渐由生产型社会进入消费型社会。消费社会最大的特征是鼓励超出生存必需范围的消费，以便维持、拉动、刺激生产。经济领域的变化形成了“现值折扣”的理念，即人们认为现在的金钱在未来的价值会低于现在的价值，这也意味着即时报酬的价值高于延迟报酬的价值。这种即时拥有产品的强烈吸引力可以解释为什么人们愿意支付贷款利息，而不愿意为了购买需要的东西储蓄。

第二，大学生的主要经济来源是家庭，父母实际上成了网络借贷的“隐形承贷人”，默许自己的孩子进行网络借贷消费。在上面的案例中，主人公在高中时已经接触到了网络借贷产品，虽然被父母训斥并由父母提前全额还清了账单，但那时候他并没有觉得自己的行为有什么不对，可以想象，假如主人公是细水长流式地在网络借贷平台上欠钱、还钱，那他仍难以意识到自己的错误。

第三，大学生往往会高估自己的还款能力。大学生缺乏稳定的收入来源，尚未形成对预支目的和期限的清晰认识，且大学生群体未与劳动力产生直接联系，无法准确地完成金钱、时间、劳动力付出之间的换算。案例中主人公本可以通过兼职、打工等方式获得额外收入，来满足自己的消费欲望，然而他嫌弃这些方式来钱慢、来钱累，网络借贷平台审核便捷且来钱快，想要在短时间内获得大量资金的案例主人公一不留神便落入一张精心编织的“网”中。

由此可见，合理确认自己的消费需求是理性消费的必备条件。如果消费者不能准确判断自身的消费需求，就很容易产生虚假消费欲望，进而陷入网络借贷陷阱。遗憾的是，许多认知偏差因素的存在使得人们难以理性分析外界信息，在网络借贷需求上出现偏差判断。下面具体分析影响人们需求判断的几类认知偏差是如何起作用的。

第二节　注意力偏差、频率错觉和曝光效应使得个体偏好已经熟悉的信息

一、本节引言

随着互联网消费经济的高速发展，越来越多的人愿意提前消费。在这种背景下，网络消费信贷逐渐走入大家的视野。但网络消费信贷在给大家带来便利的同时，也潜藏着各种各样的风险。本节分析在网络借贷消费的需求确认过程中容易出现的认知偏差，从而得出结论：认知偏差因素使得个体偏好已经熟悉的信息。在信息过载的时代，消费者有必要了解认知偏差，并多加注意，从而产生理性的消费需求。

二、已经熟悉的信息与认知偏差因素

网络借贷消费的过程包括需求确认过程、信息整理过程、行为决策过程，其中需求确认过程的内容包括：①消费者意识到的需要或者问题的存在；②对某个产品或者消费信贷服务开始感兴趣。“认识到需求”这个过程往往悄然发生、难以衡量，所以，用户在需求确认过程中很可能会受到注意力偏差的干扰。尤其是在移动互联网时代，面对浩如烟海的信息，消费者只能做出取舍，尽力记住将来可能用得上的信息。在这一过程中，注意力偏差（attentional bias）、频率错觉（frequency illusion）和曝光效应（mere-exposure effect）使得人们更容易注意和记住已经熟悉的信息，从而让消费者产生不理性需求。

三、注意力偏差（attentional bias）

（一）定义

注意力偏差是指人们倾向于按照自己的世界观解释事情，即人们一旦注意到

了某种事物，他们的判断力和注意力就会有向该事物偏移的倾向，从而产生情绪偏见，进而在面对庞大的信息量时形成非理性需求。

（二）理论解释

Stroop 测试是用于研究注意力偏差的方法。在一类 Stroop 测试的变体中，参与者被要求说出印刷体单词的颜色，而参与者看到的词语要么是情绪消极的（“死亡”“杀死”），要么是情绪中性的（“桌子”“椅子”），然后再测量参与者在卡片上说出一个单词的颜色所花费的时间。

研究表明，如果一个人需要更长的时间才能说出一个消极词汇的颜色，那么就会被认为这个人受到了消极内容的影响。也就是说，参与者一旦关注到消极词汇，他们就需要更长的时间来命名这些词汇的颜色，而这种延迟是由于情绪上的偏见造成的。可见，如果人们一旦在认知上关注某件事，对它的感知就会因为长时间的关注而改变。大量研究表明，这种感知往往会因为一些小细节的变化而急剧放大。

（三）对非理性网络借贷消费的影响

注意力偏差使得个体对已经熟悉的信息有特别偏好。例如节食减肥的人往往更关注与食物有关的信息，喜欢游戏的人往往对与游戏有关的线索非常敏感。对于那些正在努力减肥或者摆脱游戏上瘾的人来说，这种对相关信息的注意和偏好会使得他们忽略其他信息，从而导致自身目标的达成变得更加困难。

随着网络购物的普及，现在出现了一种新的社交方式——消费社交，即基于消费而聚集在一起形成的社交关系，例如商家为推广产品建立的微信群、QQ 群，以及某些商家为留住消费者而建立的红包群等。一旦一种消费品在群里不断出现，并且被消费者注意到，就十分容易产生注意力偏差效应，从而导致消费者对这种产品产生非理性的需求偏好。

而关于网络借贷消费，当人们面对信息庞杂的网络借贷环境，受到一些信贷广告或者身边人的影响时，也很容易产生类似的情绪偏见和熟悉信息偏好。此时消费者倾向于认为借贷消费是好事，容易忽视它的不足，从而导致需求出现偏差。所以，及时感知自己的注意力偏差状态并做出适当的调整至关重要。

四、频率错觉（frequency illusion）

（一）定义

频率错觉也被称为巴德尔—梅因霍夫现象（Baader-Meinhof Phenomenon），即一旦某件事情被注意到，人们就会经常去注意它，即使它出现的频率从未改变。反映在现实中，频率错觉会影响个人判断，使得个体对事物出现的频率产生错误估计。

频率错觉描述了我们在首次注意到新信息、名字、想法或模式后就会在“到处”看到它们的倾向。之所以会出现这种效果，是因为最近出现的、对个体相对重要的事物会得到他们更多的注意力，因此更有可能被有意识地感知到，这是人们的一种自动化认知加工倾向。例如某人买了一件紫色外套，他可能会注意到街上出现了很多紫色外套，即使这种外套从头到尾出现的真实频率并没有增加。

（二）理论解释

频率错觉其实是选择性注意和确认偏差的结果。尽管人们的大脑功能强大，但如果人们持续积极地处理外界丰富而复杂的数据，那就太麻烦了，更不用说记住和保留它们了。所以，在进化过程中，人们的大脑不得不选择自动筛选信息，对一些“相对重要”的信息进行自动化加工。否则，人们的生活就会被无数的信息干扰。因此在实践中，人们通常只记住那些他们认为新奇的，或者在某种程度上特别有趣和有意义的信息，这些吸引并保留人们注意力的信息就会在他们的头脑中停留。而且人们通常只选择性地记住几个事实，却倾向于高估它们的重要性，即人们倾向于认为他们注意到的一定是重要的，这是我们的大脑倾向于确认偏误的产物。

（三）对非理性网络借贷消费的影响

频率错觉经常被用于营销广告。例如直播带货的主播所卖的商品不一定是个体必需的，但只要个体看到了主播对商品的介绍，就很容易被“种草”，之后更容易频繁地在众多商品中注意到它，且倾向于认为它是重要的，从而购买商品。同样地，在网络借贷消费中，只要注意到了网络消费信贷的存在，人们就会不断地关注它。这样，即使客观上存在着多种其他支付方式，个体也十分可能倾向于选择使用“经常被注意到的”网络消费信贷。所以，一旦个体察觉到自己将要被某一事物“种草”时，就应停下来思考一下，反复思量自己的决策是否有必要。

五、曝光效应（mere-exposure effect）

（一）定义

当人们认出某物或某人时，会产生温暖、舒服的感觉。因此，人们往往会仅出于对某种事物熟悉而产生偏爱它的趋势。这种偏爱自己熟悉的事物的现象，在社会心理学中通常被称为“曝光效应”或“熟悉原则”。

19 世纪晚期，现代心理学的先驱之一古斯塔夫•费希纳（Gustav Fechner）和爱德华•铁钦纳（Edward Titchener）都注意到，人们在面对熟悉的事物时会有一种“温暖的感觉”。Robert（1968）发现，与之前没有被介绍过的东西相比，被要求对某种刺激进行评级的参与者对他们已经看过的东西有更强烈的偏好。他的论文中还提到 Charles Goetzinger 教授在俄勒冈州立大学的课堂上实施的一项有趣的实验，这位教授让他的一名学生在身上套了一个黑色袋子，只露出双脚，让他在教室后排坐了一段时间。一开始，其他学生对这个黑色物体充满敌意，时不时地回头看，但过了一会儿之后，他们就对“它”习以为常了。

（二）理论解释

Ahluwalia 等（2007）的研究表明，当人们面对不断曝光的、出现频率较高的事物时，会产生一种强烈的好感，甚至有时与该事物本身的好坏无关。但也有一些研究表明，过于熟悉某样东西可能会产生不利影响。单纯的曝光效应有助于解释建立品牌知名度的重要性。但企业必须在曝光频率上有策略，因为没有人愿意看到同一个品牌的名字到处出现。所以有时候企业会让品牌退居二线，让营销信息脱颖而出。在消费者的购买过程中调整品牌的信息，并充分利用定位技术，在正确的时间向他们提供恰当的信息。Ahluwalia 等（2007）研究发现，在暴露 10~20 次的环境下，曝光效应的效果最好，之后效果就会下降。就像我们将一首歌曲听了几遍之后，更喜欢了，但是当它被过度播放的时候就会产生厌烦。

除了重复暴露外，可得性启发式思维也是导致曝光效应产生的重要认知因素。邹燕等（2007）提出可得性启发式思维是指人们倾向于根据一个事物在记忆中和外部环境中的可得性程度来评估其出现的概率。人们对某一件事物的可得性评价越高、熟悉程度越高，就越容易对其产生可得性偏好，偏向于选择它，有时候导致决策失误。

（三）对非理性网络借贷消费的影响

曝光效应是一种商品营销的通用手段，许多企业利用人们的这一认知偏差来吸引顾客。人们越熟悉某个品牌或服务，对它的评价就越好。所以为了吸引更多客户，企业会采取各种方法来保持顾客对自身品牌或产品的熟悉程度。例如几乎所有的超市都会播放一些流行音乐，当人们听到自己熟悉的歌曲时，曝光效应可以提供积极的记忆，让人们更放松，购物时间更久。网络购物平台会收集顾客的浏览搜索记录，因人而异地推送消费者熟悉的品牌或商品，不断增强曝光效应，让消费者产生购买的欲望。现在的品牌方还倾向于通过循环播放广告和广告词提高消费者对产品的了解程度，这样当个体需要消费时，就会对这个品牌产生偏爱。例如人们熟悉的拼多多、58 同城、脑白金等的“循环式”广告，就借助了曝光效应的影响。因此，当人们因为“多看”而对某种商品产生想法时，往往并不是因为真的需要它，而只是因为熟悉它。

网络消费信贷企业同样会用广告营销之类的方法增加曝光度，以增加收益。例如蚂蚁花呗在用户每次付款的时候都会出现在付款方式首位。同样，微信朋友圈中不时出现的“微粒贷”广告也会增加网络借贷信息在用户认知中的曝光频率。长此以往，只要个体产生了借贷消费的念头，就会下意识地想到这类网络消费信贷且偏向于使用它，而忽视它的不利之处。所以，想要规避此类情况，最好能理性分析周围出现的信息，不做感性的取舍。

六、总结

在网络借贷消费过程中，需求确认过程是最基础的。人们对商品和消费信贷的需求程度是其做出决策的重要依据，所以正确识别自身需求是消费者做出理智选择的关键一步。在互联网时代，信息过载使得人们的大脑必须进行合理化加工，以筛选我们需要的信息。在人们判断自己需求的时候，由于受到注意力偏差、频率错觉和曝光效应的影响，已经熟悉的信息会相对更容易地通过大脑的筛选，导致消费者对网络借贷产品产生非理性需求。

我国互联网金融发展迅速，网络消费信贷的使用也越来越便捷。在竞争日益激烈的情况下，许多企业开始利用这些认知偏差来获取更多的利益。有时候个体还没来得及思考和整理自己的真实需求，就已经不理性地做出了决定，事后又追悔莫及。所以消费者应该多了解认知偏差发生和产生影响的原理，理性地确认自己对某种商品或网络借贷消费的需求是真实需求，还是受到认知偏差影响的虚假需求，从而避免非理性决策。

第三节　框架效应、保守偏见和注意集中效应使得个体偏好变化中的信息

一、本节引言

随着互联网技术的迅猛发展，借贷消费也从线下扩展到线上。本节首先分析在网络借贷消费的需求确认过程中，框架效应、保守偏见及注意力集中效应等认知偏差如何使人们在获取信息时更容易注意和偏好变化中的信息，从而出现决策失误，进而产生非理性需求。最后提出，消费者在网络借贷消费的需求确认过程中需要获取准确的信息，有效规避认知偏差的影响，更加理性地消费。

二、变化中的信息与认知偏差因素

通常情况下，人们的消费行为取决于两个因素，一是对这个产品或服务的购买意愿，二是对该产品或服务附带信息（比如广告）的认知。此时人们的大脑可能会选择性地过滤一些需要认真思考的问题和消费原则，从而在消费行为中产生认知偏差。导致人们产生认知偏差的原因很多，例如信息过载、信息的意义不明确、大脑未及时对获取的信息做出反应、认知容量“存不下”所有的信息等。

网络借贷消费的过程也是如此。在进行网络借贷消费时，人们可能会更容易注意到以下外部信息：①已经熟悉的信息。也就是人们更容易受到消费信贷企业的宣传及身边人的影响，认为网络信贷消费有利无弊。我们平时浏览淘宝网、支付宝网页的时候，“花呗”经常会跳出来。靠弹窗的方式增加曝光率，会让用户对“花呗”产生莫名的好感，逐渐产生偏爱。一旦消费者被“种草”，就会经常想起这个产品或服务，进而产生错觉，觉得自己好像经常在使用。②符合自身信念的信息。人们消费的时候会选择趋利避害，忽略或者避开不好的方面，因此每

个人都更喜欢接受能解释自己现有信念的信息。例如个体相信“花呗”好用，就会找到许多证据证明它真的好用。如果个体认为“花呗”有很多弊端，则他们也一定会找到很多证据证明它有很多缺陷。③变化的信息，也就是接下来要详细阐述的因素。这类信息非常容易受到框架效应、保守偏见及注意力集中效应等认知偏差的影响。

三、框架效应（framing effect）

（一）定义

周慧等（2018）提出，框架效应是指人们对一个客观问题的不同描述导致了不同的决策判断。面对同一个问题，在使用不同的描述后，人们会选择乍听之下较有利或顺耳的描述作为方案。“框架”的含义有三方面：①框架是指上下文和信息之间的关系，它决定了这段内容的含义；②框架是组织各种信息的模板或数据；③框架就是置物的方式，或者说话的方式，以便产生期望的效果。

（二）理论解释

有关框架效应的一个著名的事例是使用不同的词语描述车祸。该研究让参与者观看了一场车祸的视频，将两辆车相撞时的速度问题以两种不同的方式提出来：①汽车互相接触时行驶得有多快？②汽车相撞或者粉碎时行驶得有多快？结果显示，被问到第一个问题的参与者说出来的速度要比被问到第二个问题的参与者说出来的速度慢。大多数人认为自己做出的决定是理性的，并且控制着他们做出决定的认知和情感过程，但事实证明，他们受到了对相同问题的不同描述方式的影响，就做出了不理性的决定。在购物、销售和营销中更是如此。

（三）对非理性网络借贷消费的影响

我们在做决定的时候通常会参考和依赖表述方式框架，往往是被动思考的，因此很容易受到描述框架的影响。网络消费信贷平台在引导消费者的时候，会利用关键字和标语（形容如何从消费产品中受益）带来更多的转化。它们总是设置乐观积极的消费情境，例如开通网络消费信贷服务，将钱用在真正需要的地方、先享后付、安全有保障、可以调整还款日期等，激发消费者更快地做出决定。偶尔也会选择从减少损失的角度描述，例如由于平台存在额度限制，可减少消费者不必要的消费行为，帮消费者省钱等。网络消费信贷平台通过洞察顾客心理和改变叙述方式，发掘顾客的潜在需求和购买欲望。

通过这些广告，网络消费信贷平台可以获得巨大的经济利益，这其中平台精心设计的框架效应功不可没。它们精确地使用图像和语言，将消费者从理性决策引入一个非理性的区域。

四、保守偏见（conservatism bias）

（一）定义

保守偏见是一种信息判断过程，是指人们会在没有适当整合新信息的情况下保持他们之前的观点。个体认为自己最初的观点和形成的信息很有意义，但是在观点形成后学到的新信息并不重要。其结果是，个体可能会基于旧信息采取行动，但不愿意对可能与之冲突的新信息采取行动。

（二）理论解释

首先，保守偏见会导致行为者坚持已有观点或预测，在面对新信息时表现得过于僵硬。假设一个投资者购买了某证券公司的证券，该公司即将发布一个关于新产品的公告，但该公司随后宣布，它在将产品推向市场时遇到了一些问题。此时，基于保守偏见，投资者可能会对公司即将出现的积极发展抱着最初的乐观印象，不会对负面消息采取行动。

其次，当有保守主义倾向的行为者对新信息做出反应时，他们往往反应太慢。例如收益公告压低了投资者持有的股票收益，保守的投资者可能会因为反应太慢而无法及时卖出。例如投资者之前认为公司有良好的前景，这种观点可能会持续很长时间，并施加较大影响，导致保守主义的投资者在损失了更多后才抛售股票。

最后，保守主义可能与处理新信息的潜在困难有关。因为当面对复杂的数据时，人们会产生认知负担，所以最简单的选择就是坚持之前的信念。例如一个投资者在相信公司市值即将增长的基础上购买了一只股票，然后公司宣布一系列难以解释的会计变化可能影响其增长，投资者可能会对这一宣布不以为意，而不是试图解读它。

（三）对非理性网络借贷消费的影响

上述有关投资的例子也可应用在非理性网络借贷消费中。在网络借贷消费过程中，消费者总是处于平台营造的乐观积极的环境中，久而久之便形成了固化思维，认为这个平台够安全、风险小、值得信赖，自身的还款能力也足够支持自己继续使用平台，从而落入保守偏见的美好陷阱中，进而忽略微小的风险信息，或者新的变化带来的预期还款困难。

五、注意集中效应（focalism effect or anchoring effect）

（一）定义

注意集中效应也称聚焦效应或锚定效应，指人们在做出判断和预测时过于重视某一特定信息的倾向，这种认知偏差几乎影响所有的消费者。当消费者缺乏确凿的证据或知识，或在处理新概念时，注意集中效应最为明显和普遍。人们往往会更容易受到第一条或最近一条信息的影响，从而影响随后的决策。

（二）理论解释

1974 年，Kahneman 和 Tversky 进行了一项研究，其中用到了一个包含数字 1~100 的转盘，受试者会被问到非洲国家在联合国会员中所占的比例是高于还是低于转盘上的数字。两位研究者发现转盘上数字的锚定值对受试者提供的答案有显著影响。当转盘落在 10 点时，受试者给出的平均估计值是 25%。当转盘落在 60 度时，平均估计值是 45%。这个随机数有一种锚定效应，使受试者的估计更接近他们被显示的数字，尽管这个数字与问题没有任何关联。也就是说，人们倾向于将遇到的第一条信息“锚点”，并让他们随后的行动与之相关。

（三）对非理性网络借贷消费的影响

在非理性网络借贷消费行为中，注意集中效应会影响人们对商品或网络借贷的需求确认。例如广告词带来的数字效应会影响消费者的购买数量，进而会影响消费者最终的购买行为。在消费者不知道成本的情况下，商家时常会利用注意集中效应，通过促销广告和宣传单上的既定价格诱导消费者产生不合理的消费需求，从而为自己谋求更高标价，寻求更大利润空间。

在网络借贷消费中，如果有两家网络借贷平台，第一家推出的金融产品利率比第二家高，那么消费者通常会选择利率较低的平台。这种情况下，并不是因为消费者真正认可该借贷产品的利率，而是因为消费者在注意集中效应的影响下产生了相对比较。另外，有些平台会推出临时借款额度项目，可以解消费者的燃眉之急，而别的平台没有提供此类服务，这就在消费者心目中定下了基准，影响消费者的选择。同时，有些借贷平台会先列出平台内借贷条件较为苛刻的产品，那么消费者通常会以此产品为“锚”，选择与之相比更有吸引力的产品，这就是锚定效应产生的结果。因此，消费者对网络借贷消费产品的需求有时候并不是自然产生的，而是对锚定的信息产生了偏好，从而做出了不理性决策。

六、总结

本节的目的在于探究网络借贷消费行为如何从理性转变为非理性。在消费过程中，由于消费者更容易注意到变化的信息，因此在网络借贷消费过程中很容易被不同的信息所吸引，从而产生需求偏差。通过对框架效应、保守偏见及注意集中效应三种典型认知偏差的分析，本节建议消费者在网络借贷消费的需求确认过程中关注并获取正确的信息，减少外界环境和固化思维的影响，并在采纳信息时加以思考，进一步降低认知偏差的影响，从而产生合理的商品和网络借贷需求，做出正确的决策并理性消费。

第四节　确认偏误、鸵鸟效应和合理化偏见使得个体偏好符合自身信念的信息

一、本节引言

为了有效减少非理性网络借贷消费的发生，本节从网络借贷消费过程中的第一步——需求确认过程出发，分析为何消费者在确认对商品和网络借贷的需求时，更容易被符合自身信念的信息所影响，从而做出非理性判断。本节认为，确认偏误、鸵鸟效应及合理化偏见这三种认知偏差加剧了上述过程。本节结合案例分析，从商家与用户两个角度出发，探究了这些认知偏差与非理性判断的形成，同时提出客观可行的规避方法，为用户在网络消费信贷决策中做出理性判断提供了参考。

二、确认偏误（confirmation bias）

（一）定义

人们偏好相信与已有信念相匹配的信息内容，甚至会将客观的新信息解读为对自身信念的支持。也就是说，如果个体对一个观点或事物已经有了一定程度的了解，那么他们很容易会去主动寻找可以增强这个信念的信息佐证，或是将客观事实解释为顺应这个信念的信息。因此，人们有主动寻找顺应已有观点的信息，从而进一步去证实这个观点，增强已有观念的思维倾向。同时，确认偏误使得个体难以从反向视角看待或考虑问题，甚至对相反论据视而不见，漠视与已有信念违背的信息内容。

（二）理论解释

1. 先验经验匹配信念

网络借贷消费的决策过程可被视为信息加工过程。当大量信息涌入时，大脑需要通过过滤机制减少信息多样性导致的认知过载，因此大脑倾向于简化和调整信息处理程序，寻求认知捷径。出于首因效应或第一印象的影响，先验的信念和经验被赋予更高权重，进而使得消费者产生了思维定式。一旦消费者产生一个信念后，便很容易戴着有色眼镜来处理周围的信息，以匹配原有态度和信念的方式对这些信息进行整合，从而导致了过分简单化的确认偏误。

2. 自我意象一致性模型

确认偏误也可以和自证式预言（self-fulfilling prophecy）结合。在成长过程中，大量教育告诉人们要成为理性的决策者，所以个体对此产生偏好与期望，由此形成自我意象，认为自己是理性的。结合自我意象一致性模型（self-image congruence model），在消费决策中，个体相信自己是理性决策者，从而不恰当地扭曲和过滤了外界信息，增强了使用消费信贷是理性手段的信念，于是往往会对消费信贷产生不合理的需求，从而倾向于接受网络消费信贷。

3. 自动化加工与奖励系统

由于网络借贷消费决策过程可被视为一个信息加工过程，因此受到潜意识自动加工（automaticity）与奖励系统（reward system）的影响，个体在做出决策后，为节省后续确认环节的认知资源，往往会通过找寻更多支撑论据来支持已有选择。个体往往存在过分自信的问题，认为自己比其他人更优秀。另外，受自我服务偏见的影响，人们会在归因过程中对有利结果做内归因。两者综合使得大脑的奖励系统被激活，形成一种偏差信念，即自己对网络消费信贷的需求是合理的，从而助长了非理性网络借贷消费。

（三）案例分析："花呗"广告巧妙运用激励机制与确认偏误的作用

"花呗"首先运用广告与奖励机制使人们认为使用"花呗"是省钱的、理性的，然后在使用过程中给予消费者小的奖励（如"红包立减"等），引导消费者验证之前的观点，强化已有信念。同时还注重匹配年轻人对于同辈认同的偏好，引发从众行为。其经常使用身份概念（如"年轻人都在用"），让使用者将"花呗"产品视作理性象征的自我延伸，增设使用可能性，引发确认偏误，造成更为强烈的用户黏性。另外，"花呗"还经常通过广告或活动的形式运用比例效应，提出每周使用"花呗"500元后可以获得省钱礼包，增加用户对"花呗"的信任。而消费者会通过自动化加工与奖励系统的渠道，对所谓的理性使用行为进行内归因，认为是自身的合理判断导致了理性决策，进一步提升后续选择的可能性，从而对"花呗"持续产生使用需求。

三、鸵鸟效应（ostrich effect）

（一）定义

鸵鸟效应是一种认知偏差。这种认知偏差使得个体有目的地规避引起不适的负面信息，刻意忽略或减少信息搜索，甚至在佐证明显的情况下认为负面的信息并不存在，从而获取内心的决策"舒适区"。

（二）理论解释

1. 场独立认知风格带来的安全错觉

网络借贷消费决策会受到个体认知风格的影响，决策过程依赖个体既定的偏好。个体的认知风格通常分为两种：场独立型和场依存型。场独立型以自我为导向，有独特心理需要，更注重自我感受，更易规避负面情绪，降低心理上的不安感，从而陷入鸵鸟效应的误区。换句话说，场独立的认知风格使得个体偏好构建一种安全错觉，从而规避风险。

2. 即时偏见带来的影响

行为经济学认为，在逃避现实进而发生鸵鸟效应的过程中，即时偏见（present bias）也起到了一定的作用。人们倾向于及时行乐而非考虑长远利益，这种短视现象在信贷消费中尤为常见。具体表现为当消费者对某一商品极度渴望时，消费信贷提供了一个资金不充足时的解决方案。在这样的诱惑下，人们会相应选择性注意，规避负面信息，忽视借贷可能导致的高利率，仅执着于商品的获得。对个体理性的过分夸大，导致消费者遇到负向刺激时选择性逃避，转而寻求通过非理性分析的手段来满足自身对商品的渴求。

（三）案例分析：认知吝啬导致对网络借贷产品的不恰当认知

笔者曾对A同学进行过访谈。他是大三学生，成绩优异，个性要强，思维活跃，善于沟通表达，在大一、大二曾任院学生会学生干部。他为了满足消费需求，错误使用网络消费信贷，后期却无力还款。为了偿还欠款，他听信了一些网络借贷平台的广告，认为其产品日利率较低，遂在多家平台办理贷款。然而，各平台利滚利使得A同学的债务越来越重。

从案例中可以明显看出，A同学属于独立型自我建构，动机明确，自我意识强烈，易依赖自身经验做出冲动行为。从认知吝啬理论角度来看，网络信贷消费的决策者无法全面权衡所有信息。而网络借贷平台给出的信息不充分，降低了认知应有的复杂性，使得信息分析的过程过于简单化，促使鸵鸟效应发生，从而使得A同学忽视负面信息，产生错误需求，做出错误决策。

四、合理化偏见（choice-supportive bias）

（一）定义

合理化偏见也是一种认知偏差。这种认知偏差使得人们出现“捍卫”既定决定的倾向。也就是说，人们往往在决策过后，非理性地过分偏好所选择的选项，甚至寻找佐证论据证明其正确性，反对与自我观点不匹配的内容。在网络消费信贷决策中，表现为在购买后消费者会将自身的购买行为合理化。

（二）理论解释

1. 防御机制与认知失调理论

合理化往往被网络消费信贷的使用者视为减少认知失调的方法。当新信息的获取使得网络借贷使用者对自己的决策产生怀疑时（例如在消费后，意识到自己并不喜欢这件商品），合理化作为一种防御机制，在主观上减少了个体对于自我概念的质疑。根据费斯汀格（Festinger）提出的认知失调理论，个体可选择合理化的手段对待现状，进而缓解甚至解决负面情绪。心理免疫系统认为这是一种忽略负面信息的立场，人们偏向于采用转换或重构信息的方式（例如告诉自己“其实这件商品也挺好的”），从而使得个体免受极端负面情绪影响。

2. 前景理论与支付痛苦降低

根据前景理论（prospect theory）中的损失厌恶（loss aversion），人们对于损失的忍受力较小，势必会在付款的过程中感到痛苦。网络信贷消费的一大优势便是降低这种心理疼痛，提高感知交易的价值。网络消费信贷通过电子支付的媒介，消去了货币的符号化，让人们在网络信贷消费过程中的支付“疼痛感”降低。这使得个体往往产生合理化偏见，认为使用网络借贷完成支付是一种理性行为，从而帮助自己缓解甚至规避可能出现的不安情绪。

（三）案例分析：“花呗”利用合理化偏见提高用户黏性

“花呗”经常运用价格标识（例如使用“花呗”可以支付较少的金额）引导消费者产生使用兴趣。然后利用一段时间内免息的手段，吸引手头并不宽裕且对提前消费有强烈欲望的年轻人。然而，在后续的还款过程中，许多消费者极易出现还款困难的状况，此时进行延期会产生手续费。但由于合理化偏见的存在，用户将使用“花呗”视为理性的，忽视实际上的高利息，即使后续选用包含手续费的延期行为，消费者仍会使用“花呗”付款。另外，在形成使用“花呗”的习惯后，消费者容易产生反应倾向，在明显提示含手续费的情况下，放弃计算实际利息率，而相信平台给出的看上去较低的日利率，依旧将“花呗”视为好用的工具，合理化个体的使用行为，从而产生对“花呗”的不理性使用需求。

五、总结

在网络借贷消费的需求确认过程中，消费者容易在认知偏差的影响下偏离原有的理性状态，从而导致非理性的借贷消费行为。因此，消费者应该正视可能产生的认知偏差，并且有针对性地采取必要的措施，从而减少可能出现的不合理需求。笔者建议，消费者应该强化自身对网络消费信贷负面影响的理解，同时增加对自身认知的监控环节，减少在识别阶段可能产生的认知偏差问题，更加全面地分析、搜寻与整合信息，辅助后续决策的顺利完成。

参考文献

[1] Agrawal N，Maheswaran D. Motivated Reasoning in Outcome-bias Effects [J]. Journal of Consumer Research，2005（4）：798–805.

[2] Ahn T，Ekinci Y，Li G. Self-congruence，Functional Congruence，and Destination Choice [J]. Journal of Business Research，2013（6）：719–723.

[3] Dhar R，Wertenbroch K. Self-signaling and the Costs and Benefits of Temptation in Consumer Choice [J].Journal of Marketing Research，2012（2）：15–25.

[4] Evans J，Ball L J，Brooks P G. Attentional Bias and Decision Order in a Reasoning Task [J]. British Journal of Psychology，2011（3）：385–394.

[5] Fang X，Singh S，Ahluwalia R. An Examination of Different Explanations for the Mere Exposure Effect [J]. Journal of Consumer Research，2007（1）：97–103.

[6] Feeley T H. Comment on Halo Effects in Rating and Evaluation Research [J]. Human Communication Research，2002（4）：578–586.

[7] Gorm G J，Florsheim R. The Effects of Commercials for Adult Products on Children[J]. Journal of Consumer Research，1985（4）：962–967.

[8] Ising A. Behavioral Finance and Wealth Management–How to Build Optimal Portfolios That Account for Investor Biases [J]. Financial Markets & Portfolio Management，2007（4）：491–492.

[9] Johansson P，Hall L，Sikström S，et al. Failure to Detect Mismatches Between Intention and Outcome in a Simple Decision Task [J]. Science，2005（5745）：116–119.

[10] Lalwani A K，Shavitt S. You Get What You Pay For? Self-construal Influences Price-quality Judgments [J]. Journal of Consumer Research，2013（2）：255–267.

[11] Markus H R，Kitayama S. Culture and the Self：Implications for Cognition，Emotion，and Motivation [J]. Psychological Review，1991（2）：224–253.

［12］Moradi M，Mostafaei Z，Meshki M. A Study on Investors' Personality Characteristics and Behavioral Biases：Conservatism Bias and Availability Bias in the Tehran Stock Exchange［J］. Management Science Letters，2013（4）：1191–1196.

［13］Zajonc R B. Attitudinal Effects of Mere Exposure［J］. Journal of Personality & Social Psychology，1968（2）：1–27.

［14］Singelis T M.The Measurement of INdependent and Interdependent Self–construals［J］.Personality & Social Psychology Bulletin，1994（5）：580–591

［15］Sirgy M J，Grewal D，Mangleburg T，et al. Assessing the Predictive Validity of Two Methods of Measuring Self–congruity［J］. Journal of the Academy of Marketing Science，1997（3）：229–241.

［16］Sunitha T R，Edward M. An Experimental Examination of Framing Effects on Consumer Response to Cause Marketing Campaigns［J］. IIM Kozhikode Society & Management Review，2018（1）：23–32.

［17］Zhang Y，Shrum L J. The Influence of Self–construal on Impulsive Consumption［J］.Jourmal of Consumer Research，2009（5）：838–850.

［18］陈默，尹世久，徐迎军. 消费者自述偏好与现实选择比较研究——以有机牛奶为例［J］. 统计与信息论坛，2015（1）：100–105.

［19］东方森. 大学生网贷的法律风险——以郑德幸案例为例［J］. 法制与社会，2017（16）：71–75.

［20］赖俊明. 不同消费者的认知偏差对企业改进消费者满意度的影响分析［J］. 统计与决策，2016（7）：183–186.

［21］李华民，吴非. 银行规模、贷款技术与小企业融资［J］. 财贸经济，2019（9）：84–101.

［22］李延喜，陈克兢，姚宏，等. 认知偏差、债务政策选择偏好和资本结构税收效应［J］. 中国管理科学，2012（2）：184–192.

［23］李雨洁，廖成林，李忆. 消费者个体行为偏好对在线评论真实性的影响机理研究［J］. 软科学，2015（1）：105–109.

［24］利昂·费斯汀格. 认知失调理论［M］. 杭州：浙江教育出版社，1999.

[25] 潘孝富，王昭静，高飞，等．辛苦所得与意外所得的非理性消费偏差：基于 IAT 检测和 ERP 证据［J］．心理科学进展，2014（4）：596–605.

[26] 王建华，陶君颖，陈璐．消费者安全食品购买意愿与支付行为：偏差识别与影响因素［J］．江海学刊，2019（3）：86–93.

[27] 王树明，叶林娟．体育彩票消费过程中消费者认知偏差的定量研究［J］．上海体育学院学报，2011（2）：20–24.

[28] 吴莹皓，蒋晶．数字效应对消费者行为的影响及其心理机制［J］．心理科学进展，2018（9）：1680–1688.

[29] 叶德珠，连玉君，黄有光，等．消费文化、认知偏差与消费行为偏差［J］．经济研究，2012（2）：80–92.

[30] 张东辉．关于深化与完善我国消费研究的几个问题［J］．山东大学学报（哲学社会科学版），1992（4）：18–25.

[31] 章文爽．大学生网络信用借贷问题现状研究［J］．财讯，2016（8）：122–123.

[32] 赵晨序，李学伦．大学生过度网贷消费的心理特征及对策研究［J］．产业与科技论坛，2020（14）：90–91.

[33] 赵文红，孙卫．创业者认知偏差与连续创业的关系研究［J］．科学学研究，2012（7）：1063–1070.

[34] 周慧，夏梦瑶．能效悖论与消费者非理性行为：双曲贴现、数量效应和框架效应［J］．产经评论，2018（4）：127–139.

[35] 邹燕，郭菊娥．行为金融学理论研究体系及展望［J］．宁夏大学学报（人文社会科学版），2007（6）：208–210.

▶ 第八章　认知偏差因素对非理性网络借贷消费信息整理过程的影响

网络借贷消费信息整理过程的任务是对各种信息进行评估。当人们面对复杂决策环境时，信息的意义往往不明确，甚至相互冲突，因此很难为决策提供确定性支持。此时大脑会过滤部分信息，并主观地补出这些信息之间缺失的联系及细节，以增强信息的明确性，从而为决策提供支持。在复杂信息环境与大脑认知吝啬原则的冲突下，人们很容易出现认知偏差，其表现之一就是人们往往套用现在的思维模式和假设来推测已经发生和将要发生的事情。

对于这种思维倾向，心理学者有过深入研究。心理学家、2002 年诺贝尔经济学奖得主 Kahneman 在其著作《思考，快与慢》中认为，无意识且自主运行的认知系统常常会带来不当的直观思维，表现之一就是人们认为对过去了然于心，且可以控制并预知未来。美国心理学家 Gelperin 在《动机心理学》中提出了快乐无意识，认为人们有在当下追求快乐，避免不快（后悔）的倾向。

以上研究都表明，人们会套用现在的思维模式和假设来推测已经发生和将要发生的事情。网络借贷消费是一种典型的跨期决策，然而，目前很少有研究从认知偏差角度考察非理性网络借贷消费行为的成因。本章在相关研究的基础上，着力分析在非理性网络借贷消费的信息整理阶段，各种认知偏差如何影响人们对信息的认识和判断，从而导致非理性的网络借贷消费行为。

第一节　虚假相关、热手效应和概率忽视使得个体更容易以偏概全

一、本节引言

随着网络购物的普及和推广，使用网络消费信贷平台进行借贷消费的人越来越多，2018 年国内网络借贷平台总交易额已超过 8 万亿元。然而在这个庞大的数字中，存在很多非理性消费现象，引起了社会公众热议。导致非理性消费行为发生的因素众多。以信息整理过程为例，消费者会产生多种认知偏差，如以偏概全、依赖虚假证据、对未来判断失误等。本节对容易导致非理性网络借贷消费者以偏概全的认知偏差进行探讨。

在决策前阶段，人们会对各种信息进行评估。如果给定的信息不明确，会造成消费者对信息的理解存在偏误。然而在大脑的信息过滤和加工机制的影响下，无论获得的信息多么有限，人们总是希望能还原事物的全貌。此时大脑将所有的信息连接起来，为这些信息之间缺失的部分添加细节，导致以偏概全的思维错位，而虚假相关、热手效应、概率忽视三类认知偏差在此过程中有显著影响。

二、虚假相关（illusory correlation）

（一）定义

虚假相关是指当一个人感知两个实际上毫不相关的变量时，会产生两者之间有联系的虚假感知，即人会有意或无意识地将几种不相关的事物联系起来，形成固有的刻板印象。一旦人们认识到这种联系的存在，往往会更容易注意到这种联系的发生，或者说他们会忽视掉未产生这种联系的事件。当面对新事件或罕见事件时，这种错误的事件关联最常发生。在一项研究中，研究者向参与者展示了两个单词列表并进行两两配对，第一个列表中的单词与第二个列表中的单词各自配对的次数相等，即出现的频率是相同的。当要求参与者估计两个列表中单词各自配对的次数时，他们始终高估了两种类型单词的配对数量：①视觉上与其他单词不同的单词，例如特别长的单词；②具有相同语义的单词，例如狮子和老虎。由

于这些单词相较于其他单词更为特殊，会被人们给予额外的注意。因此，尽管所有单词的配对频率相同，但这部分单词出现的比例会被无意识夸大。

将虚假相关这类认知偏差运用到非理性网络借贷消费的分析中，会发现人们经常无意识地将自身情况与网络借贷中的某个要素相联系，形成并不存在的关联，从而使得人们更容易以偏概全。

（二）理论解释

1. 实用性理论

人类大脑会将客观观察到的各类嘈杂信息转换为主观判断，当需要调取某一信息时，人们通常是从记忆里的混乱信息中检索出需要的信息。这里实用性是指一件事物出现在人们脑海里的难易程度。当某一信息特点突出，或重复的次数足够多时，人们脑海里就很容易出现该信息，输出该信息的频率就会大大增加。网络借贷平台为了刺激客户多消费、多使用网络借贷，其广告营销会通过重复关键词达到“洗脑”目的，使消费者大脑内更容易出现自身情况与网络借贷消费中的某个要素的“虚假联系”，进而提高消费者对网络借贷的使用意愿。

2. 基于期望的选择性接收

基于期望的选择性接收，即当人们有某种期望时，他们往往会更愿意接收符合该期望的信息。2011 年，Denrell 和 Le Mens 提出可以用人类寻求积极体验的倾向来解释虚幻相关偏差。只要能满足期望，人类愿意去相信一些能够帮其满足期望的不存在的联系。在网络消费时代，人们对消费品的期望很容易得到满足，而网络借贷消费的出现给人们提供了更轻松的实现期望的机会。作为网络借贷消费的最大受众群体，年轻人的阅历不够丰富，也未曾了解过社会中的各种“套路”，在五花八门的消费品的诱惑下，他们很难准确评估自己的经济水平并抑制欲望。即使当前网络上有无数篇因网络借贷而发生悲剧的文章在传播，他们仍会选择性忽视这些文章，只接受网络借贷平台灌输给他们的“虚假相关”。

（三）案例分析：京东白条的“忍不了”广告

京东白条曾推出一段 1 分 53 秒的广告视频，在不到两分钟时间里，“忍不了”这个词出现了 19 次，连续多次将“年轻人”与“忍不了”联系在一起，这种重复的联系性更易被记忆与吸收，实用性极强，引导消费者们产生一种“年轻”与“消费”有相关性的虚假错觉，使得这部分年轻消费群体对网络借贷的依赖度加深。同时也意味着，无论是从未使用过网络借贷的新手用户，还是已经多次使用的熟练用户，都会对京东白条的印象更深刻，在之后的消费中使用其借贷平台的可能性也越高。

除此之外，借贷平台利用短信广告、平台推文等向人们传播申请网络借贷的便利性的同时，将个人网络借贷额度作为推广要点反复强调，但从不提及贷款偿还方式、利息计算方式，而是通过直观醒目地展示消费额度数字和忽略还款介绍的方式降低个人存款的存在感，给人一种这些消费额度与自己的存款相关的错觉，这样就能去除用户的犹豫心态，刺激用户使用网络借贷购物。这也导致在使用网络借贷的过程中，人们的第一反应通常是个人的消费额度，而非自己的存款。

三、热手效应（hot hand effect）

（一）定义

热手效应最早由 Gilovich 等在 1985 年发表的论文《篮球中的热手：关于随机序列的误解》中提出。该论文指出，如果一名球员的前一次投球成功，则该球员之后的一次投球会被认为更有可能成功。在理论研究中，热手效应指在人们经历了一个或几个成功的结果后，仅凭一时的直觉就认为在进一步的尝试中成功的机会很大。例如投掷硬币时多次同一面向上，参与者会得出之后将仍是该面向上的推测。反映在网络借贷消费中，就是消费者在前几次使用网络借贷后按时还款了，于是认为在下一次网络借贷的使用中，自己的还款能力会和前几次相同。

（二）理论解释

1. 确认偏差

确认偏差指的是人们在接收新信息时，只接收跟自己的信念或偏见相符的信息，而忽略了跟自己的信念或偏见不相符的信息。例如一个人在观看篮球比赛时常常会更深刻地记住篮球队员接连得分或接连失分的情况，这会影响观众对后续比赛的判断和感知。即使篮球队员最后得分次数和失手次数一样，在后续的回顾中，他也会对连续的结果有更深刻的印象。同样，在网络借贷消费中，即使之前出现过无法偿还债务的情况，一旦消费者有了接连几次成功使用网络借贷的经验，其潜意识中就会认为网络借贷后续的使用会如前几次一样成功。

2. 集群错觉

集群错觉指的是人们无法识别随机序列，或者说倾向于认为通过随机分布出现的集群是非随机的。这也导致虽然事实上每一次结果都是随机出现的，但在连续出现几次相同结果后，人们下意识地会认为这些结果并非随机，而是有一定的规律，进而产生“下一次会延续之前的结果”的错觉。在这种前提下，消费者们会下意识地认为网络借贷消费的结果也是具有规律的，于是对下一次网络借贷消费有信心，热手效应就成为必然结果。

3. 控制错觉

控制错觉指的是人类往往在直觉上会将世界扭曲成一个比真实情况更有次序、有组织、可预测的世界。他们高估了自己对事件的控制程度，低估了不可控制因素在事件发展过程及其结果上所扮演的角色。这也是有些人会陷入彩票或赌博陷阱的原因。在未成瘾前所有人都认为自己能够很好地控制自己，然而事实并非如此。对应到网贷借贷消费上，消费者往往确信自己能控制好自己的消费欲，能把握还款数额和时间，并参考之前的经验，认为这一次网络借贷也能顺利。

（三）案例分析：“花呗”的红包

网络借贷容易产生依赖性。当消费者尝试过几次网络借贷，并且每一次都能将消费程度限制在自身的经济水平，满足自身需求且能按时还款时，他们就会凭借这些成功的经验进行下一次网络借贷，形成能克制住自己且能按时还款的热手效应认知偏差。而事实上，消费者忽略了借贷的时间和金额差异，以及现实中的一些元素变动，这些因素都会导致每次的结果具有独立性，并非相互影响的。例如由于2020年新冠肺炎疫情造成的“开工荒”，许多人没有工资或者只有基础工资，导致其在疫情期间无力偿还“当时自以为能够按期还款”的网络借贷。

借贷平台也往往利用热手效应增加其客户量，例如“花呗”经常对未开通或较少使用它的支付宝用户赠送“花呗红包”，一旦消费者为了使用红包而开通“花呗”并成功使用了一次或几次后，就会出现热手效应的认知偏差，提高使用“花呗”的频率。

四、概率忽视（neglect of probability）

（一）定义

概率忽视指的是在不确定的情况下，人们在决策时会出现忽略概率的趋势。小风险通常被完全忽略，或是被严重高估，这两种极端之间的连续性被忽略。芝加哥大学的一项研究显示，人们对 1% 的可能性和 99% 的可能性的有毒化学物质污染的担心是一样的。而另一个是几乎完全忽视概率的例子，Rottenstreich 和 Hsee（2001）发现，典型的受试者愿意支付 10 美元以避免 99% 的痛苦电击，而支付 7 美元以避免 1% 的相同电击。他们认为，当结果是由情感唤起时，概率更容易被忽视。

（二）理论解释

1. 即时满足偏见

即时满足指的是人在出现某种需求时，不考虑未来的任何情况，立即实施行动满足欲望。在面对网络借贷时，即时满足的心理往往会驱使人们抱着侥幸心理，忽略无法偿还贷款的风险，追求即时满足的快乐。从消费者的心理角度而言，在无法偿还网络借贷的风险与获得即时满足的快乐之间，非常容易做出选择，因此出现忽视可能性的情况并不难理解。

2. 网络借贷平台制造的过度自信效应

过度自信是人们对概率缺乏直观把握的直接原因。每一个网络借贷消费者都知道无法偿还贷款时会有风险，然而绝大多数网络借贷消费者在发生悲剧前都不会认为无法偿还贷款的风险会发生在自己身上。但事实上，网络借贷的风险绝不止想象中那么低，平台披露的各类数据因没有统一标准，往往被掩盖在平台的操作下。除此之外，网络借贷平台的利息计算方式使消费者得知的利率远小于实际利率，降低了消费者对利率的敏感性和对网络借贷风险的认知，这也进一步增强了消费者使用网络借贷的信心。

（三）案例分析：网贷平台的真实借款利率

以目前市场上披露的有关网络借贷平台逾期或坏账的数据来看，平均逾期率为 0.26%，平均坏账率为 0.12%，表面上看确实是相当低的。然而根据银监会的统计数据，2016 年商业银行 4 个季度的不良贷款率分别为 1.75%、1.81%、1.76% 和 1.81%，由于网络借贷平台的借款者整体信用程度较商业银行借款人更低，也意味着其风险相对更高，而网络借贷平台本身存在“粉饰”数据、统计要求不相称及披露信息过于复杂等问题，因此其公告的逾期率、坏账率并不合理。大多数网络借贷平台在披露坏账率、逾期率等信息时未厘清概念，或未对其计算数据信息时使用的公式给出准确说明，认定坏账的边界也不一致，因此导致这些网络借贷平台公布的数据无法反映网络借贷消费的真实风险，也不能作为消费者的参考依据。除此之外，在网络借贷平台的推广营销中，其不会告诉消费者真实利息，而是使用表面利率进一步降低消费者对网络借贷风险的认知，促使消费者对网络借贷卸下防备并提高使用率。

五、总结

在信息整理阶段，虚假相关、热手效应和概率忽视等认知偏差会使消费者在面对网络借贷消费时更容易以偏概全，从而可能导致非理性消费行为。但网络借贷消费本身并非坏事，只要消费者确认认知偏差产生的心理原因，剖析其内在因素，从自身角度充分发挥主观意识、认清平台的各种暗示手段，就能从网络借贷平台构建的非理性消费陷阱中挣脱，获得愉快的消费体验。

第二节 从众效应、自动化偏误和光环效应使得个体更容易采信虚假证据

一、本节引言

现阶段，网络借贷消费正处于蓬勃发展时期，但是众多认知偏差因素对网络借贷消费的理性判断过程产生了影响。本节从阐述从众效应、自动化偏误和光环效应三类认知偏差出发，分析消费者容易在网络借贷消费过程中采信虚假证据的原因，进而提出合理有效的解决方案。

二、从众效应（bandwagon effect）

（一）定义

从众效应是一种偏差心理现象。在这一心理现象中，人们做某件事情主要是

因为其他人也在做这件事，他们缺乏认知的独立性，有时甚至可能会忽视或者推翻自己的信念。

1956年，美国社会心理学家Asch选取了7组大学生作为被试，每组7人，坐成一排，其中6人为事先安排好的实验合作者，只有1人为真被试。实验者每次向大家出示2张卡片，其中1张卡片上画有标准线段X，另1张卡片上画有3条线段A、B、C，X的长度明显与A、B、C中的1条等长。实验者要求被试判断X线与A、B、C中哪一条线段等长。所有的真被试都被安排在最后。前两次测试大家没有区别，第3至第12次测试中前6名被试按事先要求故意说错，这就形成一种与事实不符的群体压力，借此观察被试是否发生从众行为。Asch通过多次实验，所得结果非常相似。大约1/4到1/3的被试保持了独立性，没有发生过从众行为；所有被试的平均从众行为百分比为35%；大约有15%的被试，其从众行为的次数占实验判断次数的75%。至此，从众效应被人们熟知。

（二）影响因素

1. 内部因素

（1）群体归属感。群体归属感是指个人与群体之间的一种内在联系，这是个体对其所处的特定群体的认同。拥有群体归属感的个体极其注重与群体的行为保持一致性，这种一致性会促使他们盲目地、毫无目的地做出某些行为。例如喜茶开业之初，大量的民众耗费几个小时排队购买。他们中相当一部分人并不是喜茶的忠实顾客，只是因为别人都在购买，自己不购买就会产生一种“排斥感”。在网络借贷消费中，如果某个个体所处的群体都在使用某种网络借贷平台或网络借贷产品，例如蚂蚁花呗、京东白条，基于群体归属感，这些个体也会使用这些产品。

（2）攀比心理。攀比心理是指脱离自己的真实能力而盲目地追求与他人一样或者比他人更好的产品。有时候某些产品并不是人们当下所必需的，但是攀比心理促使人们去购买这些产品，从而导致从众行为的产生。例如A现在用的是比较旧的苹果手机，他的许多朋友都通过网络借贷购买了最新款的苹果手机。A本想更换一款价格较低、性价比较高的小米手机，但他看见身边那么多朋友都购买了最新的苹果手机，买低价的小米手机让他感觉没面子。于是他放弃购买小米手机，通过网络借贷购买了最新款的苹果手机。

（3）消费观念的改变。现阶段许多人的消费观念都发生了变化。原本人们购物只是为了获取并使用这些物品，但现在许多人消费是为了逃避现实的压力，享受消费过程带给他们的愉悦感，而这种愉悦感会影响到其周围的人，使得其他人也不断加入其中，由此形成了从众效应。“双 11”购物狂欢节就是一个典型的例子，越来越多的人通过网络借贷，在 11 月 11 日这天尽情购物，享受购物带给他们的快乐。

2. 外部因素

（1）网络借贷平台的广告。以京东白条为例，其在 2017 年 4 月 19 日发布了一则 1 分 53 秒的广告，名为《致所有忍耐前行的年轻人》。广告中运用了 20 个“不能忍”的字眼，并在最后点明主题：“白条，愿所有忍耐前行的年轻人，不再错过生活”。这个广告展现了许多年轻人通过京东白条做到了他们本来想做却做不到的事。这对于年轻人，尤其是目前有迫切需求的年轻人而言是极具吸引力的，很容易引起他们的共鸣，促使他们产生从众行为。

（2）网络借贷平台界面的设计。例如“360 借条”的网页版主界面上不断滚动播放着“× 时 ×× 借款 ×× 元”，并在标题中强调“已有超 100 万位明智小伙伴借款成功”。平台通过这种设计在向大众暗示：不断有人在这个平台上成功借款，而且借款人数众多，平台是安全高效的。这就很容易导致一些人盲目信从，在这个平台上进行借贷消费，这也是从众行为的体现方式。

（三）案例分析：“双 11”的狂欢

自 2009 年 11 月 11 日淘宝网举办一系列促销活动以来，越来越多的人加入“双 11”的购物狂欢之中。2019 年“双 11”交易额再创新高，达到 2684 亿元，其中大量消费者通过各种网络借贷平台疯狂采购。但是在“双 11”狂欢过后，部分消费者并没有感觉很快乐。相反，他们甚至觉得十分苦恼，因为他们不仅发现自己“买太多了”，很多商品家里都有或者根本用不上，而且还需要偿还大量的贷款，于是自嘲为“暴花户”，这就是典型的从众效应的影响。产生这一现象的原因大概可归为以下两个方面。

（1）缺乏明确的需求。许多消费者并不明确自己目前的需求，当周围的人都在通过借贷疯狂购物时，若不跟随大众的话会显得格格不入，害怕缺乏群体归属感，于是他们就跟着买。但他们忽略了人与人之间的差异性。同样是通过网络借贷进行消费，对于部分人来说，他们有能力去偿还“双 11”期间的贷款，但对于那些平时生活比较拮据的人而言，他们很有可能无法偿还贷款，从而深陷债务之中。

（2）享受集体竞争的过程。“双 11”这一天，电商平台会推出大量整点限量折价抢购的商品，部分商品的优惠力度比较大，有时仅几秒钟就会被抢购一空。许多人在现实生活中会遭遇一些困难或不公平的竞争，而抢购商品的竞争相对比较公平，大家是站在同一起跑线上拼速度。如果某一件商品限量少，而且又有大量的人预约抢购，若自己能够从中脱颖而出，那么他就会产生一种极大的满足感。这种满足感驱使着个体不断地参加各种抢购，盲目追逐与他人竞争的刺激感，以及抢购成功所带来的成就感中，而忽略了自身的实际需求及还款能力，从而产生了从众效应，导致非理性的网络借贷消费。

三、自动化偏误（automation bias）

（一）定义

自动化偏误是指人们偏好于自动化决策系统的建议，忽视非自动化所产生的矛盾信息，即使这些信息是正确的。2019 年 3 月，Packin 在 Amazon Mechanical Turk 上进行了一项调查，来评估在做出重大投资决策时自动化偏误产生的影响。实验对象共分为 4 组，每组都要回答 1 个问题。接着，在告知实验者最初的建议导致了重大损失后，Packin 询问他们对同一专家（人类或算法）的信任水平。整个实验的分析包括对照调查对象的年龄、性别、社会经济地位、是否受过一定大学教育、种族和政治意识形态（自由派 / 保守派）。基于对特定调查问题的 800 个回复，研究者发现：

（1）与人类专家的建议相比，实验对象明显更喜欢算法的建议。

（2）对一种算法的关注会促使人们回避第二种观点，这可能会牺牲人类（或替代算法）的创造力、创新能力和批判性思维。

（3）推动个人寻求第二意见并且要求对算法进行审核可能是有益的。

这一实验充分体现了自动化偏误。即便自动化工具给他们带来了损失，人们仍旧盲目地相信自动化工具。

（三）影响因素

1. 内部因素

（1）认知吝啬。认知吝啬的概念由社会心理学家 McGuire 在 20 世纪 70 年代首次提出，指个人在接受外界信息时，偏好依据个人直觉或运用各种捷径做出判断，尽可能减少大脑的思考。网络借贷的流程设计十分迎合人们的认知吝啬，手机 App 或者网站平台的预设流程提供了一条捷径，消费者只要跟着指示操作，就可以轻松完成贷款。

（2）借贷人金融素养不足。借贷人的金融素养不足体现在两个方面。第一，借贷人缺少基本的金融知识。很多人没有学过基础的金融知识，不了解借贷平台所展现的每个数字背后具体的含义或者计算方式，例如利息和每月还款数额的来源。第二，借贷人缺少基本的金融意识。许多人对金融数据都不太敏感，他们不会产生想要详细了解这些数据来源的想法，也不会去关注借款时签署的合同或协议，只是一味地遵照预设的流程。金融素养的不足，很容易导致借贷人过度依赖自动化工具所提供的信息，从而产生自动化偏误。

2. 外部因素

网络借贷平台借贷流程的设计通常都是简洁明了的，而且步骤的设计具有极强的引导性。例如蚂蚁借呗全程只需要 6 个步骤就可以完成借款。这种极强的引导性很容易带动借贷人按照平台预设的流程一步一步操作。加之内部因素的作用，借贷人很容易忽略流程中可能隐藏的一些信息，导致自动化偏误产生。

（三）案例分析："714 高炮"的曝光

2019 年，中央电视台"3・15"晚会点名了"714 高炮"。"714 高炮"是指那些借款周期为 7 天、14 天或者 21 天的网络借款平台。"714 高炮"的一大特点是一般会向用户收取高额的"砍头息"及逾期费用，也就是所谓的"高炮"。"砍头息"是指如果用户贷款 1000 元，那么到账金额可能只有 800 元，扣掉的 200 元作为支付给贷款平台的手续费，而合同上的借款金额仍然是 1000 元。除此之外，但凡在这类平台发生逾期还款，就会出现利滚利的情况，逾期没几天就要还借款本金好几倍的金额，致使借贷人无法偿还借款，深陷债务之中。

"714 高炮"正是借助自动化偏误而产生的。这些借贷平台多数是低息或免息、无抵押、无担保的，通过网络宣传、小广告等多种渠道吸引那些经济实力不足的年轻人。借贷的整体流程便捷迅速，不出几分钟消费者就可以获得借款。在整个借贷流程中，人们出于认知吝啬，弱化了自己的思考，对自动化工具深信不疑并过于依赖，没有仔细地分析每一个步骤可能存在的问题。在这一案例中特别体现在借款合同或者协议上，这是大部分人都不会在意的一个方面，这也给了网络借贷平台在合同里做文章的机会。

四、光环效应（halo effect）

（一）定义

光环效应是指一个人、一个公司、一个品牌或者一件产品在某一方面给人留下了正面的印象，那么这一正面印象会对人们对上述物品或人的其他方面的观点或者感觉产生积极的影响。胡爱明等（2012）提出，美国心理学家 Kelley 曾对麻省理工学院的两个班级的学生分别做了一个试验。上课之前，实验者向学生宣布，临时请一位研究生来代课，接着告知学生有关这位研究生的一些情况。实验者向其中一个班级的学生介绍这位研究生具有热情、勤奋、务实、果断等品质，而向另一班的学生介绍的信息除了将“热情”换成了“冷漠”之外，其余各项都相同。在下课之后，前一个班的学生与研究生一见如故，亲密攀谈；另一个班的学生却对他敬而远之，冷淡回避。

这个实验证明了光环效应的存在。课前对新老师做不同介绍，让学生们带着不同的初始印象去观察这位老师。最后发现，显然不同的初始印象影响了他们后续对待老师的态度。

（四）影响因素

1. 内部因素

（1）首因效应（primacy effect）。首因效应强调了第一印象的重要性，良好的第一印象决定了人们之后是否会再次接触这件事物，极大地推动了光环效应的产生。例如小王第一次用小米手机，对其印象良好，那么他对小米公司旗下的其他产品也就会有一个较好的印象。大型企业如腾讯、百度等都有自己的网络借贷平台。如果我们第一次使用这些企业的某个产品时产生了良好的印象，那么我们日后接触其网贷产品就会产生同样的感觉，认为不会有问题，放心去借贷，最终有可能深陷债务之中。

（2）情感启发式思维。情感启发式思维是指个体使用自己的主观情感对事件进行判断和决策，这种思维很容易导致光环效应的产生。当一家企业的产品给人们带来良好的体验时，人们主观上就很容易偏好该企业，并将这种偏好延伸到该企业的其他产品中。例如小张经常在京东上购买各种商品，对于京东的物流、商品质量等各方面都有良好的体验，于是他认为京东是个值得信任的企业，同等条件下他会偏好该企业。当有借贷需求时，他就会偏好于京东白条等。因为小张先入为主地认为京东的借贷产品是没问题的，可以不断地进行借贷，他甚至不会考虑如果最终自己无法偿还贷款时会怎样。

2. 外部因素

借贷平台的信息介绍很容易让人们放松警惕。例如“360 借条”的描述是“‘360 借条’是基于 360 旗下独立的第三方信用评估及管理机构——360 信用……”，百度“有钱花”的描述是“‘有钱花’是度小满金融（原名百度金融，2018 年 6 月更名）旗下信贷服务品牌……”。如果其中提到的这些企业给消费者留下良好印象的话，那么消费者就很容易相信企业旗下的借贷产品是没有问题的。

（五）案例分析：名企光环下的网络借贷

小张是一名在校大学生，家境一般。他第一次接触 QQ 时就对这款社交软件产生了极大的兴趣，被其中丰富的功能所吸引。此后他尝试了腾讯公司旗下的其他软件，感觉都很好。因此，腾讯这家企业在小张的心中留下了很好的印象，他坚信腾讯是值得信任的企业。

前段时间，小张的手机屏幕摔碎了，他想了想，决定直接更换新手机，但是资金不够，又不好意思问父母要，于是他决定通过网络借贷来购买手机。他了解到腾讯公司旗下有一个叫“微粒贷”的借贷平台，由于对腾讯公司有很好的印象，他没有多做思考，在“微粒贷”上贷取了 4000 元。之后，他又陆续贷取了 1000 元和 2000 元。贷款到后期，他发现自己根本无力偿还贷款。生怕自己会被父母打骂，小张只能从其他平台贷款来还“微粒贷”的账单，结果陷入了“贷中贷”的恶性循环。

小张深陷债务，主要是因为初期受首因效应影响，先对腾讯公司留下了良好的第一印象。后续加之情感启发式思维的强化作用，错误地认为腾讯旗下的所有产品都是不存在问题的，没有认清网络借贷的实质，更没有考虑自身经济实力。

五、总结

本节主要对网络借贷消费中的从众效应、自动化偏误和光环效应进行了阐述，分内部因素和外部因素两方面对 3 种认知偏差进行解释。内部因素着重于人的思维和心理，而外部因素着重于网络借贷平台。本节运用大量案例辅助说明，并针对每一种认知偏差提出了相应的解决方案，为网络借贷消费存在的部分认知偏差因素提供了一定的研究思路和方向。但这一主题仍旧存在着极大的发展空间，例如是否还存在其他的影响因素、解决方案是否适用于每一个人，这些都有待于进一步的研究。

第三节 克制偏见、计划谬误和投射偏差使得个体更容易误判未来趋势

一、本节引言

在网络借贷消费的信息整理过程中，人们会套用现在的思维模式和假设来推测已经发生和将要发生的事情，从而误判未来趋势。这其实是在当下估计未来的预期效用，然而，当下的情绪状态和未来的实际情绪状态之间存在共情鸿沟。徐富明等（2016）提出，共情鸿沟是指个体在一种情感状态下难以准确预测在另一种情感状态下的体验，它又可以分为“由冷看热”和“由热看冷”两种，这里的“热”和“冷”是就情感的唤醒程度而言的。从网络借贷消费的角度看，“由冷看热”的共情鸿沟指在决策前，由于认知加工系统的作用强于情感加工系统，个体会低估某物在未来的效用，对未来情感状态下的自己缺乏同理心。“由热看冷”的共情鸿沟指在决策前，由于情感加工系统的作用强于认知加工系统，个体会夸大某物在未来的效用，对在未来情感状态下的自己过度赋予同理心。本节分析在“由冷看热”的共情鸿沟中，克制偏见和计划谬误这两类认知偏差在其中起何种影响作用。而在“由热看冷”的共情鸿沟中，投射偏差将影响人们的判断。在这

三种认知偏差的共同作用下，人们在网络借贷消费过程的信息整理阶段，非常容易误判未来趋势。

二、克制偏见（restraint bias）

（一）定义

克制偏见是人们高估自己控制冲动行为的能力的一种认知偏差。在这种认知偏差下，基于当前环境状态，人们产生了自制力过强的不当信念，因而更可能进入强诱惑环境中，继而有更大可能做出冲动行为。这种对自身克制能力的主观夸大可能会导致人们做出错误决定，从而将自己置于考验克制能力的情景中。例如潜在的借贷消费者往往会高估自己抵御商品诱惑的能力，从而陷入非理性借贷消费的陷阱。

（二）心理机制

克制偏见一定程度上可视为自控战略选择失误，是注重当前状态和环境而未考虑未来状态和环境造成的认知偏误。因为当前的状态和环境使自己拥有了自制力过强的不当信念，在认知加工系统的作用强于情感加工系统时，低估了某物在未来对自己的效用，对于未来环境下的自己缺乏同理心，继而更有可能将自己置身于充满诱惑的环境中。而在充满诱惑的环境中，随着环境和状态的改变，人们更有可能做出冲动行为。克制偏见实质上表现为个体基于当下的情景，不当强化了自制力过强的信念，而当真正在未来置身于另一个情景时，往往会做出与之前信念相悖的冲动行为。

（三）相关研究

在 Nordgren 等（2009）的研究中，研究者在小吃店门口随机抽样（进出小吃店的人），规则是选择一种零食，如果能在一段时间后将零食完好无损地带回实验地点，则会获得奖励。同时要求参加实验的人评估自己的饥饿程度、不去吃掉零食的自制力及其所选零食的好吃程度。实验参与者可以按照他们的喜好选择吃还是不吃，奖励为金钱及所选的零食。

从小吃店出来的人倾向于评估自己的饥饿程度较低，认为自己有更高的自制力将零食带回来以获取奖励；而要进小吃店的人倾向于评估自己的饥饿程度较高，不认为自己有足够的自制力将零食带回来以获取奖励。前者选取了他们认为好吃程度较高的零食，后者则选取了他们认为好吃程度没那么高的零食。结果是相较于认为自己有足够自控能力的被试者，评估自己没有足够自制力的人成功将零食带回，获得了奖励。

在上述实验中，“当时的状态”是被试对象的饥饿程度，从小吃店出来的人大概率吃过东西，饥饿程度不高，认知加工系统强于情感加工系统，高估（不当强化）了自己不吃零食的自制力，继而选择了觉得好吃的零食，将自己置于诱惑下，但当状态改变时（饥饿程度变高了），在强诱惑环境下（面对自己喜欢的零食），他们很可能会忍不住吃掉零食；而要进小吃店的人饥饿程度高，情感加工系统强于认知加工系统，对未来的自己更富于同理心，能够恰当评估自己在未来情景中不吃零食的自制力弱，继而规避了强诱惑环境（选择认为没那么好吃的零食），在未来感受到饥饿时，有较大可能不受诱惑（不吃那个没那么好吃的零食），因此有更大可能获得奖励。

（四）案例分析：花呗分期的网络环境

个体在网络借贷消费中，往往认知加工系统强于情感加工系统，基于当前的状态产生了自己还款能力很强的不当信念，继而缺乏对未来无法还款的自己的同理心，无所顾忌地进入强诱惑环境——网购平台。当发现自己高估了自身还款能力时，便引发了非理性网络借贷消费的后果——影响生活以及产生后悔情绪。

花呗分期和账单分期常常就能引起消费者的克制偏见。花呗分期本就能把价款分期支付，而账单分期又能将花呗分期的账单分期支付。这样一来，消费者感觉自己的还款能力几乎是呈几何倍数的增长，继而产生自己还款能力很强的不当信念，于是对网购、花呗分期、账单分期这种操作放松警惕。随着时间的流逝，消费者最终却发现自己的还款能力没那么强。

花呗分期和账单分期看似放大了消费者的还款能力，消费者从当前状态来看，还款貌似是很轻松的事，继而产生自己还款能力很强的不当信念，于是就不会规避网购平台这种强诱惑消费场景。随着多个分期账单接连到期，欠款越来越多，导致每月应还债务越来越高。在这样的环境下，消费者的还款能力不再适应还款要求，严重影响了日常生活，必然会产生后悔情绪。

三、计划谬误（planning fallacy）

（一）定义

王淑珍等（2010）提出，计划谬误指低估完成一件事情所需的时间和难度，是对个体或团体不能按时完成计划任务的描述，表现为人们在对完成一项任务所需要的诸方面因素做预测时，倾向于对达成目标的时间、金钱及所需要的努力等方面做出低于实际的乐观估计。

（二）心理机制

计划谬误的两大因素是记忆力偏差和规划偏见。记忆力偏差指在对未来做计划时，人们会联系过去的经验，而对于过去的经验，人们倾向于忽略过去经验中导致自己失败的因素（这样不会使自己看上去无能），并且尽可能看重此次具备的新优势，导致自己的能力被高估，这也和人们认为对过去了然于心不谋而合。规划偏见是倾向于采用内部视角取代外部视角，即大脑过滤过载信息并补充细节，形成简单的心智模型（认知吝啬），从而仅采用内部视角，使得做预测时忽略了信息的分布。在记忆力偏差和规划偏见的双重作用下，认知加工系统强于情感加工系统，对未来情感状态下的自己缺乏同理心，导致人们做预测时往往低估完成一件事情所需的时间和难度。

（三）相关研究

A 公司是一家建桥公司，承包建造一座桥。预计费用是 1 亿美元，完成时间预计 1 年。预算依据如下：从历史经验看，建造类似的桥梁需要 3 年时间，但这次 A 公司拥有更多有经验的员工，因此工程师们估计他们可以做得更快。除了忽略自己过去类似的经历外，A 公司也忽略了其他竞争对手在有更多、更有才能的员工的情况下，也用了近 3 年才修建了类似桥梁的事实。最终这座桥花了 3 年才建成，比预算多出 2 亿美元。

在上述例子中，A 公司在做预测、考虑过去自己的经历时，由于记忆力偏差，没有考虑或忽略了一些负面因素，而只关注了此次具备的新优势：拥有更多有经验的员工，高估了自己的能力。另外，采用内部视角替代外部视角，忽略了其他竞争对手在有更多、更有才能的员工的情况下，也用了近 3 年才修建了类似桥梁的事实，忽略了信息的分布（因为和竞争对手比较不是令人愉快的事情，这符合快乐无意识）。两相作用下，认知加工系统强于情感加工系统，对未来情感状态下的自己缺乏同理心，继而低估了成本和时间，造成了决策失误。

（四）案例分析：花呗分期的排列方式

在网络借贷消费中，消费者往往在当下确实做了还款计划，但是却低估了后续的还款难度，导致陷入债务之中。对后续还款难度的低估往往来自对自己能力的高估、对自己负面因素的忽略（记忆力偏差）及对外界环境缺乏考虑（规划偏见）。网络购物时分期付款的简单显示方式也很容易引起计划谬误。例在花呗分期付款中，过于简单的显示方式使得消费者很容易接受它的合理性，并直观地根据每期还款金额来对未来现金流做计划。

具体而言，在记忆力偏差方面，直观的显示易于消费者直接拿自己的收入现金流与之比较，进而形成一个模糊概念（简单的心智模型），于是很有可能忽略之前的经历，如自己过去为了还款所经历的艰难，或是因为没有及时还款而遭受的额外损失等，最后觉得自己有很强的还款能力。

在规划偏见方面，花呗分期的计划中没有显示具体的手续费率，但每笔分期都会产生手续费。当期数为 3 期、6 期、12 期时，费率分别为 2.30%、4.50%、7.50%。消费者往往会忽略这些手续费率及相关的外部信息，例如银行存款利率是多少、为什么 6 期手续费反而低于 12 期和 24 期、是什么经济形势造成的。因此，他们从现在的条件看来还款计划没问题（如通过节衣缩食、努力工作等自我努力去还款）。但外部环境因素对还款计划的持续进行也是十分重要的，例如突然爆发新冠肺炎疫情后，消费者自然可能由于停工、停课而失去稳定的收入来源，可能面临由于无法按计划还款而导致的罚金，使得原本就沉重的生活重担更加难以背负。

金额乘以期数的直观呈现方式使得消费者容易做出盲目乐观的预测，忽视手续费率背后隐含的外部信息，从而使认知加工系统强于情感加工系统，导致对未来可能还不上款的自己缺乏同理心，低估了后续还款难度，造成了消费者的决策后悔。

四、投射偏差（projection bias）

（一）定义

马向阳等（2011）提出投射偏差是基于偏好的动态不一致性而导致的一种认

知偏差，其实质是个体把当前偏好及偏好的影响因素投射到未来，从而导致对预期效用的判断在很大程度上是基于当前状态预估的，因此并不能真实地反映未来实际效用。

（二）心理机制

不同于当下认知加工系统强于情感加工系统，进而对未来的自己缺乏同理心的克制偏见和计划谬误，投射偏差是在当下由于预期效用的激励，情感加工系统强于认知加工系统，对未来的自己过度富于同理心而导致的一种认知偏误。徐富明等（2016）提出，当下预期效用与未来实际效用的偏差主要由预期效用的三个特征导致：非代表性、本质化及简化性。非代表性是指决策的做出是根据人们印象中最好的、最坏的或最近的记忆，而非最具代表性的记忆；本质化指只关注本质而忽略细节，但实际体验中本质部分和细节部分都是非常重要的；简化性指预期效用只是针对起始阶段，而对整个体验过程中的情绪状态变化不予考虑。在非代表性、本质化及简化性的作用下，情感加工系统强于认知加工系统，预期效用被锚定在当下的情绪、状态和需要上，对于未来的情绪、状态和需要更加富于同理心，而未来实际效用却可能低于预期效用，导致认知偏差。

（三）相关研究

很多人有这样的经验，当我们饿的时候不要去超市——不仅花费比平时高，而且还会买一些平时不吃或不想吃的东西。这种情况之所以发生，是因为在购物时，我们错误地预期，我们未来的饥饿程度将和现在一样严重。

购买决策也会受到投射偏差的影响。在饥饿状态下，由于渴望饱腹因而回忆的是最近一次美食带给我们极大效用的经历（非代表性），随后确信各种美食能带给我们效用（本质化），脑海中总想的是吃到美食的第一口带来的极大效用（简化性），因而将这样的预期效用投射到未来。而在未来实际体验时，发现实际效用没有预期效用那么高，可能原因是自己没有像记忆中的那次那么饿，并且购买的食品虽然好吃，但可能并不是自己需要的，此外还发现吃了第一口后体验越来越不好了。此时认知加工系统强于情绪加工系统，后悔情绪便产生了。

（四）案例分析：京东白条的“不能忍”系列广告

网络消费借贷平台通常会通过各种手段营造一个美好的情景或催促消费者改变，继而使消费者在网络借贷平台的引导下产生需求。通过非代表性、本质化和简单化的影响，使消费者很容易对某种商品产生较高的效用预期。

例如京东白条的广告《不能忍》，从旅游、情感、样貌、尊严等多角度、多方面唤起人们的不甘、反思、怀疑等一系列复杂情感。在这种情感基调下，一句“你可能已经习惯了，忍耐会变成习惯”，再加上一系列“忍着迷茫、忍着说教、忍着……”让消费者觉得自己的过去和现在竟是如此不堪，紧接着再加一句“生活不是忍出来的，最不能忍的就是把最好的年纪就这么忍过去”。于是，前面的铺垫加上这一句呼吁，使人们滋生出“是时候改变了”的想法，最后提出“白条，愿所有忍耐前行的年轻人不再错过生活”，表示京东白条将为年轻人提供美好生活。广告全篇将非代表性、本质化和简单化利用到了极致。如利用护照签证没有印章体现出生活的单调乏味，暗示出国旅游便代表生活多姿多彩；把“一周四次都穿同一件衣服相亲”这件事情本质化为形象不体面；“忍得了不来电但忍不了手机动不动就没电”让消费者产生了拥有高性能新手机后生活也许会不一样的联想。

但到了后期体验阶段，认知加工系统强于情绪加工系统时，消费者发现生活是否多姿多彩并不是由签证上的印章数量代表的；相亲中除了形象体面以外，话题、学识也很重要；高性能新手机在获得的那一刻或许真的带来了很大效用，但之后的使用并不能给生活品质带来本质提升。在认知加工系统的主导下，消费者会发现实际效用并没有预期的那样具有代表性、本质决定性及效用持久性，继而产生了后悔情绪，但已陷入了非理性借贷消费的陷阱。

五、总结

在网络借贷消费的信息整理过程中，消费者有套用现在的思维模式和假设来推测已经发生和将要发生之事的倾向。本节在共情鸿沟的框架下分析了克制偏见、计划谬误和投射偏差这三种认知偏差，认为克制偏见和计划谬误是由于认知加工系统强于情感加工系统，导致对未来的自己缺乏同理心，继而引发非理性网络借贷消费行为。而投射偏差是当下由于不当预期效用的激励，情感加工系统强于认知加工系统，对未来的自己过度赋予同理心，从而导致非理性网络借贷消费行为。在这些认知偏差的综合作用下，消费者很容易误判未来趋势。

第四节　案例分析：认知偏差使得消费者容易错误理解信息

一、本节引言

本节主要分析非理性网络借贷消费行为在信息整理过程中的认知偏差因素。在这一过程中，消费者：①参与信息搜索和替代选择评估，即浏览产品或积极搜索特定产品，评估其考虑因素中的各种产品；②考虑这些产品如何与他们的需求和目标保持一致；③评估购买产品所需的精力（金钱和时间）；④除了考虑产品，消费者还会评估推断出的公司动机（如对价格公平性的看法）。在信息整理过程中，最重要的任务就是对各种信息进行评估，如果给定的信息不明确，造成信息理解偏误，则很容易出现认知偏差问题。下面主要通过案例分析与理论分析相结合的方法阐述这些认知偏差因素。

二、网贷平台的短视频诱导消费者产生虚假相关

第一个案例是某借贷平台的短视频广告与虚假相关。根据东方财富网报道，2020 年下半年，某借贷平台上线了一则短视频，视频中一位身穿迷彩服的中年男人，带着老母亲搭乘航班，但老母亲在航班途中晕机，于是这位男子请示空姐能否打开窗户或换个座位。此话一出，立刻招来了前排两位乘客的嫌弃。这两位乘客中一位是装扮时尚的年轻女性，另一位是外表颇有些凶狠的男士。在这里，已经将人“对立”了起来，一边是穿着极度朴素的百姓，另一边是时尚 + 凶狠的一拨势力。此时，这种“对立”矛盾迅速激化，空姐走上前来，给出的答复是“请问您需要升舱吗？升舱费用是 1290 元”。听到空姐这么说，这位带着母亲出门的中年男人并没有提出要升舱，只是提及了母亲遇到的身体层面的困难，但空姐的回复高高在上。这位男子打开手机微信中的零钱看了看，发现只有 53.12 元，眼看着升舱无望。

接着，视频中就出现了一幕转折：后排一位西装革履的中年男士，有着十足的老板气质，直接扔出一句“升舱的钱我来出”。于是，这位西装男士拿过中年男子的手机，几秒操作后，一筹莫展的朴素男子拿回手机，发现屏幕显示 15 万元的款项。“伸手帮忙”的西装男士还回复一句：“急用钱的时候随用随取，别被没有礼貌的人

笑话了！”朴素男子见状表示担心网络借贷不安全，但西装男士像一位公司发言人一样说道：“新用户 30 天内免息，万元日息最低 1.9 元，还没有一瓶水贵。”

在网友质疑短视频广告存在诱导借贷、价值观扭曲等问题后，2020 年 12 月 15 日，借贷平台发布致歉信，表示已第一时间将该视频下线，经过内部调查，该短视频传播系因团队管理不善、审查不严，导致违规上线。17 日，平台方再次致歉称，承认该事件不仅是管理审核的问题，更是操作团队的导向、文化和价值观出了问题。

这类网络借贷广告借助虚假相关进行营销。虚假相关是一种认知偏差现象，指人们认为两种因素之间存在联系，但实际上没有联系，或者联系很小，在这种情况下，人们可能会错误地识别出一种关联。然而，相关性并不是因果关系，两件事情之间的联系可能本质上并不是因果关系。这种情况大多发生在潜意识层面，因此很难预防。相关性开始形成之后，人们会倾向于寻找证据来证实，而不是试图通过寻找相反的证据来反驳它。这会导致随着时间的推移，虚假相关逐渐增强。反映在网络借贷消费中，“额度”和自己的“存款”就会构成一种虚假相关。虚幻关联的形成通常始于记忆深刻的事件，这些事件很容易进入人的大脑。借贷机构通过博人眼球的广告使人们形成这种“额度”与“存款”之间的虚假相关，以此来诱导人们借贷消费，而这种借贷消费通常是非理性的。

三、预付类健身平台借助投射偏差诱使消费者产生错误判断

根据新浪财经（2020）的报道，2019 年 10 月至 2020 年 2 月，40 多岁的市民李女士为减肥、健身，向某健身中心购买了多达 747 节的健身私教课，课程一度排到了 2034 年，总价高达 60 万元，大部分是通过两家贷款机构和 4 张信用卡透支完成支付的。身为工薪阶层的李女士月薪约为 8000 元，现在每月需要还贷 3 万 ~4 万元。2020 年 8 月，李女士被诊断为肝血管瘤，医嘱要求不能进行剧烈运动。于是，李女士向健身中心申请退还剩余课程的费用。然而，后者坚持按合同扣除 20% 的违约手续费。双方协商不成，李女士将健身中心诉至闵行法院。在庭审过程中，原告李女士表示：“购买的时候没有测算清楚每个月要还多少，所以是一时冲动，是冲动消费。”原告向法庭提供了健身中心的 14 份《私人训练计划协议书》及相关收据，证明自 2019 年 12 月 25 日至 2020 年 1 月 14 日，原

告与被告共签订了私人训练协议书 14 份，购买私教课程 747 节，协议总价高达 635800 元，课程有效期为 2020 年 5 月 26 日至 2034 年 9 月 18 日，其中 24 节课现已消耗完毕。此外，原告还向法庭提交了相关银行和小贷公司的记账凭证，还有 4 家银行信用卡的对账单。原告向法庭提交了工资明细，证明原告每月工资收入仅 8000 余元，而每月要为小微贷款和银行信用卡还贷 3 万 ~4 万元。目前，原告表示已无偿还能力。

这个案例涉及投射偏差。首先，根据徐富明等（2016）的研究，投射偏差是一种基于偏好的动态非一致性所导致的决策偏差现象，指的是个体常常会高估未来偏好与当前偏好的一致性，从而把当前偏好投射到未来的心理倾向性。投射偏差的存在挑战了理性经济人假设，证明了偏好的动态非一致性，为非理性经济决策的解释提供了新的理论视角。在跨期选择中，相同的消费符合边际效用递减规律，因此为了获得更大的边际效用，个体应当理性地追求一个不断增长的消费模式。但个体总倾向于提前进行过多的消费，而后再储蓄。随着更高的消费习惯的形成，之前的决策不能满足个体日益增长的心理需求，从而导致产生的消费比计划更多、储蓄比计划更少。例如信用卡透支问题，用户之所以每每预期自己的信用卡会保持收支平衡却总是失败，是因为用户在投射偏差的影响下低估了当前消费对未来效用的影响，进而错误地把当前消费习惯投射到未来，从而导致非理性经济决策。在这个案例中亦是如此。

其次，徐富明等（2016）提出，投射偏差对其他次优决策的解释也有重要的理论价值。受投射偏差的影响，个体常常不能正确预测未来的偏好及效用，导致决策时更加依赖当前偏好，这是导致次优决策的重要原因。在预测未来情感时，如果个体高估了当前情感的持续时间，或者低估了未来情感与当前情感的差异性，就易于产生投射偏差。个体在进行提前决策时，并非首先考虑相关事件发生的时间点，而是先对相关事件进行永久性表征，接着以永久性表征为参照来预测未来偏好及未来事件的享乐结果，并把对永久性表征的反应作为未来事件的替代反应。

最后，徐富明等（2016）提出个体会依据未来事件的时间位置信息进行相应的时间修正，并根据修正后的预期做出提前决策。由于永久性表征并不能充分反映未来事件的时间位置信息，所以个体很容易产生投射偏差。另据时间修正的解释，个体之所以低估事件的未来体验与当前体验的差异程度，是由不充分的时间修正导致的。换句话说，个体对未来偏好的预期会被锚定在当前情境中。在这个案例中，李女士不充分的时间修正带来的结果就是夸张的700节私教课。有研究表明，对最初预期的修正需要足够的时间、较强的动机及必备的认知资源，三者缺一不可，否则就会导致不充分或不完善的预测结果。可见，若个体先根据无时间信息参与的心理表征的整合结果做预测，然后进行时间修正，那么时间、动机或认知资源中缺乏任何一个，都会导致个体的替代反应过多地受到当前情境的影响，而较少受到事件的时间位置信息的影响。在这种情况下，个体基于时间修正所做出的提前决策就会偏向于最初的预测，即可满足当前享乐的偏好，遂产生无法准确反映未来偏好的投射偏差。在这一案例中，李女士在投射偏差的影响下低估了还款的数额，没有考虑自己未来对减肥的需求和现在的需求的差异，并没有预料到未来自己生病的可能性，最终进行了冲动消费。

四、自动化偏误使得消费者轻信商家诱导

杭州市的小李最近想减肥，买了健身卡和私教课，本来要两万多，他说因为自己一下子拿不出这么多钱，经理就建议他用“借呗”付钱，还用笔计算了一下，说是每个月还1200元左右就可以。但小李签完合同后，才想到认真算算账，发现其实每个月要付2000块钱，感觉不太对劲，非常后悔。在这个案例中，小李同时受到了自动化偏误和计划偏误的影响。如果有预设程序的话，人们很容易跟着预设程序走，而不是自己一步一步地思考。在某些情况下，自动化的程序和决策辅助可能会产生增加错误而不是消除错误的悖论效果。自动化偏见被定义为：以启发式的方式替代对警觉信息的搜索和加工。自动化偏见导致用户可能不会对所有可用信息逐一分析，哪怕自动化系统的建议是不正确的，用户也会遵从或执行该建议，从而犯下错误。在案例中，小李没有对每个月的支付款项有任何的思考，而是跟随经理给他设定的自动化程序，从而产生了冲动消费。

徐富明等（2015）提出规划谬误是指人们在估计未来任务的完成时间时，倾向于过度乐观，低估任务完成时间的一种现象。郑秋强（2014）提出个体在对未来任务的完成时间进行预测时，可以根据单一信息（singular information）和分布信息（distributional information）进行判断。单一信息是指目标任务区别于其他任务的特定属性，分布信息是指目标任务的结果在以往类似任务中的发生状况。规

划谬误出现的原因在于人们忽略了分布信息，仅使用单一信息进行任务预测，因此倾向于过度乐观，没有考虑到可能出现的意外。Buehler 等（2000）研究发现，尽管未来具有高度的不确定性，个体在预测任务完成时间时，往往只构建了一个或少量几个任务情景，这些情景更多地反映了个体的预期和偏好，而且实验表明个体倾向于关注乐观情景而忽视悲观情景。在影响规划谬误的因素中，任务经验是主要的因素之一。由此可见，在案例中，自动化偏见导致了对后续还款难度的低估，同时也引起了计划谬误。在同一个事件中可能存在多个认知偏差。

同时我们可以注意到，商家诱导消费时故意造成的信息差，使得个体进行判断时过度乐观，从而产生了规划谬误，进行冲动消费。而网络借贷的流行使得这种冲动消费更加冲动，因为其更便捷，被规划好的不完全付款信息使得消费者过度兴奋，这些非理性因素导致认知偏差出现得更多，消费者则更容易落入消费主义的圈套之中。

参考文献

［1］Adamowicz W，Bunch D，Cameron T A，et al. Behavioral Frontiers in Choice Modeling［J］. Marketing Letters，2008（3）：215–228.

［2］Gilovich T，Vallone R，Tversky A. The Hot Hand in Basketball：On the Misperception of Random Sequences［J］. Cognitive Psychology，1985（3）：295–314.

［3］Xue G，Lu Z L，Levin I P，et al. An fMRI Study of Risk–taking Following Wins and Losses：Implications for the Gambler's Fallacy?［J］. Human Brain MApping，2011（2）：271–281.

［4］Hamilton D L，Gifford R K. Illusory Correlation in Interpersonal Perception：A Cognitive Basis of Stereotypic Judgments［J］. Journal of Experimental Social Psychology，1976（4）：392–407.

［5］Iyengar S，McGuire W J.Explorations in Political Psychology［M］. North Carolina：Duke University Press，1995.

［6］Loewenstein G. Projection Bias in Medical Decision Making［J］. Medical Decision Making，2005（1）：96–105.

［7］Loewenstein G. Hot–Cold Empathy Gaps and Medical Decision Making［J］.

Health Psychology，2005（4S）：S49–S56.

[8] Mens G L，Denrell J. Rational Learning and Information Sampling：On the "Naivety" Assumption in Sampling Explanations of Judgment Biases.［J］. Psychological Review，2011（2）：379–392.

[9] Newby–Clark I，Ross M，Buehler R，et al. People Focus on Optimistic Scenarios and Disregard Pessimistic Scenarios while Predicting Task Completion Times［J］. Journal of Experimental Psychology Applied，2000（3）：171–182.

[10] Nordgren L F，Harreveld F V，Pligt J V. The Restraint Bias：How the Illusion of Self–restraint Promotes Impulsive Behavior［J］. Psychological Science，2009（12）：1523–1528.

[11] Croson R T A，Sundali J. The Gambler's Fallacy and the Hot Hand：Empirical Data from Casinos［J］. Journal of Risk & Uncertainty，2005（3）：195–209.

[12] Reyna V F，Brainerd C J. Numeracy，Ratio Bias，and Denominator Neglect in Judgments of risk and Probability［J］. Learning & Individual Differences，2008（1）：89–107.

[13] Rottenstreich Y，Hsee C K. Money，Kisses，and Electric Shocks：on the Affective Psychology of Risk［J］. Psychological Science，2001（3）：185–190.

[14] Stroessner S J，Plaks J E. Illusory Correlation and Stereotype Formation：Tracing the Arc of Research over a Quarter Century［C］. Cognitive Social Psychology：The Princeton Symposium on the Legacy and Future of Social Cognition，2001.

[15] Gilovich T，Vallone R，Tversky A. The Hot Hand in Basketball：On the Misperception of Random Sequences［J］. Cognitive Psychology，1985（3）：295–314.

[16] 白洁．论认知吝啬［J］．西北师大学报（社会科学版），2013（1）：99–104.

[17] 闭锴．"714高炮"套路贷法律定性分析［J］．时代金融，2019（16）：32–33.

[18] 陈泉．心理学效应一则 | 晕轮效应［EB/OL］．知乎，2019–09–19.

[19] 翠鸟资本．京东金融的这个广告为什么讨人厌?［EB/OL］．东方财富网，2020–12–27.

[20] 胡爱明，杨小兵．论医专学生积极心态的培养［J］．当代职业教育，2012（2）：49–51.

[21] 廖云．网络购物从众行为分析——以“双 11”为例［J］．广西民族大学学报（哲学社会科学版），2016（4）：156–159.

[22] 林菩菩．130 家互金平台逾期率调查：44 家自称零逾期［EB/OL］．金融界，2017–06–19.

[23] 卢长宝，胡珮姗．懒惰的消费者如何决策？——基于线索效用理论的消费者认知吝啬研究综述及营销启示［J］．外国经济与管理，2018（8）：58–70.

[24] 马向阳，徐富明，吴修良，等．行为决策中的忽略偏差：心理机制与影响因素［J］．心理科学进展，2011（12）：1834–1841.

[25] 大猫财经．谨慎使用花呗分期和白条！利息比你想象的高多了！［EB/OL］．融 360，2018–12–14.

[26] 王博．P2P 网贷市场中虚拟社会资本对个人信用的引致影响［J］．求是学刊，2017（1）：50–57.

[27] 王淑珍，惠宁．计划谬误研究进展［J］．人类工效学，2010（4）：91–95.

[28] 佚名．女子月薪 8000 贷款 60 万上私教课 平安普惠、微众银行共放贷 27.4 万［EB/OL］．新浪网，2020–11–20.

[29] 徐富明，李欧，邓颖，等．判断与决策中的投射偏差［J］．心理科学进展，2016（3）：422–430.

[30] 徐富明，刘程浩，郑秋强，等．任务经验以及预测视角对规划谬误的影响［J］．应用心理学，2015（3）：212–218.

[31] 张辉，白长虹，李储凤．消费者网络购物意向分析——理性行为理论与计划行为理论的比较［J］．软科学，2011（9）：130–135.

[32] 郑秋强，徐富明，罗寒冰，等．判断与决策中的规划谬误［J］．心理科学进展，2014（3）：482–491.

[33] 郑秋强．观察者与参与者的任务经验对规划谬误的影响［D］．武汉：华中师范大学，2014.

[34] 佚名．把广告都做到这份儿上了的京东白条，你能忍？［EB/OL］．搜狐网，2017–05–04.

第九章　认知偏差因素对非理性网络借贷消费行为决策过程的影响

人类拥有在不确定环境中快速反应的能力，这有利于人类的生存，但是也容易造成决策失误，这些决策失误往往是认知偏差的结果。在网络借贷消费行为的决策阶段，消费者在综合各种信息后开始行动，但其大脑并不是完美的，在他们根据不足的信息进行决策时，认知偏差会使得网络借贷消费者的决策偏离理性过程。本章将影响网络借贷消费行为决策过程的认知偏差分为三类，即高估自己决策能力的认知偏差、沉溺于当下情景的认知偏差以及更喜欢简单明确选项的认知偏差。本章首先研究这三类认知偏差产生的原因，然后探讨这些认知偏差对网络借贷消费行为决策过程的影响，并寻求缓解的方法。

第一节　过度自信效应、自我中心偏见和乐观偏见使得个体高估自己的决策能力

一、本节引言

在网络借贷消费中，传统经济学的理性人观点并不完全适用。随着互联网金融的飞速发展，人们能够获得海量的金融信息，但同时也面临着越来越多未知的情况。在金融素养不足的情况下，个体更容易基于自己当时的主观意识、个人情绪、知识储备等形成不同的消费认知。因此，在网络借贷消费的行为决策过程中，消费者容易受到各种认知偏差的影响。

本节旨在研究会使得消费者高估自己决策能力的认知偏差。这种认知偏差又细分为三类：过度自信效应、自我中心偏见、乐观偏见。下面对这三类认知偏差进行细致分析，并讨论如何减轻这些认知偏差的影响，从而减少非理性的网络借

贷消费行为。

二、过度自信效应（overconfidence effect）

（一）定义

过度自信效应是指人们倾向于高估自己“所能”或“所知”的一种偏差心理现象。当接收到一个新的信息时，人们会高估自己主观判断的正确性，并且不乐意重新判断或者做出修正。从决策角度，人们通常会把自己看得比别人高。

（二）产生原因

人们对于自己的知识总是充满自信，心理学家 Raiffa 和 Alpert 采访了数百人，让他们选择自己擅长的问题范围，随后在这个范围内进行提问。有时，他们会要求受访者估算美国的卵子总产量，或进口到美国的汽车数量，甚至以百万美元计算巴拿马运河的通行费。实验前他们预估大约有 2% 的人在自己擅长的领域会回答错误，但最终实验结果表明，大约有 40% 的受访者的回答都是错误的。

过度自信效应也经常发生在工作中。Montier 对 300 名专业基金经理进行了一项调查，询问他们是否认为自己的能力高于平均水平。最终约 74% 的基金经理表示他们的投资水平高于平均水平，仅有 26% 的基金经理认为他们是普通人。然而在统计上，“74% 的人高于平均水平”显然是不可能的。同样的情况也发生在日常生活中，93% 的美国人认为自己的驾驶水平高于平均水平。

造成人们过度自信的原因是他们对自己知识的盲目信任，以及将自己看得比他人更高一筹。反映在网络信贷消费过程中，消费者往往坚定地相信自己能做出更准确的决策，在消费冲动的克制程度上也会表现得更好。

（三）案例分析：低估了网贷利息

从具体表现上来看，大多数人缺乏金融知识，自认为自己赚得比别人多，错误地估计了部分网贷平台的利息，从而增加了网络借贷消费。例如蚂蚁借呗、京东白条等工具，它们提供小额短期贷款同时提供等额本息还款，而使用它们的用户并没有注意到实际利率远比他们想得多。例如借 12000 元，月利率 1%，分 12 个月还，按等额本息计算得到每月应还利息 120 元，加上本金 1000 元。看似是按 1% 的利率还款，但实际上却多还了近一倍的利息。当消费者第一个月还给商家 1000 元本金时，只欠商家 11000 元，第二个月应以 11000 元计息，实际只有

110元的利息，这样计算的利息只有应付利息的一半。消费者往往对自己的还款能力过度自信，错估了网络信贷的利息，从而低估了网络借贷消费的威胁，最终可能导致无力偿还贷款。

这类计算利率的漏洞，还体现在滞纳金的计算上。例如某借贷平台逾期后每日算5‰的利息，换算为年化利率大约是18%，这看似还算合理。但实际逾期的利息是用复利的方式计算，简单来说就是利滚利。今天产生的50元利息，明天就会计入本金计算利息。消费者在进行网络借贷消费时，出于对自己未来还款能力的自信，认为一切都在自己的掌握中，从而错估了滞纳金，超额进行网络借贷。然而随着利息的增长，借款人可能面临更大的债务压力。

过度自信效应还会使消费者判断自己比别人强。在进行网络借贷消费时，人们会对那些深陷网贷危机的案例不以为意，会认为自己不会犯其他人犯过的错误。在进行网络借贷消费时，人们抱着这种心理，渐渐忽视了网贷的危险。

三、自我中心偏见（egocentric bias）

（一）定义

自我中心偏见是指人们在审视生活中的事件或试图从他人的角度看问题时过于依赖自己的观点。大多数人会认为自己对自己的了解，比别人对自己的了解要更多，但这往往是不正确的。在网络信贷中，人们会局限在自己的处境中，高估自己的能力，从而忽视了他人的建议及网贷对他人造成的伤害。

（二）产生原因

自我中心偏见源于人们更容易记住自己的功劳，更加肯定自己而非他人在一个团队中的地位。通常个人的付出更容易被回想起来，因此当众人共同完成一项任务时，例如销售团队致力于推销一个新产品，或者学生们合作完成一个课堂作业时，每个人都倾向于认为自己为团队贡献的工作量比其他人更多。所以，如果把每个合作者声称贡献的工作的比例加起来，通常会得到一个超过100%的总数。可见，人们往往会以自我为中心，而忽略其他人的意见或贡献。

（三）案例分析：别人都在注意我

由于集体生活的影响，学生群体在网络借贷消费中很容易受到自我中心偏见的影响。2018年左右盛行的“校园贷”就是专门针对学生群体推出的。学生之间一直存在着相互攀比的情况，以大学生宿舍为例，一间宿舍住的四个人来自不同地方，各个家庭也有不同的经济背景。当一个“土豪”室友，带着一些新手机、新电脑、高端化妆品之类的新产品在宿舍展示时，另一个家境相对普通的室友可能会因为受到自我中心偏见的影响，认为如果自己跟不上潮流，就会被嫌弃，从而高价购买这些物品。或者跟同学一起出去玩，受自我中心偏见的影响，为了合群而强迫自己高消费，甚至于请客挣面子。这些自我中心偏见效应促使了部分学生的高消费，以至于他们最后通过网贷来满足自己的消费欲望。

同样，在自我中心偏见的影响下，学生群体往往会认为家长应该在自己危难之时伸出援手，帮自己兜底。所以，在网贷消费上学生们肆无忌惮。出于同样的心理，在无力偿还贷款时，为了维护自己的形象，学生群体往往选择隐瞒，最终导致利滚利，给整个家庭造成沉重的打击。

四、乐观偏见（optimism bias）

（一）定义

乐观偏见是指人们对未来一直保持乐观态度的倾向，在谈到未来前景时，人们会一再高估事实的总体趋势，也即人们总会被潜意识里的乐观情绪所影响。

（二）产生原因

有学者进行了一项研究，要求人们猜测自己一生中会经历哪些不好的事情，例如得阿尔茨海默病的可能性有多大。然后研究人员向他们展示了实际遭受此类事件的平均概率。事后，当参与者被要求对这些不良事件发生的可能性进行第二次评估时，他们发现接受信息展示的人比他们最初想的更加积极。

研究者认为，许多人相信他们是现实主义者，甚至是悲观主义者，但是当进入实验室测试时，我们会发现他们每个人都很乐观。这可能是在漫长的进化过程中人类保留下来的一种生存态度。人类在进化早期利用自然的能力较弱，朝不保夕，因此很有可能进化出了“主动乐观”这一心态，以维持自身的生存欲望。

（三）案例分析：借贷消费带来的虚幻乐观前景

由于乐观偏见是人类的天性，人们会在潜意识中认为未来是好的、光明的。这些都会导致人们在网络借贷消费决策中产生误判。在乐观偏见的影响下，人们无法从网络借贷消费的悲剧中吸取教训，他们会乐观估计未来的网络借贷消费状况。在听取了网络借贷的好处之后，基于乐观心理，人们往往会忽略自己不太想听的信息，诸如网络借贷的危险等，从而盲目信任网络借贷平台。参与网络借贷消费的人，会花更少的时间思考悲剧，而用更多的时间思考积极的结果，并倾向于认为自己的消费前景是乐观的。

网购平台上的许多高价产品都设有分期付款，这就是网络借贷消费平台利用人们乐观心理的表现。基乐观偏见，人们觉得自己未来一定可以分期付完所有金额，忽视了分期产生的利息，以及长时间周期可能存在的风险。在如今消费主义大行其道的情况下，如果人们在乐观偏见的影响下大量使用分期付款，或是对分期付款产生依赖，可能会发生个人财务危机。

五、总结

综上所述，过度自信效应、自我中心偏见、乐观偏见三种认知偏差会使消费者在网络借贷消费行为决策过程中高估自己的决策能力，从而做出错误判断。消费者可以通过提升自己的认知能力和外部监管减轻这些认知偏差带来的影响。消费者自身需要不断地充实知识储备，丰富阅历，更加理性地看待网络借贷。同时在消费过程中，消费者应该保持一种谨慎购买的态度，不进行非必要的开销，减少较长周期的负债，不给自己的未来增添太多压力。在消费决策过程中，消费者也要未雨绸缪，保留一定数额的现金储备，以备不时之需。监管部门应当敦促各大网络借贷平台完善信息，减少认知偏差带来的错误估计，让消费者回归理性，减轻消费者的认知偏差带来的负面影响。

第二节　双曲贴现、诉诸新潮和沉没成本使得个体沉溺于当下情景

一、本节引言

随着互联网金融的飞速发展，各种网络消费金融公司开始为那些未被银行覆盖的人群提供消费信贷服务。在互联网决策环境下，人们的网络借贷消费决策出现了很多非理性行为。本节介绍导致人们在网络借贷消费行为决策过程中“沉溺

于当下情景”的一系列认知偏差因素。这些认知偏差因素可以细分为三类：双曲贴现、诉诸新潮和沉没成本。本节就这三类认知偏差进行细致分析，并讨论如何减少这些认知偏差的影响，使网络借贷消费者认识到借贷中存在的风险，从而减少非理性网络借贷消费行为。

二、双曲贴现（hyperbolic discounting）

（一）定义

双曲贴现是行为经济学中的一个重要现象，具体指人在评估未来收益的价值时，更加倾向于对较近的时期使用较低的折现率，而对较远的时期使用较高的折现率。也就是说，人们更关注眼前既得的利益，而忽视未来的利益，哪怕眼前的利益相对较少，未来的利益巨大并且值得期待。

（二）产生原因

双曲贴现的产生主要有两方面的原因：一是人类有一种及时行乐的心理，总是认为当下享受更重要，而将痛苦推迟到未来承担；二是未来的不确定性往往让人们感到恐惧，人们会担心付出的努力或等待在未来无法获得回报。

有一个关于双曲贴现常见的例子：在今天获得 60 元和 1 年后获得 100 元之中进行选择，多数人会选择在今天获得 60 元，这是因为人们更关注当前利益。反映到网络借贷消费行为中，由于个体并不是完全理性的，出于认知吝啬原则，人们很少会进行精密计算，或者说没有精力去进行精密计算，从而会做出非理性的网络借贷消费决策。同时，外界环境因素的影响进一步放大了双曲贴现效应，促使人们进行非理性的网络借贷。有很多商家利用消费者的双曲贴现认知偏见，通过各种手段使个体带着这种认知偏见进行非理性的网络借贷行为，最常见的就是分期付款。通过分期付款，消费者现在只需要支付一部分金额就可以购买、使用商品，剩余的欠款可以在未来慢慢还清。商家们会用“美丽的谎言”诱导个体，反复展示优质的产品，并强调个体现在所需付出的代价很低，这时个体很可能会受到双曲贴现效应的影响，错误地认为分期付款很划算。

（三）对非理性网络借贷消费决策过程的影响

在及时行乐和对未知的恐惧这两种心态的共同作用下，消费者很容易产生双曲贴现这类认知偏见，这很有可能导致他们在网络借贷消费中做出非理性决策。

例如刚才提到的分期付款，双曲贴现效应使人们更加关注当下可以获得的利益，即产品的原价与要支付的第一期价款的差额，而忽视了未来需要支付的价款。由此，每一期的还款金额可能看上去不多，但如果个体可以将总价款折现到当前的话，就会发现自己为这个商品支付了过多的价值。商家还会利用双曲贴现效应，通过限时出售、限量出售、降价促销等手段，让个体认为在当下只要付出很低的代价就可以满足自己的需求。

三、诉诸新潮（appeal to novelty）

（一）定义

诉诸新潮是一种情感谬误，表现为通过宣称某事物是最新的、最符合时代潮流的，来吸引他人接受。诉诸新潮偏差的逻辑通常是：① X 是新的；②因此 X 是正确的。

（二）产生原因

“进步”的概念会使消费者假设新产品是生产者努力改进的成果。因此当听说了一些“革命性”或者“前沿性”的产品时，消费者很容易认为新产品会比旧产品有更好的技术、效用、性价比等。但事实上，企业可能因为许多与产品整体质量无关的原因生产新产品，例如企业可能发现了一种更节省成本的生产方法，又或者生产的某种新设备具有更快的速度等。从理性角度来看，我们很难下定论说新产品比旧产品好。同时人们在对新产品做判断时，往往会倾向于依赖过去的经历，他们倾向于认为新事物往往比旧事物发展得好。诉诸新潮偏见常常在我们对旧事物感到失望时产生，此时我们愿意相信新产品是更好的方案。

从另一个角度看，环境因素也会极大地导致我们产生诉诸新潮的认知偏见。例如商家在进行广告宣传时，也会利用新奇感来说服人们购买产品，他们会反复强调或暗示这些产品的新颖，从而让顾客认为这比旧产品更好。此外，我们还会受到身边的亲朋好友，甚至是整个消费者群体的影响。如果身边的人都对新出的某个产品感兴趣，常常提到要购买，即使某个消费者对这件新产品一点也不了解，也可能会让他产生这件新产品应该很好的错觉。

（三）对非理性网络借贷消费决策过程的影响

在网络借贷消费过程中，诉诸新潮的认知偏见通常表现为消费者对新产品的盲目追求。例如市场上新出了一款新手机、一双新鞋子等，如果仅因为它“新”就选择购买，结果却发现它并不尽如人意，这就陷入了诉诸新潮的错误中。随着时间的推移，消费者对借贷购买的产品逐渐失去新鲜感，但是随后每一期的还款账单却会按时到来，因此出于诉诸新潮而借贷购买产品的消费者，往往在随后的还款中会出现决策后悔。

四、沉没成本（sunk cost）

（一）定义

沉没成本是指过去发生的、与当前决策无关的成本，这些成本是个体过去为了达到某个目的而投入的、但不可以收回的成本。沉没成本不会因为个体停止做这件事而产生挽回或改变。例如花钱去吃自助餐，理性的人一旦发现自己吃饱了就会停止吃饭，但是不少消费者会将支付的自助餐费用纳入“是否还要继续吃饭”的决策中，为了不浪费付出的成本，有很多人会选择继续吃到过饱的程度。“来都来了”就是一种典型的沉没成本。

（二）产生原因

从心理学的角度看，在我们对某件事情已经投入了非常多的时间、金钱、精力、情感等因素后，我们很难停止或者放弃，即使这件事再进行下去也毫无意义。我们害怕损失，会想方设法地减少损失，而结果往往却是越害怕损失的人损失得越多。因此，损失厌恶是沉没成本发生的原因之一。人类本身是厌恶损失和风险的，为了确保持续生存，会认为损失比收益更严重。研究表明，损失 5 美元给我们带来的痛苦要超过获得 5 美元带来的喜悦，也就是说，损失比收益更能影响我们的内心波动。

最后是外界环境因素的影响。商家会有意地加重消费者想要退出沉没成本时的困难。例如当消费者购买了 1 年的健身课，但用了半年想退出时，商家可能会用一系列的优惠措施来留住消费者，同时还会告诉消费者，如果此时退出不会退还剩余款项或者只会退回部分款项，从而让消费者难以下决心退出。当然不仅是商家，周围人的行为也会让个体产生沉没成本偏差，例如身边的朋友劝他不要放弃健身课。

（三）对非理性网络借贷消费决策过程的影响

在网络借贷消费中，当带着沉没成本这种认知偏差进行决策时，人们往往会高估真实或潜在的损失，并且因为舍不得付出的沉没成本而做出非理性的消费决策。例如很多会员卡积分制度，消费者每次消费都能够获得积分，使用一定数量的积分可以兑换产品或服务，也许某天消费者并不想消费，但是为了将剩余的积分花完而又进行了消费，这些积分就是一种沉没成本，这可能会促使消费者进行不必要的消费。另外一个常见的例子是升级服务，当消费者购买了某个档次的产品时，商家往往会告诉消费者只要再付一点钱，就能将产品升级到更高的档次。这时候如果消费者的想法是“既然我已经花了那么多钱了，现在的产品虽然符合预期，但显然不如我多付一点钱来获得更好的服务划算”，沉没成本便在原有基础上扩大了。消费者可能踏入了沉没成本的陷阱。

五、总结

本节阐述了双曲贴现、诉诸新潮和沉没成本这三种在网络借贷消费决策阶段可能产生的认知偏差。这三种认知偏差都是因为我们更关注当下状况，忽视长远的理性思考而产生的。人并非完全理性的，在网络借贷消费中产生一些认知偏差在所难免，我们应该认识到偏差的客观存在，理解它并避免认知偏差产生的错误引导，这将会帮助我们进行理性决策。不可否认，网络借贷消费有很多缺点，但更多的时候都是人们的非理性行为导致了不良的后果。只有在网络借贷消费中保持理性判断，才能更好地享受它给我们带来的好处。

第三节　模糊效应、信念偏见和现状偏差因素使得个体更偏好简单选项

一、本节引言

本节旨在研究导致消费者更喜欢简单明确选项的认知偏差因素。这类认知偏差可以细分为三类：模糊效应、信念偏见和现状偏差。希望本节详细的分析和研究能帮助消费者控制这类认知偏差对网络借贷消费行为的影响，从而减少这种认

知偏差引起的非理性网络借贷消费行为。

二、模糊效应（ambiguity effect）

（一）定义

模糊效应指的是当人们在一件事上面对不同选项时，概率已知的选项往往比概率未知的选项更容易被选中。即使这两个选项的期望值相同，也会存在这种趋势。

（二）产生原因

Heath 和 Tversky（1991）做过一项研究：假设一个桶里有 90 个球，其中 30 个是已知的红球，其余的是未知比例的黑球和黄球。他们让所有参与者在两个选项中选择：（A）在桶中随机抽取，如果抽到的是红球，则赢得 100 元，但如果是黑球或黄球，则没有奖励；（B）在桶中随机抽取，如果抽到的是黄球，则赢得 100 元，如果是红色球或黑色球，则没有奖励。结果表明，大多数人更倾向于选项 A，而不是选项 B。如果选择 A 选项，抽到一个红球的概率是 1/3。如果选择 B 选项，因为黄球的数量在 0~60 之间的所有可能性里均匀分布，所以抽到一个黄球的概率也是 1/3。两者的唯一区别是选择 A 具有已知的有利结果，而选择 B 具有模糊的、未知的有利结果。人们更喜欢选择 A 选项，因为抽得红球的可能性被认为是更加确定的，即使 A 和 B 的概率相等。所以我们看出产生模糊效应的一个原因是当选项的描述忽略一些选择者所需的关键信息时，会导致这样的选项与选择者心中的理想选项相悖，从而降低了该选项被选择的概率。

还是同样的实验，将 B 选项稍加改动：在桶中随机抽取，如果抽到的是黄球，则赢得 200 元；如果抽到的是红球，则赢得 100 元。如果抽到的是黑球，则需要交 50 元的“罚金”。即使选项 B 比选项 A 有更大的中奖概率，但是黑球的存在会导致大部分参与者不愿意承担“罚金”的风险。所以当面临选择时，提供信息不完整的选项很容易被当作一个带有“负面”效果的风险选项，而那些尽可能显示得更加清晰的选项就更受选择者的青睐。这就是模糊效应产生的第二个原因，也是在第一个原因上稍加引申所得出的，即选择者想要规避风险的心理最后导致了模糊效应的产生。

（三）对非理性网络借贷消费决策过程的影响

模糊效应产生的两个原因分别是契合消费者期望和风险厌恶。从这两个角度可以得知模糊效应影响非理性网络借贷消费决策过程的原因：①网络借贷消费的便捷契合了消费者的期望。消费者进行网络借贷消费的途径通常是使用一些 App，这些 App 为借贷消费开辟了一条绿色通道，只要绑定银行卡及借贷者的实名信息，不需要任何其他复杂的手续，便可以轻松借贷。这一点与向其他渠道进行借贷消费不同，这使得网络借贷消费比传统消费更加快捷，选项更加简单。②从风险规避角度来看，网络借贷消费的每月还款更加简单明确，而且便于操作，使用 App 就可以完成所有流程。即使有消费者有迟还、漏还的情况，系统也会自动计算利息并在还款界面上呈现，这为消费者提供了相当简单的决策选项。

三、信念偏见（belief bias）

（一）定义

宋佳益（2010）提出信念偏见指的是人们倾向于把他们能为之构建的、符合自身合理化标准的结论判断为正确的，而把那些他们不能为之构建合理信念的结论判断为错误的。简单来说，就是人们很容易拒绝与自己原先的认识相悖的事物，即使在有数据和事实支撑的情况下，人们也会对自己的认识保持坚持的态度，不会轻易动摇。在网络借贷消费的背景下，信念偏见表现为，如果一个人觉得借贷消费是好的，他身边的人也都在用，那关于网络借贷消费的不良信息就很难会影响此人进行网络借贷消费的决定。

（二）产生原因及其对非理性网络借贷消费决策过程的影响

信念偏见主要是由消费者的认知吝啬因素所导致的，本节大致将这种认知吝啬分成三类。

第一类是可利用性启发式偏见。这指的是人们习惯于利用自己过去的经历和记忆来确定现在某些类似事情的发生概率。例如有人认为自己下一次的工作报告肯定不会顺利，那很可能是因为他们在过去有过很多次不成功的报告经历。因此，如果一个消费者过去所有网络借贷消费经历的体验都非常良好，他就会产生潜意识，即网络借贷消费是好的，那么他在之后每一次进行网络借贷消费时都会默认这是一次好的体验，而与这次消费所购买的商品是否超出自己承受能力及是否会因为还款导致自己生活质量变差等因素无关。

第二类是错觉相关的影响。当人们主观上认为两个事物之间存在一定联系时，即使事实层面上两者之间并没有这种关联，人们也会坚持自己原来的认知。例如一位客人在餐厅里遇到了一个懒惰粗鲁的20岁左右的青年服务生，那么这次经历会导致他认定所有年龄相近的青年都是懒惰和粗鲁的。虽然在事实层面上，这种关系并不存在，但由于他记忆中的这个特例过于突出，所以他会一直保持这种信念。因此，当消费者在几次成功的网络借贷消费经历中获取快乐之后，他可能会一直保持网络借贷消费等于快乐的这种“信念”，这样就产生了信念偏见。

第三类是认知惰性。一个人在无意中会忽视自己的信念被推翻的情况。延续上一个例子，如果这位客人再次遇到了年龄相近的青年收银员，即使这名收银员精力充沛且友好，客人也很难改变对青年收银员懒惰和粗鲁的认知。因此，即使在进行网络借贷消费时有过不愉快的经历，消费者也会在之前多次良好经历的作用下，将这次不愉快的经历忽视，导致以后可能还会发生类似的不愉快。

综上所述，在信念偏见的影响下，消费者有着将网络消费信贷决策简单化的倾向。一旦对网络借贷消费构建起合理化信念，那外界的信息就很难改变消费者的这种决策简单化倾向，从而使得消费者做出偏差判断。

四、现状偏差（status quo bias）

（一）定义

现状偏差是指人们在做决策时更加倾向于自己在此时此刻所做出的决定，而不考虑做出其他决策时的变化。现状偏差属于加强版的锚定效应，存在现状偏差的人害怕未知的未来，他们不愿意改变环境，所以他们选择不面对未知。已知的现状给他们一种舒适感、安全感和安慰感，他们喜欢事物保持原样，所以当这些事物产生变化时，带给这些人的负面情绪是加倍的。反映在网络借贷消费中，人们当前喜欢一个东西，决定进行网络借贷消费，但很有可能在后期的还款中出现后悔的心理。

（二）产生原因及对非理性网络借贷消费决策过程的影响

本节将现状偏差产生的原因归结于四点。

第一，偏好稳定性。当人们对某一情况形成一种看法或偏好时，他们不喜欢改变主意。当消费者对某件特定商品产生兴趣并决定进行网络借贷消费时，他们可能会对其产生执念，此时由于被购买欲支配，他们很少会思考购买之后可能发生后续无法还款的结果。因此对这件商品的过度偏爱会使他们产生现状偏差，从而做出简单的购买决策。

第二，预期的遗憾。由于购买欲作祟，消费者仅考虑没有买这件商品会让自己产生的后悔情绪。当实际后悔的后果将在未来上演时，后悔的情感体验却发生在当下。选择现状会减少预期后悔的感觉，也容易使消费者产生现状偏差。

第三，变更成本。改变现状往往要付出一些代价，这里的变更成本有两种含义：其一，寻找其他可能更加合适的商品所花费的时间与精力；其二，放弃购买当前商品会产生的后悔情绪。两者都是心理上的代价。对消费者而言，改变是危险的或代价高昂的，而坚持现状则是中立的，甚至是有益的。因此，即使没有与改变相关的明确成本，不确定性也会阻碍消费者做决策，从而产生现状偏差。

第四，选择困难。当消费者被太多的选择所压倒时，他们会遭受选择过载的困扰，这会放大他们心中的变化成本。如果相比现在的可供选择商品来说，其他不可供选择的商品显得更有价值，那么这种选择困难也会给消费者造成现状偏差。

综合来看，现状偏差会使消费者倾向于将决策简单化，即只考虑当下，而放弃思考网络借贷消费决策在未来可能产生的不良影响。

五、总结

本节分析了三类可能会使得消费者将网络借贷决策简单化的认知偏差。无论是模糊效应、信念偏见，还是现状偏差，其产生原因都是基于消费者自身的心理因素。即消费者被自己的购物欲所支配，在进行网络借贷消费时对自己的经济能力、购物需求、后悔概率没有准确的预估，导致消费者被认知偏差所影响，做出非理性的网络借贷消费行为。消费者首先应从自身出发，在进行网络借贷消费之前，对自己的购物需求、还款能力及后续是否可能后悔做出充分的评估，理性地进行网络借贷消费，才能最大限度地规避这种认知偏差带来的负面影响。

第四节 案例分析：认知偏差使得消费者容易做出非理性网络借贷决策

一、本节引言

在网络借贷消费行为决策阶段，潜在消费者准备评估特定的解决方案（如商家提供的产品或服务），并将它们与其他解决方案进行比较，综合各种信息并做出最后的决策。然而，人们常常根据不充足的信息进行判断和决策，从而造成很多认知偏差。上面分析了各种认知偏差使得人们做出非理性判断，下面用案例分析这些认知偏差的具体影响。

二、大学生使用网络借贷消费的案例

有一位知乎用户阐述了这样一个案例：家里勉强供他读了私立二本院校，众所周知，私立二本院校学费比普通院校要高很多。他周边的朋友跟同学，生活质量都比他好太多了，有用苹果手机的，有穿高档名牌的，朋友圈都是晒各种高消费品，就连有的同学半个月就去一次高端造型店也被他观察到了。羡慕之余，他又有点埋怨自己的原生家庭，然后就想到了超前消费，盯上了“花呗”“借呗”“白条”这些平台。他认为早点买早点用，可以激发自己努力的斗志，也会让自己更自信，会花钱才会赚钱。

在这个案例中，主人公由于追求高于自己目前消费能力的商品而选择使用网络借贷消费。在网络借贷决策阶段，主人公很有可能受到了认知偏差的影响。

（一）认知偏差往往使大学生高估自己的决策能力

人们往往会过于依赖自己的观点，以自我为中心的偏见导致人们低估和忽略了别人的观点，这使得人们很难从不同的角度看待事物。在上面的案例中，以自我为中心的偏见导致主人公在做出判断时过于依赖“感觉”而不是现实。

该案例中的学生基于自己对高消费产品的追求，冲动之下做出了借贷消费的决定，而没有深度思考网络借贷消费可能会给他带来的风险，以及还款过程会对他本人生活造成的影响。首先，该学生的消费水平显然高于他的消费能力，同时作为一个学生，他并没有收入来源。这两点说明他的消费能力在短时间内并不会提升，也就是说，在短时间内他并没有清偿这笔负债的能力。这就会给他带来违约的风险，他很有可能会因为无法按时偿债而导致信用评级受损。另外，如果该学生选择按期还款，那么在没有额外收入且不借助家人帮助的情况下，这一笔额外支出必定要动用到他原本用于日常生活的开销。在这种情况下，他的正常生活质量会有所下降，在原本家庭不算富裕、每个月生活费不算宽裕的情况下，这一笔借贷消费对他生活的影响程度可能会超出他的想象。

同时，人们通常对自己有一种乐观偏见，认为自己身上不会发生什么不好的事情。例如人人都知道吸烟会增加患肺癌的风险，但是吸烟者往往认为自己足够幸运，肺癌不会发生在自己身上。这一认知偏差反映在网络借贷消费中就是，人人都知道无论是什么平台，网络借贷消费都存在一定风险，但是选择使用借贷消费的人通常都认为自己不会遭遇这些风险。在上述案例中，这名学生显然知道网络借贷消费有风险，但是由于认知偏差，他在做出网络借贷消费决策时并不认为自己会遭遇坏事。或者可以理解为，该学生对于高消费产品的追求已经高于对借贷消费风险的恐惧。

（二）认知偏差使得大学生更关心当下而非遥远的信息

行为经济学中的双曲贴现理论认为，在给定两个相似奖励的情况下，人们会更偏向早日到达的奖励。在网络借贷消费中，人们通常更希望通过提前消费来提前得到满足，而不是等储蓄一段时间之后再满足自己的需求。在上述案例中，该学生认为自己早晚会买苹果手机等高消费品，不如早买早用，于是选择了网络借贷消费，这就是典型的双曲贴现现象。既然他认为自己早晚有能力能购买这些高消费产品，对于他来说就有两种方法可以满足自己的需求，一种是通过“花呗”“白条”等网络借贷消费的方式立刻得到这些产品；另一种是通过努力工作增加自己的收入，同时节约自己的开支来为目标产品进行储蓄，等自己拥有了一定的消费能力或者储蓄了足够的资金之后再进行消费。在两种方法中，该学生选择了立刻满足自己的消费需求，这说明在两个相似的受益结果中他更加偏向早日到来那一个。也正是因为多数人都有这种认知偏差，而且这一偏差很难通过人的意志来主观改变，借贷消费才得以快速发展。

人们普遍喜欢追逐潮流，认为新出现的事物是更好的，至少是值得尝试的。例如在信息传播媒介方面，多数人认为互联网优于传统的纸质媒体和广播，并且可以取代后者。这一偏差在年轻人群体中尤为显著，年纪大一些的消费者或许会因为在接受新事物时的观念障碍和学习操作时的困难而拒绝尝试网络借贷消费，但年轻人由于成长在一个飞速发展的时代，几乎从能记事起就不断地在接受新的事物，因此本身对新事物不会有抵触心理，而且生长在互联网时代的这一代人对于网络借贷消费的模式和操作不存在理解和使用上的困难。因此，以上述案例中的大学生为代表的年轻消费者群体愿意尝试且乐于使用网络借贷消费。

（三）认知偏差使得大学生更喜欢简单明确而非复杂的选项

人们往往有信念偏见，一个人更有可能接受一个与他的价值观、信念和先验知识相一致的结论，而拒绝对该结论的反驳。这一偏见导致我们很容易被信念蒙蔽而做出错误决定。这一偏见在网络借贷消费中反映为：如果一个人觉得借贷消费是好的，他身边的人都在用，那么借贷消费不好的信息就很难入他的法眼。

在上述案例中，该学生发现很多人都是贷款上学的，因此在他的认知里，无论是为了学费而进行较为大额的贷款还是为了一款手机而使用“花呗”，这些借贷行为是很正常的事情。受周围人的影响，加上他本身的生活环境，让他对互联网有较高的信赖度，同时对借贷消费行为本身并不排斥，他自然而然地会认为网络借贷消费是好的，哪怕在网上看到或者听别人说了网络借贷消费有这样那样的风险和缺点也不会消除他对网络借贷消费本身的好感，不会影响他决定使用网络借贷消费。

另外，人们往往以现在的情况为参照点估计未来的事情。这一偏差在借贷消费中反映为，人们当前喜欢一个东西，决定借贷消费，但很有可能在后期的还款中出现后悔。在该案例中，这位学生基于自己目前对高消费产品的憧憬决定使用网络借贷消费。在他的观念里，他只是借了一部手机或者一双新款运动鞋，这个数额虽然超出他目前的消费能力，但是后续几个月分期还款的话每个月的还款额是他可以承受的。然而俗话说“由俭入奢易，由奢入俭难”，当一个人已经体验过高端产品之后，他很难再回到以前的消费层次。苹果手机和运动鞋没有永远的最新款，当一个人习惯了“最新”之后就很难停止对“更新”的追逐。这样一来，在他的消费能力真正达到这个水平之前，他的借贷消费不会停止，他可能会一直在还款的路上，也很有可能旧债未还又添新债。同时由于目前他的日常生活情况还是正常的，通过借贷消费买到了自己想买的产品后也不会立刻导致生活质量的明显下降，因此他对于自己开始还款后的生活质量并没有办法合理估计，只是基于目前的情况来判断自己未来可能不会受到太大影响，哪怕受到了影响应该也在自己的承受范围之内。但其实他的储蓄能力较低，就可以说明他现有的生活费并不宽裕，很有可能只是恰好能维持他的日常消费，当他要在日常消费中增加一项还款时，原本就不宽裕的生活费就会显得紧张甚至出现明显的不足，会在一定程度上影响到他的正常生活。

三、职场人士使用网络借贷消费的案例

知乎上还有另一个案例：某职员月收入大概一万五左右，其中一万他会用来买理财基金，一个月的收益大概是几百块，好的时候上千。那这时候，在不用利息的范围内，主人公会用一些网络借贷平台，这样他可以延长一个月支付，等到下个月付款的时候，他的理财收益正好可以抵掉部分支出，增加的信用额度，还可以用来临救急。

上述案例中的职员，为了将自己手头的现金用于投资以获得更多的收益而选择了网络借贷消费。尽管使用网络借贷消费的原因和背景都与上一个案例中的学生有所不同，但是在这位职员做出使用网络借贷消费的决策时依旧受到了一些认知偏差的影响，主要从以下三个方面来分析。

（一）认知偏差使职员高估自己的决策能力

人们经常高估自己对于某项知识的信心，以为自己很懂某项知识。这一偏差反映在网络借贷消费中就是，人们往往会高估自己对借贷产品的了解，在过度自信效应的驱使下做出错误决策。上述案例中的职员在选择网络借贷消费时一定认为自己对于这种消费模式很熟悉，在选择借贷平台时，一定是经过比较之后选择了一个自认为最了解、最靠谱的平台。然而实际上，网络借贷消费与传统的信用卡消费并不完全等同，其中有一些细节上的差异，而要想完全掌握这种消费模式中的门道，须要一定的专业知识和深入的研究。并不是任何会使用信用卡的人都能完全明白网络借贷消费是怎么回事。而现实是，包括该职员在内的大多数使用网络借贷消费的人虽然并没有对这种消费模式有完全的了解，却自认为自己非常懂行，并且在这种认知偏差的驱使下做出了决策，其中也许有一部分人到后来会发现自己选择使用网络借贷消费是错误的。

此外，这位职员选择把到手的工资先拿去投资，在消费时先使用借贷消费的

模式，这反映出他基于自己的生活现状对自己未来的财务状况进行判断。首先，这位职员认为自己的收入具有稳定性，人们通常会乐观地估计自己的未来，这位职员也不例外。因为他不认为自己有一天会突然没了收入，所以他才能大胆地将自己收入的 2/3 都用于投资。如果是收入相对不稳定的人群，比起投资应该会更加倾向于把自己的收入分配于储蓄，以应对未来的突发风险。其次，该职员认为自己的投资收益是有保障的。这和他选择风险相对较低的基金理财产品进行投资有关，由于这种理财产品相比股票、期货等衍生品本身风险较低，加上人对自己的未来总是充满希望，虽然清楚地知道投资是有风险的，但人们总是相信自己不会遇上坏事，所以这位职员认为自己每个月的投资或多或少都能给他带来一些额外的收益，这种认知偏差促使他选择了网络借贷消费模式。

（二）认知偏差使职员更关心当下而非遥远的信息

在上述案例中，这位职员身上同样也存在双曲贴现效应。在自己的投资还算比较成功，并且投资仓位分配合理，每个月还有一定的可使用资金的情况下，这位职员有两种消费方式：一种是使用网络借贷消费平台提前消费，将每个月的收益都先用于还款，不足的部分再使用原本闲置的资金。另一种是不使用网络借贷消费平台提前消费，每个月支出时优先使用未被用于投资的闲置资金，一段时间后投资收益会累积到一定数额，之后再对这部分收益进行分配，用于消费、储蓄或者再次投资。这位职员选择了第一种消费方式，这两种消费方式的差别在于消费者是更倾向于把当下产生的收益立刻取现分配，还是更倾向于将每个月的收益积累一段时间来获得一笔更大的资金，届时再进行分配。双曲贴现理论告诉我们，比起延迟满足感，人们更享受早日到来的满足感，案例中的职员也是如此。其实将资金用于长期投资获得的收益往往比短期投资获得的收益要多，但人们还是选择每个月只获得很少一笔收益并且立刻将其用于抵消自己当月的支出。这种消费倾向支持他在做出消费决策时更加倾向使用网络借贷消费。

（三）认知偏差使职员更喜欢简单明确而非复杂的选项

作为一个职场人士，虽然不像大学生那样从小生活在互联网环境里不断接受新事物，但是他对于新生事物还是有一定的接受度，对于互联网的信赖度在职场的锻炼中也会渐渐上升。因此对于这位职员来说，网络借贷消费并不是很难接受。同时，既然能够独自进行投资操作，说明这位职员对于基本的金融知识和相关平台的操作方法有一定的了解，网络借贷平台本身设计得也比较便捷，因此对于这位职员来说网络借贷消费是一个简单明了的选项，他不会因为复杂而拒绝使用借贷消费。另外，在现阶段，网络借贷平台已经比较普及，使用者也比较多，因此在周围人的影响下，这位职员不会认为这些平台是不好的，加上自己在操作上也没有遇到困难，做出这样的消费决策也在情理之中。

四、总结

认知偏差会在潜移默化中对人们的消费行为产生或多或少的影响，是否选择使用网络借贷消费因人而异。通过以上两个案例我们发现，在网络借贷消费的行为决策阶段，认知偏差主要从三个方面对人们产生影响：①人们往往高估自己的决策能力；②人们更关心当下的信息；③人们更喜欢简单明了的选择。虽然无法通过人的主观意识来彻底克服认知偏差，但还是希望人们在决策的时候能够深思熟虑，做出自己不后悔的决定。

参考文献

[1] Aguirre-Rodriguez A，Bosnjak M，Sirgy M J. Moderators of the Self-congruity Effect on Consumer Decision-making：A Meta-analysis [J]. Journal of Business Research，2012（8）：1179-1188.

[2] Alary D，Gollier C，Treich N. The Effect of Ambiguity Aversion on Insurance and Self-protection [J]. The Economic Journal，2013（573）：1188-1202.

[3] Benhabib J，Bisin A，Schotter A. Present-bias，Quasi-hyperbolic Discounting，and Fixed Costs [J]. Games & Economic Behavior，2010（2）：205-223.

[4] Boonen L H H M，Donkers B，Schut F. Channeling Consumers to Preferred Providers and the Impact of Status Quo Bias：Does Type of Provider Matter? [J]. Health Services Research，2011（2）：510-530.

[5] Chen L D，Gillenson M L，Sherrell D L. Enticing Online Consumers：An Extended Technology Acceptance Perspective [J]. Information & Management，2002（8）：705-719.

[6] Cowart K O，Goldsmith R E. The Influence of Consumer Decision-making

Styles on Online Apparel Consumption by College Students [J] . International Journal of Consumer Studies，2010（6）：639–647.

[7] Cunha M，Caldieraro F. On the Observability of Purely Behavioral Sunk-cost Effects：Theoretical and Empirical Support for the BISC Model [J] . Cognitive Science，2010（8）：1384–1387.

[8] Cunha M，Caldieraro F. Sunk-cost Effects on Purely Behavioral Investments [J] . Cognitive Science，2010（1）：105–113.

[9] Heath C，Tversky A. Preference and Belief：Ambiguity and Competence in Choice under Uncertainty [J]. Journal of Risk & Uncertainty，1991（1）：5–28.

[10] Hoffmann A O I，Broekhuizen T L J. Understanding Investors' Decisions to Purchase Innovative Products：Drivers of Adoption Timing and Range [J] . International Journal of Research in Marketing，2010（4）：342–355.

[11] Hudson S，Thal K. The Impact of Social Media on the Consumer Decision Process：Implications for Tourism Marketing [J] . Journal of Travel & Tourism Marketing，2013（1–2）：156–160.

[12] Masatlioglu Y，Ok E A . Rational Choice with Status Quo Bias [J] . Journal of Economic Theory，2005（1）：1–29.

[13] Pousttchi K，Dehnert M. Exploring the Digitalization Impact on Consumer Decision-making in Retail Banking [J] . Electronic Markets，2018（3）：265–286.

[14] Vázquez-Rowe I，Villanueva-Rey P，Moreira M T，et al. The Role of Consumer Purchase and Post-purchase Decision-making in Sustainable Seafood Consumption. A Spanish Case Study Using Carbon Footprinting [J] . Food Policy，2013（C）：94–102.

[15] Zuckerman M，Kernis M H，Guarnera S M，et al. The Egocentric Bias：Seeing Oneself as Cause and Target of Others' Behavior [J] . Journal of Personality，2006（4）：621–630.

[16] 李爱梅，郝玫，李理，等 . 消费者决策分析的新视角：双通道心理账户理论 [J] . 心理科学进展，2012（11）：1709–1717.

[17] 李爱梅，李斌，许华，等．心理账户的认知标签与情绪标签对消费决策行为的影响［J］．心理学报，2014（7）：976–986.
[18] 李爱梅，罗莹，李斌．“金钱启动”让人理性还是非理性？——金钱启动与消费者行为决策［J］．外国经济与管理，2016（6）：100–112.
[19] 李晓周，丁志国．基于认知偏差的非理性决策行为解析［J］．当代经济研究，2010（6）：59–62.
[20] 石华瑀，景奉杰，杨艳，等．基于非理性购买行为的消费者脆弱性量表开发及实证检验［J］．管理学报，2018（7）：1033–1039.
[21] 宋佳益．“自动化＋批判性”思维在边防情报过程中的应用研究［J］. 硅谷，2010（2）：191–194.
[22] 孙瑾，张红霞．品牌名称暗示性对消费者决策选择的影响：认知需要和专业化水平的调节作用［J］．心理学报，2012（5）：698–710.
[23] 孙瑾．消费者对比决策过程研究：专业化水平和购买情境的调节作用［J］．管理评论，2014（9）：191–198.
[24] 田秀娟，张智颖．P2P 网络借贷职业身份的信贷歧视：基于投资者认知偏差视角［J］．改革，2018（5）：139–150.
[25] 王细芳．基于心理账户的旅游消费决策机理——以超大城市旅游观演群体为例的研究［J］．经济管理，2019（3）：141–155.
[26] 王洲兰，管益杰，于金红，等．时间相关决策中的非理性现象［J］．心理科学进展，2012（6）：883–893.
[27] 杨蓬勃．基于结构方程的信用卡非理性消费行为的作用机理分析［J］．统计与决策，2012（22）：66–69.
[28] 杨宇科，张全成，赖天豪．消费者决策的折中效应与偏好逆转——基于心理距离视角［J］．财经科学，2018（7）：109–120.
[29] 张敏．国外无意识消费行为研究述评［J］．外国经济与管理，2011（9）：51–57.
[30] 戴君佳．花呗是否正在毁掉年轻人？［EB/OL］．知乎，2020–07–06.
[31] 左文明，陈少杰，王旭，陈华琼．基于前景理论的网络消费者多属性行为决策模型［J］．管理工程学报，2019（3）：125–135.

第四篇

提升网络消费信贷决策质量的途径

在非理性网络借贷消费的需求确认阶段、认识阶段和决策阶段，认知偏差因素均产生了重要影响，导致消费者出现偏差决策结果。大量研究证明，有效的外部干预可以显著降低认知偏差对非理性网络借贷消费行为的影响。本篇具体研究如何对认知主体（非理性网络借贷消费的行为人）、认知客体（非理性网络消费信贷的提供方）和认知环境（非理性网络借贷消费的大环境）进行干预。

▶ 第十章　对认知主体的干预：针对非理性网络借贷消费的行为人

消费行为容易受到消费者认知偏差的影响，而有效的外部干预可以显著降低认知偏差对非理性网络借贷消费行为的影响。由于行为人的认知动机常常会产生偏差，因此需要对非理性消费行为者的偏差动机进行有效的干预和纠正，帮助其做出理性、科学、正确的消费决策。与此同时，不同消费者的金融素养有差异，这会导致他们的消费认知和金融行为存在很大的差别，因此本章也研究了影响消费者金融素养的因素，并为提高消费者的金融素养提出了建议。

第一节　干预非理性网络借贷消费者的偏差动机

一、本节引言

由于行为主体的认知动机常常会产生偏差，因此需要对青年消费行为的偏差动机进行有效的干预和纠正，帮助其做出理性、科学、正确的消费决策。非理性网络借贷消费的主体大多数是青年，他们常常受自身有限的决策能力、较低的消费金融素养等诸多因素的影响做出非理性的消费决策。因此，对青年的偏差动机进行干预主要可从两个方面入手：引导青年建立合理的自我评价机制和引导青年建立合理的消费观。

二、引导青年建立合理的自我评价机制

青年在消费过程中产生的有偏差的认知动机会使青年做出非理性的决策，而偏差动机的产生在很大程度上源于青年不正确的自我评价，因此需要引导青年建立合理的自我评价机制。

（一）自我评价概述

1. 青年自我评价的内涵

自我评价是从主体自身需要出发，有意识或无意识地以自己的标准对自我进行评价，以达到自我认识与自我态度的统一、自我与社会的统一。自我认识和自我态度的统一主要表现在评价主体按照一定的标准对自己的行为表现和内心活动进行考量和评价，包括对自我品质和特性的反思，对人生价值和社会价值的判断以及对自我与社会的关系的分析等。青年阶段的自我评价相对特殊，它的形成主要受以下因素的影响：他人对自己的态度、过去自己不断吸收和内化的社会准则和规范、自身社会状况与他人状况的比较、过去所积攒的自我社会经验等。由此可见，比起成熟的认知主体，青年在进行自我评价时更容易受到社会评价的影响，他们将自我价值的实现更多地建立在社会和他人的肯定之上，而非建立在对自身价值的认可上。

2. 青年的不合理自我评价对消费行为带来的影响

青年更多地在自身所处的社会关系中评价自我，更容易受到社会和他人等外界因素的影响。部分青年常常会因为期望得到的评价与社会评价不一致而产生内心失衡，进一步导致自我认知障碍，从而对自身的消费决策和行为产生负面的影响。例如部分青年对人生价值的实现缺乏清醒的认识，将自我评价建立在物质基础之上，更易产生超出自身消费能力和支付能力的消费行为，或产生不同类型的非理性消费行为。

首先是攀比型消费。当青年受到物质主义和攀比风气的过多影响而建立了错误的自我评价时，他们会出于维护自尊和争强好胜的心理，选择超出自己实际承受能力的消费品来维护内心的尊严和体面。因此，受身边群体消费水平的影响，青年容易产生“人无我有，人有我优”的消费观念。又因为各阶层之间的消费能力存在差异，青年更容易在消费能力不足时选择网络借贷消费。其次是从众型消费。当代青年的竞争意识和平等观念深入影响了他们的消费行为，部分青年为了寻求群体归属感，在消费行为上表现出盲目从众、模仿等心态，这种心态导致其在进行消费选择时并不一定从自身以往的消费习惯和商品实用性等角度进行考量，而更关注是否与身边社会群体的消费行为保持一致。最后是个性化消费。青年注重对自身个性的彰显，更倾向于突出自己的价值，因此容易选择标新立异、与众不同的商品进行消费。

此外，还有多种非理性消费行为也是由于青年阶段不合理的自我评价机制而产生的，青年的自我评价往往依赖于他人对自己的态度和评价，与自己条件相似的人进行比较等因素。如果青年坚持对自我评价过高，就容易对自己的实际消费能力产生不正确的判断，从而产生过度消费、超额消费的情况。

3. 青年的合理自我评价对消费行为的意义

建立合理的自我评价对推动青年理性消费有重要作用。首先，青年正确建立自我评价与其自信心的树立是密不可分的。积极正确的自我评价可以使青年了解自身的优缺点，对自己的各个方面有较为清醒的认识，从而将自信心建立在对自己的客观认识和评价之上。当青年真正树立了自信时，其对于自身价值的实现就有了更加正确的理解，他们不会再局限于追求外部物质条件所附加的意义，而是追求内心真正的满足和肯定。正确的自我评价可以让青年更好地接纳自己、欣赏自己，从而使消费行为归于理性。

其次，建立合理的自我评价有利于帮助青年进行自我教育。在客观评价自我的基础上，青年更容易正确衡量自身的优势、不足、价值，正视理想与现实的差距，从而根据现实情况和自身能力设定合理的目标。对自我的客观评价也有助于增强青年对自身行为的控制能力，减少他们的非理性网络借贷行为。

（二）引导青年建立合理自我评价机制的策略

1. 青年正确进行自我评价的原则

为了帮助青年克服认知偏差的影响，必须引导他们依据正确的原则建立自我评价。青年自我评价的建立需依据以下原则：客观地审视自己，以事实为基础，防范自我排斥心理，尽力避免认知偏差。此外，青年应遵循自我评价与社会评价相统一的原则，以社会需要的标准来衡量自身发展，弥补不足。

2. 建立合理的学校、家庭、社会一体化的支持网络

引导青年建立正确的自我评价机制，需要学校、家庭、社会三大主体相互配合，共同作用。学校是青年汲取知识和形成价值观念的重要场所，学校要重视对青年建立合理自我评价方面的心理教育，在日常教学中积极引导广大青年全面发展，增强自信，同时引导青年追寻有意义的人生，逐渐完善自我评价的机制，增强自我评价的动力。家庭应当承担起教育子女的重任，家长应当形成科学的教育

理念，注重对子女自信心及客观评价自我的能力的培养，使子女注重对自我的肯定，而非外界的评价。政府应当宣扬正确的、主流的、积极向上的价值观念，引导青年真正理解和接纳正确的思想；同时利用好大众传媒的宣传力量，营造健康和谐的文化氛围，为青年进行正确的自我评价提供良好的环境。学校、家庭、社会三大主体互相配合，相辅相成，可有力引导青年建立正确的自我评价机制。

三、引导青年建立合理的消费观

消费行为受到消费心理、消费观念、消费能力等诸多因素的影响，消费主体的消费观念不仅反映了其人生态度，也折射出其价值取向，消费观念甚至决定着消费者最终的消费决策。现如今，在消费主义的诱导和影响下，部分青年把物质当作评判自身价值、衡量地位高低的唯一标准，由此产生了享乐攀比、追求奢靡等不良消费观念，进一步影响着青年的消费动机，增加了非理性网络借贷消费行为。因此，树立正确的消费观念有助于青年形成合理、正确、理性的消费决策，减少非理性网络借贷消费行为。

（一）消费主义的概念

罗丽榕（2012）提出推崇享乐的消费主义诞生于20世纪初的美国。随着改革开放的不断推进、全球化浪潮的不断冲击，西方消费主义在我国生根发芽。西方消费主义有以下几种代表性特征：①消费的符号化。在消费主义的影响下，消费者的选择在很大程度上不再基于自身原有的消费习惯或对物品实用性的考察，他们更加看重商品背后的符号化意义。商品被赋予社会地位、名利、权势等身份价值，人们期望通过购买商品获得社会的认可。②消费背离实际需要。消费主义认为物质是享乐需要，而非单纯满足生存的需要。③消费主义把对高档物质产品的追求作为人生的目标和身份地位的象征。消费主义的这些特征反映出过度追求享乐对青年群体的消费观念、消费行为及消费决策造成的不良影响。

（二）消费主义对青年及其消费观的消极影响

1. 精神层面

消费主义将物质与享乐导向注入青年人的精神中，表现在消费行为上即是消费者只追求眼前的快乐和享受，在冲动消费之后容易感到空虚和精神缺失，信仰和追求日益荒芜。同时，消费主义所倡导的符号化容易使青年人将自身的消费水平与自我价值实现挂钩，追求奢侈品和高端消费品，由此产生过度消费。

2. 自我认知层面

消费主义在一定程度上影响了部分青年建立正确自我认知的过程，造成了青年自我价值的迷失。受消费主义的影响，青年往往难以发现自己真正的需要和追求的人生价值，他们渐渐模糊了“物”与“我”的关系，从而沦为物质的奴隶。这种自我认知的缺失容易使青年陷入冲动消费和盲目消费的状态之中，影响他们的全面发展。

3. 文化层面

消费主义冲击了艺术和文化，也使得青年群体的审美追求变得单调和异化。受消费主义鼓吹的商品符号价值的影响，青年对于奢侈品的追求和欣赏更多出于对其附加价值的追逐，而不是对奢侈品的设计、美感、底蕴等方面的认可。在想要购买的物品超出实际消费能力时，为了满足自己日渐膨胀的虚荣心理，部分青年不惜选择粗劣的仿制品来加以模仿，这也是青年审美追求变得狭隘和单调的表现。在进行消费选择时过多关注商品的符号价值，忽视了对艺术和文化层面的关注，不利于青年树立多元化的审美观及正确的消费观念。

（三）引导青年建立合理消费观的途径和措施

1. 国家层面

要引导青年克服消费主义的不良影响，树立起健康的消费观念，国家的号召及行动必不可少。国家应注重对青年消费观念的政策性引导，加强对马克思主义意识形态的宣传，引导青年树立科学消费观，正视消费主义所宣扬的享乐和物质的消费观念。还可以进一步采取行动，出台一系列政策来引导民众，特别是青年人群，弘扬勤俭节约，艰苦奋斗的优良传统美德。国家应重视提升高校教师的思想道德素养，以使他们指导和培育青年树立正确合理的消费观念。

2. 社会层面

加强我国主流思想意识的传播，引导青年坚持将中国特色社会主义核心价值观内化于心，外化于行，积极践行社会主义核心价值观，树立科学的消费观念。发挥当代互联网及主流媒体的作用，对不符合核心价值观标准的思想进行适度的批判和提醒。李志鹏等（2019）提出要批判拜金主义、个人主义、享乐主义等思潮，让青年消费回归理性本质。

3. 家庭层面

父母应以身作则，重视自身消费习惯的示范作用。同时注重对子女消费观念的培养和引导，采取适时的监督，谨防青年过度追求物质享乐而产生不良的消费信贷问题。

四、总结

综上所述，为降低认知偏差对非理性网络借贷消费行为的影响，要对青年主体的偏差动机进行有效干预，引导青年建立合理的自我评价机制，形成正确的消费观。关于自我评价机制的建立，本节在研究青年自我评价内涵的基础上，进一步分析了青年不合理的自我评价对消费的消极影响，以及建立合理自我评价机制对消费的积极意义，进而论述了引导青年进行合理自我评价的原则和以学校、家庭及社会为主体的具体措施。关于科学消费观的建立，本节在分析消费主义对青年精神层面、自我认知层面、文化层面、消费观的消极影响的基础上，提出了国家、家庭及社会引导青年树立正确消费观念的相应措施。此外，偏差动机干预只是对非理性网络借贷主体干预的一方面，青年也要提升自身思维能力和金融素养水平，才能更好地做出科学、理性的消费决策。

第二节　提高非理性网络借贷消费者的金融素养

一、本节引言

当前人们对金融素养的定义各不相同。有些人认为，金融素养就是消费者对基本知识点的掌握情况，比如如何去计算利率及通货膨胀率等数据。也有些人认为，金融素养不仅包含这些基础数据的运算和掌握能力，还应该包含人们对这些数据的处理与分析能力，以及在分析的基础上进行决策的能力，这是一种综合且全面的属性。还有些人认为，除了前两种定义中所提到的运算、分析、决策能力以外，金融素养应包含消费者面对金融事物的反应。而第四种定义则是指人们面对各种金融事物时能将其转化成多少利益的能力。

二、金融素养的影响因素

通过梳理学者们对金融素养的研究，笔者发现影响金融素养的因素很多。为了方便起见，本节将这些影响因素分为个人因素和社会因素两个层面。

（一）个人因素

1. 人口学因素

人口学是影响金融素养的主要因素，包括年龄、性别、种族、收入、受教育程度等个人属性。Volpe 等（2002）认为男性的金融素养水平要高于女性，在此基础上，因性别产生的金融素养水平差异而导致的影响会出现在他们接触金融事物的各个阶段，而且这种影响也不会因其他属性的不同而消失。这种性别带来的金融素养的差距甚至会对金融行为产生不一样的影响。

除此之外，为了进一步了解性别所带来的金融素养的差距，前人对此进行了大量研究，并发现许多可能会导致这种差异的原因。例如由于性别不同，男性消费者和女性消费者具有不同的性格，因此他们提升金融素养的方式不同，效率也不一样。另外，在当前社会中，男性与女性在社会经济活动中所受的待遇依然有差距，性别偏见存在于整个金融社会之中。

但男性消费者的金融素养真的都比女性消费者高吗？也有一些其他研究得出了不同的结论。例如对 2012 年 OECD 的 PISA 数据进行分析之后，本节发现除了意大利年轻男性消费者的金融素养得分要高于年轻女性消费者之外，在其他国家并没有发现因性别而产生的金融素养得分方面的差距。年轻男性消费者的得分大多比较极端，在高分和低分中分布较频繁，而年轻女性消费者则相对集中在中部得分区域。

除了有关性别因素的结论不完全一致外，前人关于年龄因素的结论也是如此。从 Delavande 等（2008）的数据中可以发现，大龄消费者的金融素养得分普遍比青少年消费者要高。由此可以认为随着年龄的增长，金融素养的水平也会上升。而另有研究发现，金融素养的水平和年龄之间的关系呈倒“U”形，这也就意味着中年消费者的金融素养水平要比年轻消费者和老年消费者都高。而且研究还发现，中年时期金融素养水平较高是因为消费者的社会阅历多，经验丰富，而老年时期金融素养水平较低是因为老人不可避免地会在认知功能等生理机能上逐步衰弱。此外，某些研究认为金融素养水平随着年龄的增长会呈现驼峰形状，但是金融素养的基础方面（运算处理等）与年龄的关系并不显著，而金融素养的深层方面（分析决策等）随着年龄的增长呈倒“U”形。

除了性别与年龄方面的影响以外，Delavande 等（2008）的研究还表明，当消费者受到过更高等的教育，拥有更高的收入时，他们的金融素养水平也会更高。

2. 心理因素

在心理因素中，影响金融素养水平的主要因素分别为对时间的偏好、对金融行为的动机不同、信心以及世界观的差异等。Monticone 等（2015）认为，提升金融素养水平的意愿受到时间偏好的影响，如果把提高金融素养水平看作一种获得未来利益的必要条件，那么那些对未来价值低估或者不看好未来价值的消费者群体将不愿意学习金融知识，宁愿保持低水平的金融素养。此外，Meier（2007）研究发现，看好未来价值的消费者群体会更愿意学习金融知识并向别人咨询自己不知道的金融知识。

在动机方面，Locke 和 Latham（1990）通过研究发现，个人的动机决定了完成某项任务的效率。这也就意味着，如果消费者对于未来的利益十分渴求，并且以获得未来利益为动机，获取金融知识，提升金融素养水平的效率就会更高，也更能体现出金融素养水平的差异。

除了金融素养水平的提升之外，信心也是十分关键的一环。Bandura 等（2012）发现信心是金融知识影响金融行为的关键因素，如果消费者对自己的分析力和决策力没有足够的信心，那么就算获得再多的金融知识也无法在金融事件中更好地决策与分析。

另外，世界观的差异也会对金融素养产生一定的影响。Cole 等（2009）的研究表明，在印度和印度尼西亚等国家，带有宿命论世界观的消费者在测试中的金融素养得分相对较低，且越是对宿命论深信不疑，金融素养得分越低。他们认为一切都是命，因此他们对于金融知识的获取热情较低。

3. 能力因素

能力因素与上述两种因素有一定的关联度，某些因素是因为属性的差异而导致的能力差异。Herd 等（2012）的研究认为人力资本对金融素养会有一定的影响。一个家庭对孩子认知能力与教育的投入程度是这个影响的关键，但这与属性因素中家庭对于金融事物的重视程度又有一定的关联，一个家庭对金融事物越重视，那么他们越会注重培养孩子的金融素养水平。

通过 Herd 等（2012）的研究可以发现，消费者早年的认知能力与受教育程度对后天形成的金融素养水平有显著的影响。JAppelli 和 Padula（2017）的研究发现，消费者之所以在成年后金融素养水平有所不同，与他们 10 岁时的数学能力是相关联的。Herd 等（2012）的研究则发现个人早年的认知能力与求学经历对后来形成的金融素养水平具有较大的影响。

（二）社会因素

1. 家庭因素

家庭因素中，有许多会对消费者的金融素养水平产生影响，除了上文提到的家庭重视程度以外，还包括父母的具体行为、父母的受教育程度、童年的经历、家庭在整个社会中经济的地位等。

由于孩子们出生时对世界一无所知，因此，他们与生俱来的能力就是模仿，这时父母的具体行为就会对孩子金融素养的形成起到至关重要的作用。此外，父母对孩子教育的重视程度也会对孩子的金融素养的形成产生重要影响。Grinstein 等（2012）的研究表明，如果父母在孩子年幼时就对他们进行与金融知识相关的教育，不仅会使他们成年后拥有更高的金融素养水平，还会让他们在信贷方面变得更加理性与敏感。

另外，通过 Grohmann 等（2015）的研究可以发现，童年的经历会对消费者的金融素养水平产生一定的影响。除了对孩子进行教育以外，如果父母拥有较高的受教育程度或金融素养水平，会对孩子起到一个很好的榜样作用。Campenhout（2015）认为如果消费者的父母曾经参加过许多有关金融素养的培训，拥有更丰富的金融知识，那么这对培养孩子的金融素养是很有帮助的。

此外，Lusardi 等（2007）的研究也证明如果父母曾受过高等教育并且拥有完善的金融知识储备，他们对提高孩子金融素养水平的帮助更大，这也说明后天经历的教育差异是造成后期孩子之间金融素养水平差异的主要原因。

除了直接与金融素养挂钩的能力因素以外，也会有其他因素会对金融素养水平产生间接的影响。OECD 的研究发现，家庭社会经济地位较高的消费者的金融素养水平普遍比经济地位低的消费者高，这是因为如果家庭经济拮据，也就不可能有多余的金钱供家庭成员去学习相关的金融知识。此外，Monticone（2010）则发现，除了经济方面的影响以外，家庭背景也会对孩子的金融素养水平产生一定的影响。如果一个家庭本就与金融事物频繁接触，那么孩子自然而然也会对金融知识产生兴趣，从而影响其金融素养水平。

2. 社交媒体与网络因素

自21世纪以来，人们获取信息的渠道从报纸、广播等扩大到社交媒体与网络上，对于金融信息的获取也不例外。Karaa和Kugu（2016）通过调查发现，有一些消费者群体会上网浏览相关金融事项，并与其他消费者进行讨论与交流，从而互相成长，这些行为能显著提升他们的金融素养。Rooij等（2012）也通过调查发现，大部分消费者主要还是依靠人际关系去询问、打听相关的金融事项信息，而只有一小部分消费者通过上网交流、咨询专业顾问、搜寻专业资料来获取金融信息，他们的金融素养水平明显比大部分人要高出一截。

3. 其他社会因素

除去家庭因素及获取金融信息方式不同的因素之外，还有一些其他因素不方便统筹归类，因此本节将它们归在了其他社会因素之中。事实证明，消费者的经历和所处环境也会对其金融素养水平产生一定的影响。通过Lusardi和Mitchell（2007）的研究可以发现，如果消费者经历过通货膨胀，那么他们会更愿意去对通货膨胀等金融知识进行了解，以防再次遇上这种大事件时不知所措，他们也因此拥有更高的金融素养。

另外，Lachance（2014）通过研究发现，如果在消费者居住的环境中，群体普遍金融素养水平较高（比如高档社区），那么他们也自然而然会拥有更高的金融素养水平，除居住环境外，交流环境、工作环境也是影响金融素养水平的关键因素。Bucher等（2016）认为如果消费者经常与金融素养水平较高的人交流互动，那么他们能获取更多的金融知识，从而拥有更高的金融素养水平。

三、提升金融素养的措施

消费者身处的环境不同会导致其金融素养水平的差异。不同的消费者在不同的环境接触不同的人与事，因此他们各自的知识应用及金融行为都会存在很大的差别。对此，本节认为不能将所有消费者一概而论，要通过调查研究，分析不同背景的消费者在获取和应用知识及金融行为上存在的差异，在分析得出结论的基础之上普及金融知识教育，向专门对口的专家咨询。但针对一些普遍的情况，本节认为国家和社会应该予以重视。

第一，要加强相对落后地区人民的金融素养。上文分析过，除了个体和心理因素之外，社会因素的差异也对金融素养的形成存在重要影响。不同地区的经济发展水平不同，消费者平时接触的金融事物和信息也会有所差异。其中最为显著的就是城市与农村之间的差别。处于农村的消费者群体平时接触金融事物与信息的机会本就不多，可以得到的资源相对城市消费者也少很多，金融素养水平比起城市里的消费者肯定要差一些。因此本节认为，处于低水平金融素养环境的消费者群体应成为我国进行金融知识普及的重点对象，国家首先要能意识到城市与农村之间金融素养差距的严重性，通过在农村大力推广、普及金融知识（比如设立站点、开展宣讲会等），提高农村消费者的金融素养水平。除此之外，还要着重对城市外来人口的金融素养进行调研，因为外来人口中本身有很大一部分就来自农村，他们的文化水平参差不齐，金融素养水平也较低，国家也要针对他们提出特定的金融素养提升方案。

第二，提高金融素养宣传渠道的普及程度。上文曾提到，消费者群体在获取金融信息的方式上表现出了一定的差异，通过互联网与媒体获取金融信息的消费者通常拥有更高的金融素养水平。由此可见，处在互联网与媒体使用频率较高地区的消费者拥有更高的金融素养水平，而处在互联网与媒体使用频率较低地区的消费者会因为平时接触不到更深层的信息而导致金融素养水平较低。因此本节认为，要对互联网与媒体使用频率低的地区加大资源投入，同时，在传播推广金融知识时要普及最新的金融知识，促进金融素养水平较低的消费者群体跟上时代的步伐。

第三，加强对老龄人口的金融素养普及。上文曾提到，人口学和心理因素是对金融素养水平影响非常大的因素之一，其中年龄是非常关键的一个因素。随着消费者年龄逐步增长，其金融素养水平也不断提升，但是一旦步入老年，消费者的金融素养水平就会越来越低。近年来，我国老龄化趋势越来越明显，老年消费者不断增多，老年消费者的金融素养水平将会由于认知功能的下降而降低。因此，国家须要重点关注老年消费者群体，采取一些有针对性的措施去预防消费者整体老龄化给整个消费者群体的金融素养水平带来的影响。

四、结语

余文建等（2017）提出我国消费者的金融素养水平整体处在中等水平。目前我国消费者在提升金融素养水平上还有很大的空间，不同地区的消费者群体的金融素养水平差异很大。因此本节认为，我国须要持续关注金融素养的各类情况，加大对金融素养的教育力度与资源投入，将普及金融素养的教育及提升所有消费者的金融素养水平的任务固定在长期任务栏中。

此外，早期教育对消费者金融素养的形成也起到了十分关键的作用。在学生时期就对青少年灌输金融知识，形成良好的金融素养的雏形十分关键，因此将金融知识纳入教育体系、课本之中也具有十分重要的意义。而且学生在收获了金融知识之后，还能将这些知识传播给身边的人，带动家庭、社会一起提升金融素养水平。根据 OECD 的统计，全球一共有 21 个国家和地区已经将金融知识的板块纳入青少年的教育体系之中，并且量身定制了一套金融课程，派遣了专家对青少年进行系统的培训，希望能让青少年成为具有高金融素养水平的消费者群体。我国也应该效仿先进国家的实践，将金融相关的课程加入我国的青少年教育体系。青少年是目前我国网络借贷消费的主力军，只要能提升青少年的金融素养水平，就可以很大程度上提高我国整个消费者群体的金融素养水平，同时，也能让我国网络借贷消费的环境变更加理性和美好。

参考文献

[1] Bandura O. Relationship For Economic And Financial Cycles [J]. Ukrainian Journal Ekonomist，2012（1）：13–15.

[2] Bucher–Koenen T，Ziegelmeyer M. Who Lost the Most? Financial Literacy，Cognitive Abilities，and the Financial Crisis [R]. ECB Working Paper No. 1299.

[3] Calcagno R，Monticone C. Financial Literacy and the Demand for Financial Advice [J]. Journal of Banking & Finance，2015（50）：363–380.

[4] Campenhout G V. Revaluing the Role of Parents as Financial Socialization Agents

in Youth Financial Literacy Programs [J] . Journal of Consumer Affairs, 2015 (1): 186–222.

[5] Chen H Y, Volpe R P. Gender Differences in Personal Financial Literacy Among College Students [J] . Financial Services Review, 2002 (3): 289–307.

[6] Cole S, Sampson T, Zia B. Financial Literacy, Financial Decisions, and the Demand for Financial Services: Evidence from India and Indonesia [R] . Working Papers Harvard Business School Division of Research, 2009.

[7] Delavande A, Rohwedder S, Willis R J. Preparation for Retirement, Financial Literacy and Cognitive Resources [J/OL] . SSRN Electronic Journal, 2008–09.

[8] Grinstein–Weiss M, Spader J S, Yeo Y H, et al. Loan Performance among Low–income Households: Does Prior Parental Teaching of Money Management Matter? [J] . Social Work Research, 2012 (4): 257–270.

[9] Grohmann A, Kouwenberg R, Menkhoff L. Childhood Roots of Financial Literacy [J] . Journal of Economic Psychology, 2015 (12): 114–133.

[10] Herd P, Holden K C, Su Y T. The Links between Early–Life Cognition and Schooling and Late–Life Financial Knowledge [J] . Journal of Consumer Affairs, 2012 (3): 411–435.

[11] Jappelli T, Padula M. Consumption Growth, the Interest Rate, and Financial Sophistication [J] . Journal of Pension Economics and Finance, 2017 (3): 348–370.

[12] Karaa I E, Kugu T D. Determining Advanced and Basic Financial Literacy Relations and Overconfidence, and Informative Social Media Association of University Students in Turkey [J] . Kuram ve Uygulamada Egitim Bilimleri, 2016 (6): 1865–1891.

[13] Locke E A, Latham G P. Work Motivation and Satisfaction: Light at the End of the Tunnel [J] . Psychological Science, 1990 (4): 240–246.

[14] Lusardi A, Mitchelli O S. Financial Literacy and Retirement Preparedness: Evidence and Implications for Financial Education [J] . Business Economics, 2007 (1): 35–44.

[15] Lachance M. Financial Literacy and Neighborhood Effects [J]. Journal of Consumer Affairs，2014（2）：251-273.
[16] Meier S，Sprenger C. Selection into Financial Literacy Programs：Evidence from a Field Study [J/OL]. SSRN Electronic Journal，2007-08.
[17] Monticone C. How Much Does Wealth Matter in the Acquisition of Financial Literacy? [J]. Journal of Consumer Affairs，2010（2）：403-422.
[18] Van Rooij M C J，Lusardi A，Alessie R J M. Financial Literacy，Retirement Planning and Household Wealth [J]. The Economic Journal，2012（560）：449-478.
[19] 成敏. 西方消费主义对大学生价值观的影响与对策研究 [J]. 吉林广播电视大学学报，2017（6）：27-28.
[20] 胡振，臧日宏. 金融素养对家庭理财规划影响研究——中国城镇家庭的微观证据 [J]. 中央财经大学学报，2017（2）：72-83.
[21] 李俠. 消费主义对当代青年价值观的影响及对策研究 [J]. 现代交际，2020（6）：9-10.
[22] 李志鹏，刘白明，王桃珍. 当代青年过度消费的问题、成因与对策分析 [J]. 青年发展论坛，2019（6）：87-92.
[23] 廖理，初众，张伟强. 中国居民金融素养差异性的测度实证 [J]. 数量经济技术经济研究，2019（1）：96-112.
[24] 刘国强. 我国消费者金融素养现状研究——基于2017年消费者金融素养问卷调查 [J]. 金融研究，2018（3）：1-20.
[25] 罗丽榕. 消费主义影响下的大学生思想政治教育探析 [J]. 集美大学学报（哲学社会科学版），2012（4）：112-116.
[26] 彭显琪，朱小梅. 消费者金融素养研究进展 [J]. 经济学动态，2018（2）：99-116.
[27] 首兰兰. 西方消费主义对我国大学生消费观的影响探究 [J]. 中国集体经济，2018（14）：163-164.
[28] 王代月. 试论消费主义的意识形态性 [J]. 理论学刊，2004（11）：69-72.
[29] 王海稳，魏超. 消费主义对当代青年身份认同影响机制分析 [J]. 生产力

研究，2017（1）：6-9.

［30］王莹，陈春燕 . 西方消费主义对当代青年消费观的影响研究［J］. 科教文汇（下旬刊），2016（6）：189-190.

［31］王宇熹，杨少华 . 金融素养理论研究新进展［J］. 上海金融，2014（3）：26-33.

［32］王钰 . 青年消费观培育的内容及意义［J］. 区域治理，2019（40）：175-177.

［33］吴锟，吴卫星 . 理财建议可以作为金融素养的替代吗？［J］. 金融研究，2017（8）：161-176.

［34］余文建，武岳，华国斌 . 消费者金融素养指数模型构建与分析［J］. 上海金融，2017（4）：27-34.

［35］周海珍，吴美芹 . 金融素养、个人养老准备与商业养老保险决策［J］. 金融与经济，2020（3）：35-42。

第十一章　对认知客体的干预：针对非理性网络消费信贷的提供方

一直以来，我国的网络借贷平台良莠不齐，部分平台甚至存在高额的“砍头息”和暴力催收等问题。网络借贷平台披露的不充分信息及一系列带有诱导性的选项往往会导致消费产生认知偏差，进而出现不良的后果。本章认为有效的外部干预可以显著降低认知偏差对非理性消费行为的影响。外部干预大体可以分为三种：针对认知主体的干预、针对认知客体的干预和针对认知环境的干预。本章主要针对认知客体的干预进行论述并提出相应的建议，希望网络借贷企业能建立合理的推广制度和一定的使用门槛。

第一节　网络借贷企业要建立合理的推广制度

一、本节引言

网络借贷平台在各类媒体上的过度推广宣传，使得青少年群体在网络借贷消费需求识别过程中容易产生自身有贷款需求的错误认知，并在决策的各个阶段产生认知偏差。这使得原本有利于资金融通的借贷行为非理性化，从而产生负面影响。非理性网络借贷不仅使青少年群体产生不健康的消费心理与消费习惯，也影响了青少年家庭的经济状况。此外，非理性网络借贷行为的流行将形成不良金融风气，对社会的稳定性造成威胁，引发严重的社会问题。所以解决非理性网络借贷问题，要从网络借贷消费平台的过度推广问题着手，加强网络借贷推广制度的管理，规范宣传的形式与内容，形成良好的网络借贷环境。

本节旨在揭示目前网络借贷推广制度中的不完善之处，并为未来建立合理的推广制度提供建议。首先分析了《中华人民共和国广告法》与《网络借贷信息中介机构业务活动管理暂行办法》的不完善之处，进而提出要将引导正确消费观念与直接管制网络借贷推广相结合，加强对线上宣传和推广的管理。最后，通过不同平台的宣传对比，以微博借钱平台为案例，分析其诱导性宣传的危害，为避免此类诱导性宣传提出建议。

二、当前法律法规的不完善之处

（一）《中华人民共和国广告法》的局限性

1994 年 10 月，中国第八届人民代表大会首次推出《中华人民共和国广告法》（以下简称为《广告法》），随着互联网的不断发展，《广告法》于 2015 年 4 月修订，新增“不得在用户未确认时主动发送宣传邮件，必须保证广告的一键关闭功能”等条例。专业人士表示，出于互联网广告的复杂性与特殊性，《广告法》的规定不宜过于具体且不应套用传统广告管理形式，应当针对互联网广告出台专门的管理办法。因此，《广告法》对互联网广告的规定是粗略的，对于网络借贷推广问题的管理更是有限的。

在此之后，国家工商行政管理总局于 2016 年根据《广告法》推出了《互联网广告管理暂行办法》。但其条例较为通用，缺乏针对网络消费信贷“诱导性”推广的详细规定，难以解决网络借贷平台过度推广导致的非理性借贷消费问题。

（二）《网络借贷信息中介机构业务活动管理暂行办法》的局限性

2016 年 8 月，银监会协同公安部等共同颁布了《网络借贷信息中介机构业务活动管理暂行办法》（以下简称为《办法》），旨在促进网络借贷行业的健康发展，加强对网络借贷信息中介机构业务活动的监督管理。这是首部针对网络借贷问题的规定，其中部分内容涉及对网络借贷推广行为的约束。例如第十条中规定：“网络借贷信息中介机构不得自行或委托、授权第三方在互联网、固定电话、移动电话等电子渠道以外的物理场所进行宣传或推介融资项目”；“不得虚构、夸大融资项目的真实性、收益前景，隐瞒融资项目的瑕疵及风险，以歧义性语言或其他欺骗性手段等进行虚假片面宣传或促销等，捏造、散布虚假信息或不完整信息损害他人商业信誉，误导出借人或借款人”。

虽然《办法》一定程度上限制了信息中介机构对网络借贷平台的宣传推广，但此规定也存在不足。首先，从管理范围来看，《办法》只针对融资活动，即个人投资者作为出借人将资金借给中小微企业和个人。这与本书所研究的青少年群体作为借款人，网络借贷平台作为出借人是完全相反的金融活动。也就是说，《办法》并不能保护青少年群体的非理性网络借贷消费行为，这是目前管理制度存在的首要不完善之处。其次，从媒介的管理范围来看，《办法》只针对物理场所加以限制。在目前的管理办法下，信息中介机构不得在校园内宣发小广告，也不得在街边张贴告示，不得与商家进行商业合作并在店铺中推广网络借贷消费。但该规定中缺乏与线上推广相关的内容，也就是说该管理办法对线上网络借贷消费的推广没有法定约束力。

综合以上对《广告法》与《办法》局限性的分析可以得出结论：目前针对网络借贷推广制度的管理尚不完善，这为网络借贷平台的过度推广提供了外部法律环境，进而使青少年群体过多地受到网络借贷广告的影响，在网络借贷消费中产生认知偏差，发生非理性消费行为。

三、对策建议之一：加强线上宣传和推广管理

由于目前互联网社交媒体上的网络借贷宣传难以管制，严重影响了青少年群体的消费观念。因此，想要有效干预非理性借贷消费者的认知偏差，不仅要大力宣传正确的消费观，也要对网络平台的推广制度进行相应管理。

（一）加强线上正确消费观念的引导

区别于干预认知主体（非理性借贷消费的行为人）的研究内容，本节侧重于分析通过各类宣传渠道引导人们树立正确的消费观，与不健康价值观进行对抗，从认知客体的层面促使青少年做出正确的选择。要引导正确的消费理念，就要同时把握引导形式与内容两方面。

1. 拓宽正确消费理念的宣传渠道

如今微信、微博等大型社交媒体上都存在大量网络借贷消费广告，推广平台利用自身优势向青少年群体进行宣传，影响了青少年的消费理念。学校和政府应拓宽宣传正确消费理念的渠道，与网络借贷平台的宣传形成有力的信息对抗。

学校方面，要通过校方微信公众号、院系年级群、学校官方微博等青少年群体熟悉的形式，引导学生形成正确的网络借贷消费理念。还要积极发布图文推送，或制作网络借贷消费的教育宣传视频，结合典型非理性网络借贷案例对青少

年进行教育。

政府方面，也可以通过官方网络账号对青少年的消费观念进行良好引导。例如在 2020 年 5 月 13 日，共青团中央官方账号通过哔哩哔哩直播平台，邀请一些网络红人播客，以科学游戏的形式纪念第七届中国科学院公众科学日。官方媒体可以借鉴此类活动形式，开展理性网络借贷的宣传活动。政府应该调动各类社交平台，坚持创新宣传形式，让青少年更好地接受正确消费观念的引导。

2. 注重正确消费观念的宣传内容

青少年不健康的消费习惯源于对法律与金融知识的缺乏。线上宣传要对症下药，以各类宣传形式推动青少年学习合同法、物权法和相关法律中与借贷消费相关的法律知识，培养青少年的理财意识和资金规划能力。只有让青少年从理性上真正认识到过度网络借贷消费的不科学性，才能从根源上杜绝网络借贷的诱导宣传。

（二）对网络借贷线上推广进行规范管理

在线上加强对青少年群体的消费观引导，是为了与网络借贷平台的过度宣传进行信息对抗。除此之外，更重要的是要对网络借贷的线上推广和宣传进行相应管理，从源头上规范网络消费信贷的推广制度。

1. 规范网络借贷宣传的题材形式

由于对网络借贷的宣传形式缺乏法律规范约束，一些平台常常通过各种形式吸引青少年的眼球。有些网络借贷平台会在社交媒体以不恰当的男女感情问题、家庭伦理关系作为噱头，大量发布恶俗的低成本短视频。例如某网络借贷广告宣传，女子因为男友缺钱而与一位“富二代”出轨，但在男友表明自己能够从网贷平台借钱上借到 3 万元时，该女子选择回心转意。再例如，一些网络借贷广告以“姐夫，我姐睡了没有”作为开头引起受众的猎奇心理，接着剧情为妹妹趁着姐姐睡着时向姐夫借钱，并被告知能在网贷平台进行借贷。

这类广告是网络借贷平台的逐利性与当前管理制度不完善共同形成的必然结果。网络借贷平台为了尽可能开拓借款业务，获取更高的利息收益，就会以更有吸引力的方式进行推广。但这往往会违反人们的道德审美，对伦理观念造成冲击。此外，这类广告也输出拜金主义的价值观念，过分强调男女感情问题中物质因素的重要性，从而会对社会风气造成危害。要规范网络借贷的线上宣传形式，禁止借贷广告出现不恰当男女感情、家庭伦理等违反伦理道德的题材，杜绝夸张的宣传形式。要鼓励网络借贷线上广告向传统电视广告学习借鉴，发展朴实简单的宣传形式，逐步走向线上宣传的规范化。

2. 禁止网络借贷的诱导性宣传内容

如今诸多网络借贷平台不仅在宣传的题材形式上做文章，更在广告内容中进行诱导性宣传。“零利息”“万元日息低至3元”等词汇在宣传广告中屡见不鲜。网络借贷广告中不乏虚假宣传，即宣传内容与实际情况不符，或即使宣传内容是真实的，但宣传行为以故意误导他人为目的且确实存在令人产生误解的效果。须要明确的是，虚假宣传在现行法律制度之下，属于违反《广告法》的违法行为，也被《刑法》列为虚假广告罪。建议明确禁止隐瞒利息率，以具有歧义的语言或其他欺骗性手段等进行虚假片面宣传或促销，捏造、散布虚假信息或不完整信息以侵害借款人权益的行为。同时，应在相关法律法规中明确网络借贷平台推广中“虚假宣传”的概念，明确情节严重程度的认定，增加实际可操作性，加大对虚假宣传的惩罚力度。

四、对策建议之二：避免诱导性宣传

在加强线上正确消费观念的引导，完善监管制度的同时，还要注重对诱导性宣传的典型案例进行惩治，避免网络环境中出现更多的诱导性网络借贷广告。

（一）网络借贷平台宣传广告比较

蚂蚁花呗和京东白条是目前占网络借贷市场份额较大的两个平台，而2017年新浪金融推出的借贷服务平台微博借钱，也有一定的市场竞争力。本节将对这三家网络借贷平台的典型宣传广告进行比较。

1. 蚂蚁花呗的宣传广告

蚂蚁花呗平台在互联网流传度最高的宣传广告被网友称为“魔性”广告，该系列广告将蚂蚁花呗商标进行三维处理，添加了面部器官，并放弃人工配音而选择用语调平淡的机械朗读。这一系列处理以简单朴实的形式呈现丰富的内容，却没有任何诱导性或虚假性成分，成功地给网络受众留下深刻印象。此外，在该系列广告中有这样的对话：下月还不上怎么办？可以分期还。分期还不上怎么办？那花的时候可以悠着点。这样的广告词提醒受众在借贷与消费环节要保持理性，没有盲目诱导受众进行贷款。因此，本节认为蚂蚁花呗的宣传广告是网络借贷消费的正面典范，值得学习借鉴。

2. 京东白条的宣传广告

京东白条平台曾经发布了一条名为《致所有憋尿前行的年轻人》的广告，引起了广泛争议。广告文案通篇挖苦部分物质不富足的青年群体，从而激励受众进行借贷消费，过上高质量的生活。例如广告语中提道："已经在忍 500 的雾霾，别再让我忍 5 块钱的口罩；已经在忍一个人的晚饭，别再让我忍一副不成套的劣质餐具"。该广告虽然冒犯了部分青年群体，但由于其没有触及道德问题，且在营销策略上是成功的，引起了广泛的关注。然而，这类广告毕竟引起了公众的不愉快，因而饱受争议。本节认为这类挖苦、嘲讽性质的网络借贷消费推广方式不应提倡。

3. 微博借钱的宣传广告

微博借钱曾发布了"提现大于 1000 元翻倍点赞数"的广告，借款金额达到 8000 元以上则点赞数最高可翻 8 倍。这则广告明显针对缺乏健康消费理念的青少年追星群体，声称借款可以更有效地帮助他们为自己的偶像创造流量。此外，微博借钱涉嫌虚假宣传引起很大争议，其广告宣称"万元日息低至 3 元"，但有法律界人士表示使用微博借钱的实际年利率远远高于广告宣传。这类诱导性宣传和虚假宣传应该是目前监管机构要重点关注的典型案例。

（二）诱导性宣传的危害

（1）恶俗题材的广告与点赞引流的活动，宣扬了拜金主义与物质主义，影响了青少年群体的消费观与价值观念，会导致青少年群体对男女感情与家庭伦理产生错误的理解，也促使他们盲目追星，过度花销，享受虚荣。

（2）广告中的利率宣传和实际不符的问题，会对青少年群体的经济状况产生实际的威胁。由于追星的青少年群体普遍处于初高中阶段，这个阶段的学生并没有太多的消费需求，借助明星诱使他们进行借贷只会让他们承担过度的利息负担。而虚报利率问题更会让缺乏金融知识的受众遭受重大损失。

（三）对诱导性宣传的管制建议

（1）邀请官方媒体（人民日报等）对网络借贷宣传的反面案例进行通报批评，进而在相关法律法规中增加对于线上宣传形式不当的管制细则，禁止恶俗题材广告。同时提出规范建议，倡导网络借贷平台进行正能量宣传，以简单朴实的方式呈现网络借贷产品的信息，为网络借贷平台未来的宣传方式指路。

（2）要严禁类似借助明星引流的营销活动。虽然该活动在法理上不存在不正当性，但却切实地影响了青少年的消费习惯，所以要动用公权力进行干预。要坚决反对流量造假行为，也要禁止一些平台利用自身优势采取的一切诱导性质的营销手段。

（3）严肃查处虚假利率问题，积极帮助反映高利贷问题的网友进行调查。这里需要明确调查的两点原则：首先，调查网络借贷平台是否存在高利贷行为，若存在，则按照《合同法》中的借贷合同规定进行相应惩处；其次，若不存在高利贷问题，也应查明实际利率是否与广告宣传中的内容相符，若不相符，则按照《广告法》中对虚假宣传罪的规定进行处罚。一旦证实网络借贷平台存在以上两种问题之一，则应该暂停平台的业务活动，督促平台进行整治，对利率问题以及宣传问题重新整改。整改过后，方可继续进行业务活动。

五、总结

本节聚焦于网络借贷平台的过度推广问题，揭露了目前网络借贷推广制度中存在的不完善之处，并为未来建立合理的推广制度提供建议。本节首先分析了目前《中华人民共和国广告法》与《网络借贷信息中介机构业务活动管理暂行办法》的局限性，进而提出要将引导正确消费观念与直接管制网络借贷推广相结合，加强对线上宣传和推广的管理。其次，本节通过对比蚂蚁花呗、京东白条、微博借钱这三个网络借贷平台的宣传方式，分析诱导性宣传的危害，为诱导性宣传的管制提出建议。

第二节　网络借贷企业要设置一定的使用门槛

一、本节引言

非理性网络借贷消费现象产生的根源在于消费人群在决定使用网络借贷平台的事前、事中、事后都会受到宣传推广、诱导及周围环境的影响，从而产生认知偏差，不理性地使用了一些门槛较低的网络借贷平台。更有甚者使用了不合法的掠夺性网络借贷平台，最终造成借款到期后无力偿还，甚至是债台高筑、倾家荡产的局面。这不仅给自己和家人带来灾难，同样也使那些合法提供网络借贷服务的平台无法按时收到还款。在这样的现状下，采取措施干预网络借贷平台使用者的认知偏差十分必要，同时也须要对网络借贷企业进行规范管理。本节重点阐述为何网络借贷企业需要建立一定的使用门槛。首先简要分析了现在的网络借贷平台在使用门槛方面存在的问题与不足，随后详细探讨了一系列可应对平台使用门槛过低的措施与方法，之后探究了政府在应对平台使用门槛过低的问题时可以采取的办法，最后对本节进行总结。

二、网络借贷平台使用门槛过低导致失信问题频发

大量非理性网络借贷消费行为的存在，充分表明了目前的网络借贷平台存在明显漏洞。现有网络借贷平台的主要问题可以概括为以下两点。

第一，现有主要网络借贷平台，例如蚂蚁花呗、京东白条等的使用门槛都很低，对使用者没有过多信用水平的要求，甚至有些借贷平台都不需要使用者提供实名认证。这类网络借贷消费平台的主要使用者为学生及青年人，他们缺乏稳定的收入作为良好的信用支撑，对借贷消费模式的本质及运作方式，包括借款利息、还款时间等缺乏清晰的认知，极大程度地增加了平台使用者无力偿还借款、网络借贷平台坏账率提升、无法收回应收账款的概率。因此，使用门槛低是导致非理性网络借贷消费发生及失信问题频发的主要原因之一。

第二，由于网络借贷消费是一种新兴借贷消费模式，目前仍然属于监管与监督的模糊地带，尚未有完善的法律法规来支持这类新兴平台。一旦失信问题发生，随之而来的必然是消费者与平台之间的激烈纠纷与矛盾，而相关法律法规的不完善则会导致纠纷无法得到有效解决，也不能给予矛盾双方一个比较公允的说法，两方的权益都无法得到有效的维护。这也是网络借贷平台使用门槛过低所导致的更为深远的问题。

三、相关问题的解决建议

为了在一定程度上提高网络借贷平台的使用门槛，可以主要从加强信用评定

与信用风险度量分析的力度和建立恶意透支追讨机制两个角度出发，着手探索具体可行的办法。

（一）建议之一：加强信用评定与信用风险度量分析的力度

众所周知，与网络借贷平台门槛直接相关的其实就是网络借贷使用者的信用水平。如果能较科学地对网络借贷平台的使用者进行信用等级评定与评估，就能对平台的潜在使用者进行比较严格而有效的风险评估与把关，从而在一定程度上减少后期使用者出现还款不及时，或者无力还款的失信现象，降低非理性借贷消费发生的可能性。

在具体的信用评估过程中，可以从实行信用评定及信用度量分析两个方面展开，从而更加高效、精准、全面地对使用者的信用水平进行评估与分级，进而决定是否要给予相应的借贷服务。具体的细节分析如下。

1. 加强消费者实名认证工作

消费者实名认证是目前网络借贷消费较为缺乏的审核环节，但是对于减少后期的各类风险却又是不可或缺的一步，可以说是建立一定使用门槛的基础性工作。消费者实名认证工作的具体操作模式可以借鉴比较成熟的办理注册信用卡的用户实名认证的模式与方法。用户在注册办理信用卡时，实名认证的程序是十分严格完善的，需要提供个人的身份证进行人脸识别，以核对办理者身份的真实性。

同样，网络借贷平台也可以采用类似的模式，但操作可以更加灵活简便。以蚂蚁花呗、京东白条等平台为例，在申请开通时可以要求使用者提供身份证照片等实名身份信息，并且通过在线视频回答问题的方法进行身份的核对与信息的确认，在工作人员完成了所有的身份核对工作之后，申请者方能得到借贷消费的服务。消费者实名认证是建立信用评定制度以及信用风险度量分析的基础与前提，唯有贯彻实名认证才能进一步做更为精确的评估认定工作。

2. 利用大数据技术建立有效的个人信用评定体系

在完成实名认证的基础性工作之后，就可以进一步建立更为细致有效的信用评级制度，从而合理评估潜在的平台申请使用者的信用水平，初步控制失信问题及后续可能发生的非理性网络借贷消费风险。

在建立个人信用评级体系的过程中，网络借贷平台可以有效地应用先进的大数据技术，获取与使用者信用紧密相关的一些信息与数据。例如曾经的银行贷款是否按时偿还，是否曾有徇私舞弊或乘车逃票等不诚信行为，甚至是申请者工作单位信息与薪资水平等相关个人信息等。从而初步评估出申请使用者的信用水平及收入状况，进一步给予他们一个合适的信用等级，并在日后给予他们与信用等级相对应的可借贷额度及利息率，并提供相应服务。

对一些网络借贷平台来说，大数据技术是它们所擅长的领域。尤其是蚂蚁花呗、京东白条这类以互联网巨头为背景的平台，大数据技术的成熟运用是它们的看家本领。阿里巴巴和京东最早都是以网络购物平台为主营业务，近年来为了促进公司科技发展，他们都设立了大数据研究中心与研究院，进行大数据及云计算等相对前沿的技术的研究与开发，进一步地将技术运用到购物平台上，统计和解析用户的历史浏览记录，从而为他们推荐可能心仪的产品。同样，大数据技术也能运用到公司旗下网络借贷平台的信用评级机制中，对非理性网络借贷消费进行有效干预。

而对一些规模较小的网络借贷平台而言，由于背后的公司背景不够强大，大数据这种较为前沿的技术对它们而言仍然有一些困难。因此建议大型网络借贷平台与小平台共享大数据技术，帮助小平台建设它们的信用评定机制与体系，从整体上提升整个网络借贷平台领域评定申请者信用的能力，更有效地干预非理性网络借贷消费行为。

3. 通过平台数据与传统征信制度的结合进行多维度信用风险分析

通过大数据检索与筛选比对来评定申请者的信用水平是当今网络借贷平台预防风险、控制风险的必要措施与手段，做到这一步控制措施，基本可以公允地评定出用户的信用水平。以下简要分析网络借贷平台可以实行的、更为综合的信用评估方式，即通过平台数据与传统征信制度结合进行多维度的信用风险分析。

网络借贷平台应充分应用互联网与大数据的技术优势，并与传统的征信制度所提供的信息与数据相结合。这些传统的征信数据包括央行的信用机制所提供的个人信用数据与信息，以及车管所、房管所提供的一系列信息。如果网络借贷平台能够结合自己建立的信用评定机制和传统征信体系提供的数据与信息，就可以对贷款申请者进行多维度综合分析，从而更加完整地确定其个人的信用水平并给予相应的借贷服务。

（二）建议之二：建立恶意透支追讨机制

前面主要分析的是给平台申请者提供服务前的风险预防措施，如果能够将前文所提措施严格地贯彻落实，可以在一定程度上抑制后续的风险与非理性借贷消费行为。下面着重探究在采取风险预防性措施后，仍然出现借款者无力还款或者恶意透支、拖欠借款的情况时，网络借贷平台应当实施的漏洞补救机制。

1. 追踪交易资金的流向

众所周知，消费者使用网络借贷平台是因为目前手头可支配的资金没有办法支撑其购买想要的商品或服务，所以从平台上借贷的资金必然投入到了后续的交易当中。因此，当借款者失信不能还款时，网络借贷平台同样需要利用大数据技术有效地追踪这笔资金的去向，并想办法与获得这笔资金的商家进行沟通，告知其购买者拖欠借款的实情，并通过一定的手段要回这笔欠款。对于资金去向的追踪与监控能够在一定程度上帮助网络借贷平台及时止损，减少因借贷者恶意透支与拖欠所造成的损失。

2. 追查网络购买信息、物流地理信息，以建立实体追讨机制

当恶意透支与拖欠贷款的情况发生之后，讨回资金是一个方面，更重要的是要及时找到恶意拖欠的人并追究其法律责任。因此利用大数据技术建立一个对恶意拖欠者的追讨机制就显得格外重要。

网络借贷平台可以全面搜集与拖欠者相关的数据与信息，通过对拖欠者的购物信息、物流地理信息等进行分析处理，可快速确定拖欠者所在的位置。此外，还要建立配套的各地区负责电商消费的机构体系，并配有当地的相关负责人员，一旦通过数据分析明确认定了拖欠者所在的地区，就可以立即派遣当地的负责人员进行上门追讨，并敦促其立刻归还欠款。倘若屡教不改并有逃逸倾向，则直接与当地公安部门联系，追究其法律责任，将其列入信用评定体系中的黑名单，剥夺其使用网络借贷平台的权利。

总之，恶意透支追讨机制不仅可以帮助网络借贷平台最大限度地维护自身权益，也可以威慑那些没有能力还款，以及想要恶意拖欠借款的信用等级低下的人，从而抑制他们的非理性网络借贷消费行为。

四、政府须要实行的干预措施

前面分析了网络借贷平台自身通过技术手段提高网络借贷平台使用门槛的方法与措施，除此之外，政府也可以从完善法律及征信环境、完善和优化传统的征信体系两个方面进行提升。

（一）完善相关法律法规

互联网经济属于新兴事物，相关的法律法规仍然处于模糊不清的阶段，在网络借贷消费中产生的纠纷有时也难以通过一些明确成熟的法律法规来解决。因此完善与网络借贷消费相关的法律法规是非常有必要的。

政府尤其要大力完善针对网络借贷消费中恶意透支与拖欠借款等问题的相关法律法规，明确对这一类行为的处理方式与制裁方法。从而强有力地支持网络借贷平台通过大数据技术建立恶意透支的追讨机制，增强网络借贷平台抑制非理性网络借贷消费的信心与决心。

另外，相关法律法规同样需要与时俱进，一旦发现有法律法规出现新的不足与漏洞，应当及时修订法律法规的内容，以便进行严格的管控。同时，政府也要在信用诚信方面做好全民性的宣传与引导，在一定程度上加强全民对于信用及信用评定等级与体系的重视程度，优化整体的信用与征信环境。

（二）完善和优化传统征信体系

传统征信体系自身也存在着不少漏洞与不足，导致多维度分析难以达到预期的效果。因此，传统征信制度的完善和优化势在必行。当下征信制度对不诚信及缺乏信用的行为的管制与惩罚过于宽松，导致征信体系无法为网络借贷平台提供最真实的个人信用水平，难以作为信用评定以及多维度综合分析的依据。例如在一些法制比较健全的发达国家，逃车票等不诚信行为被记入档案后会导致一系列的影响，如就业会因此被一票否决等，代价相当高昂。

因此，政府需要加大各部门对不诚信行为的管控力度，以及对犯事者的惩罚力度。只有实施高度合理的严格监管，才能进一步完善传统的征信体系，支持网络借贷平台提供更高的使用门槛，从而抑制非理性网络借贷消费的发生。

五、总结

本节探讨了如何通过提高网络借贷平台的使用门槛来应对非理性网络借贷消费乱象。笔者认为，通过网络借贷平台自身充分运用大数据技术建立信用评定等级制度，并与传统征信体系结合进行多维度分析，建立恶意透支追讨制度的补救措施，同时政府完善相关法律法规以支持平台的工作，能在极大程度上有效抑制非理性借贷消费的发生。相信在各方的协同努力下，对非理性网络借贷消费的认知客体的干预一定能够起到应有的效果。

参考文献

[1] Babel A M. Affective Motivations for Borrowing：Performing Local Identity Through Loan Phonology [J]. Language and Communication，2016 (49)：70–83.

[2] Chen D，Lai F，Lin Z. A Trust Model for Online Peer-to-Peer Lending：A Lender's Perspective [J]. Information Technology&Management，2014 (4)：239–254.

[3] Chen X，Huang B H，Ye D Z. The Role of Punctuation in P2P Lending：Evidence from China [J]. Economic Modelling，2018 (1)：634–643.

[4] Emekter R，Tu Y，Jirasakuldech B，et al. Evaluating Credit Risk and Loan Performance in Online Peer-to-Peer (P2P) Lending [J]. Applied Economics，2015 (1)：54–70.

[5] Gao M，Yen J，Liu M. Determinants of Defaults on P2P Lending Platforms in China [J]. International Review of Economics & Finance，2020 (12)：334–348.

[6] Han L，Xiao J J，Su Z. Financing Knowledge，Risk Attitude and P2P Borrowing in China [J]. International Journal of Consumer Studies，2019 (2)：166–177.

[7] Halvorsen J I，Jacobsen D H. The Bank-lending Channel Empirically Revisited [J]. Journal of Financial Stability，2016 (27)：95–105.

[8] Stern C，Makinen M，Qian Z X. FinTechs in China：With A Special Focus

on Peer to Peer Lending [J]. Journal of Chinese Economic & Foreign Trade Studies，2017（3）：215–228.

[9] Shi X K，Wu J J，Hollingsworth J. How Does P2P Lending Platform Reputation Affect Lenders'Decision in China? [J]. International Journal of Bank Marketing，2019（7）：1566–1589.

[10] Lv X M，Zhou L，Guo X. Research on P2P Network Loan Risk Evaluation Based on Generalized DEA Model and R–Type Clustering Analysis under the Background of Big Data [J]. Journal of Financial Risk Management，2017（2）：163–190.

[11] Peng X L，Luo X S，Li J. Meaning Construction and Judicial Identification：Difficulties and Countermeasures of Criminal Regulation of Illegal Fundraising Behavior on Online P2P Lending Platforms [J]. International Journal of Legal Discourse，2019（1）：47–68.

[12] Yan Y W，Lv Z H，Hu B. Building Investor Trust in the P2P Lending Platform with a Focus on Chinese P2P Lending Platforms [J]. Electronic Commerce Research，2018（2）：203–224.

[13] Yeo E，Jun J. Peer–to–Peer Lending and Bank Risks：A Closer Look [J]. Sustainability，2020（15）：6107.

[14] You C. Recent Development of FinTech Regulation in China：A Focus on the New Regulatory Regime for the P2P Lending（Loan–based Crowdfunding）Market [J]. Economic Journal，2018（1）：85–115.

[15] 陈亦秋.我国互联网消费信贷的风险及防范建议 [J]. 中国高新科技，2019（1）：58–60.

[16] 甘友成.大学生不良网络借贷风险防范研究 [J]. 浙江万里学院学报，2017（1）：111–115.

[17] 宫兆辉.我国互联网消费信贷的风险防范研究 [J]. 经济师，2018（12）：141.

[18] 胡江，黄丽钦.P2P 网络借贷中虚假宣传行为的刑法认定研究 [J]. 重庆广播电视大学学报，2017（4）：25–36.

[19] 李杨，刘国亮.中国消费信贷市场发育研究 [J]. 山东社会科学，2017(9)：

145–151.

[20] 刘可夫 . 浅析个人消费贷款的风险控制 [J]. 商业经济，2012（1）：105–107.

[21] 刘洋，王会战 . 互联网视角下我国民间借贷的风险评价与控制——以 P2P 平台为例 [J]. 宏观经济研究，2017（3）：146–157.

[22] 马云飞，胡杰 . 谈新闻媒介在校园不良网贷管理中的作用 [J]. 才智，2017（14）：41.

[23] 缪逸帆，王璐炜 . 互联网消费金融的风险管理研究——以“蚂蚁花呗”为例 [J]. 时代金融，2017（6）：27+33.

[24] 彭小辉，王坤沂 . 消费者社会化、金钱态度与互联网消费信贷行为 [J]. 统计与信息论坛，2019（5）：110–118.

[25] 王冯蕴，何斌，陈雨妍，等 . 互联网金融场景下分期支付风险防范 [J]. 合作经济与科技，2020（22）：58–60.

[26] 姚海放，彭岳，肖建国，等 . 网络平台借贷的法律规制研究 [J]. 法学家，2013（5）：94–94.

[27] 张畅 . 关于我国互联网消费金融发展困境分析与路径探索 [J]. 知识经济，2019（15）：54+56.

[28] 赵春兰 . 我国互联网金融的业态风险及法律防范制度构建 [J]. 社会科学战线，2015（10）：224–231.

[29] 赵毅 . P2P 网贷平台的监管边界探究——以金融消费者保护为宗旨 [J]. 山东社会科学，2014（S2）：14–16.

▶ 第十二章　对认知环境的干预：针对非理性网络借贷消费的大环境

消费行为容易受到消费者认知偏差的影响，而有效的外部干预可以显著降低认知偏差对非理性网络借贷消费行为的影响。由于行为人的认知动机常常会产生偏差，因此需要对非理性消费行为者的偏差动机进行有效的干预和纠正，帮助其做出理性、科学、正确的消费决策。与此同时，不同消费者的金融素养水平也有差异，这会导致他们的消费认知和金融行为存在很大的差别。因此本章分析了影响消费者金融素养水平的因素，并为提高消费者的金融素养提出了建议。

第一节　在网络借贷决策中降低信息过载

一、本节引言

在移动互联网时代，社交媒体异常活跃，各种信息呈现爆炸式增长，人们的大脑每天要接收和处理超量信息，再加上信息过滤机制不完善，这些信息的真实性无法验证，导致人们被虚假信息误导的可能性增加。本节认为，信息偏差使得人们在网络借贷消费行为中的决策出现了失误，而降低信息过载则是干预这些认知偏差的有效路径之一。下面探讨互联网时代的信息过载现象对网络借贷决策的影响，并从认知环境角度出发寻找缓解这种影响的方法。

二、网络借贷决策过程中信息过载

（一）宣传广告过多

大量未加细致过滤的信息充斥在互联网上，使得用户很难辨别信息的真假，偏差信息会误导用户做出错误的判断。在国内最常用的搜索引擎百度上检索“网贷平台”，位列前三的都是广告。不仅如此，与之配套的广告词都是“随借随还”“可借 50 万”等夸张说辞。这些广告拉低了网络借贷的可信度，对那些真正想从搜索引擎中得到有效信息的消费者造成了困扰，他们不仅没有得到有效信息，还需要额外花精力分辨正规可靠的网络借贷平台和偏差广告。

（二）网络借贷平台数量过多

近几年，网络借贷平台在数量和交易量上呈现出“井喷”的态势。由于网络借贷平台的爆炸式增长，市面上的平台良莠不齐，因此需要统一的分类标准进行区分，但数目繁多的网络借贷平台也导致分类标准层出不穷。当前网络借贷平台的分类方式有十多种，例如按实力背景、国资控股或国资参股、上市控股或上市参股、银行系或民营系或风投系等不同的标准分类。多重分类标准也是信息过载的体现，增加了用户筛选的难度，降低了决策效率。

（三）网络借贷产品数量过多

国内的网络借贷平台呈爆炸式增长，市场上也充斥着各种网络借贷产品，由于各自运营模式的差异导致各平台推出的网络借贷产品参差不齐。不同的网络借贷产品可能属于不同的网络借贷平台，用户须要定期地到这些平台上逐个挑选适合的网络借贷产品，这增加了前期决策的时间，进而降低了决策的效率。

三、信息过载对网络借贷决策的影响

（一）决策前的影响

在决策前阶段，最重要的是识别哪些是有用的信息。用户须要参与信息搜索和评估替代选择，即先浏览产品或积极搜索特定产品，评估其考虑中的各种产品，再斟酌这些产品如何与他们的需求和目标保持一致，然后评估购买产品所需的精力。如果给定的信息不明确，造成信息理解偏误，很容易出现认知偏差问题。

网络借贷决策前，用户可能会克制偏见偏差，以为自己自控力很强，高估了自己控制冲动行为的能力。但信息过载使得人们接收了超出自己需要及处理能力的信息，导致用户对未来的结果判断失误。

（二）决策中的影响

在决策中阶段，最重要的是综合各种信息，开始落实行动。用户须要对不同的方案进行评估和比对，综合考虑清楚后再开始行动。信息过载导致用户面临的选择更多，会增加人们信息选择的负担。

（三）决策后的影响

在决策后阶段，最重要的是用户在做出决策后能否承担选择的后果并且不后悔。网络借贷决策后可能会出现现状偏差，用户在当前决定网络借贷消费，但很有可能在后期的还款中后悔。用户做出决策后，还是会被各种信息包围着，难免会比较自己是不是选择了最佳的方案。当用户发现自己的选择不是最佳选择的时候，会出现焦虑、后悔等情绪。

四、对网络借贷决策中信息过载现象的干预

网络借贷消费的认知环境指的是互联网大环境。互联网大环境中的信息过载带来了大量重复内容，使人们出现单维度思考。用户应当从不同的信息框架中审视自己的决策过程，从而增强决策水平，提高决策效率。

（一）规范信息环境

用户获取网络借贷信息的渠道相对单一，互联网作为主要渠道，应起到充分的规范作用。我国关于网络借贷的法律法规还不完善，及时出台监管规则非常有必要。当前对网络借贷的监管仍处在初步阶段，须要建立和完善国家信息政策法规，完善有关部门的执法和监督机制，保障网络借贷平台的安全性。同时，也为用户的网络借贷行为提供保障，促进网络借贷行业有序发展。

（二）个性化推荐机制

个性化推荐机制主要依托信息过滤技术面向用户开展个性化服务。本节认为，网络借贷平台应设立个性化推荐机制，这样可以有效解决网络借贷决策中的信息过载问题。市面上的网络借贷产品良莠不齐，网络借贷决策作为一个复杂决策，需要用户自行甄别正规网络借贷平台和挑选网络借贷产品。倘若建立个性化推荐机制，增加有效信息的利用率，可以帮助用户从众多网络借贷平台中筛选出适合自己的平台和产品，提高网络借贷决策的效率。个性化推荐在呈现网络借贷产品信息的同时，要按照用户需求，自动为用户提供产品排序、产品对比、总优惠金额一览、总年化利率、总还款额、用户评价以及风险。个性化推荐机制有助于减少无效信息，比如重复信息和虚假信息，自动起到过滤作用。

（三）优化搜索引擎

搜索引擎是网络信息检索的主要工具，搜索引擎应开启过滤机制，过滤掉有害信息和广告，提高信息的准确率。当前搜索引擎存在查询效率低下的问题，当用户在搜索引擎中检索想要的内容时，大部分搜索结果与查询意图并不相关。比如在搜索引擎中检索“网贷平台”，出现在搜索结果显著位置的基本都是广告，这些广告容易误导消费者做出错误决策，进而遭受经济损失。信息过载带来的偏差信息、重复信息和广告信息干扰了用户判断，导致用户想要获得的信息占用户所接触信息的比例减小，从而影响了决策质量，因此优化搜索引擎非常有必要。可以通过匹配算法排除不符合需求的信息，并采取智能化信息过滤，通过观察用户动态和记录用户行为，建立个性化算法，为用户提供个性化的服务。

（四）普及金融知识

新闻报道中的网络借贷诈骗陷阱、网络借贷纠纷案例屡见不鲜，甚至受过高等教育的大学生也会落入“校园贷”“裸贷”圈套，这都体现了我国居民的金融知识储备较为匮乏。不仅如此，金融商科并不属于素质教育的范畴，可能只有金融商科相关专业的人才能真正学习到金融知识，建议在学校通识课程中推广金融知识。金融知识的普及能让用户对金融借贷业务有基本的了解，不容易被网络借贷平台对其产品的描述所蒙蔽。在面对种类繁多的网络借贷产品时，拥有一定的金融知识可以帮助消费者做出正确的选择，降低盲目选择的风险，避免经济损失。

（五）引入金融消费者保护理念

中国目前的网络借贷消费者保护法律制度显现出相关立法不完善、消费者保护理念不全面、网络借贷纠纷解决机制效率低下等弊端。2012 年，网络借贷行业开始高速发展，网络借贷平台层出不穷。与此同时，我国网络消费信贷平台的问题也逐渐暴露，很长一段时间，国内对网络消费信贷的监管相对欠缺，缺乏经验。网络借贷行业准入门槛过低导致行业乱象丛生，各类欺诈金融消费者案件屡屡发生，消费者的隐私权、知情权、公平交易权等权益受到严重侵害。

用户作为网络借贷平台的消费者，在整个过程中处于弱势地位，信用安全得不到保障。因此，应该通过完善立法保护网络借贷消费者的基本权益。有关部门应将网络消费信贷归入金融商品，创设专门保护金融消费者权益的条例，将消费者保护理念设为网络消费信贷监管的首要目标。本节认为，只要网络借贷大环境遵守行业规范，保障消费者权益，就有希望规范网络借贷信息，降低信息过载带来的认知偏差。

五、总结

自媒体时代加剧了信息过载，这会增加人们选择的负担，影响人们对有效信息的获取和利用，进而造成决策偏差问题。信息过载会降低网络决策效率，对人们的心理健康和人际关系造成负面影响。因此，应该对网络借贷的认知环境进行干预，从而降低信息过载，减少决策信息复杂可能造成的偏差。本节提出的建议可以有效缓解信息过载对网络借贷决策的影响，提高网络借贷的可信度和决策效率，为未来网络借贷行业的健康发展提供参考。

第二节　在学校或社区中引入金融社会工作服务

一、金融社会工作概述

（一）金融社会工作的主要职责及服务对象

金融社会工作（Financial Social Work）最早是由 Wolfsohn 提出的。Wolfsohn（2012）认为金融社会工作者的主要职责是促进个人、家庭及社区内其他成员经济和理财情况的长久健康与稳定。这些金融社会工作者所服务的对象极其广泛，涵盖了社会中的各类人群或组织，既可以是伤残人士、贫困户等需要经济支持的弱势群体，也可以是想要改善个人或家庭经济状况的普通社区成员，甚至包括社区内面临经济问题的各类企业和其他社会团体。

（二）金融社会工作的具体内容

开展金融社会工作须要工作者密切地关注和了解社区内每一位个体，收集、记录社区成员每月的收入与开支、储蓄与信用卡使用情况及其他借贷和投资等信息。然后根据这些数据评估他们各自的经济和理财状况，筛选出那些缺乏专业知识和理财渠道，对金融理财抱有困惑不敢涉足的成员，或是已经身陷理财问题、误入歧途的成员，主动地给予他们帮助和支持。

对于筛选出的目标帮助对象，金融社会工作者会通过传授专业知识，提供可获取的渠道和资源，使服务对象了解基本的金融常识，提升金融意识，引导他们树立正确的消费、储蓄、借贷、投资观念，并进一步向他们介绍适合每个人的理财渠道和信息，做出个性化的理财方案和计划。在某些必要的情况下，金融社会工作者还要对他们采取一定的心理干预手段。最终，实现服务对象的经济状况达到一种可持续的长期稳定与健康，乃至改善整个社会金融环境。

（三）金融社会工作与金融咨询的区别

需要特别注意的是，区别于传统金融机构的专业咨询服务，社会工作者是以人与人的交流为基础展开的，这一概念提出时就带有长远改善服务对象理财状况的初衷。所以相比更关注业务本身的金融机构咨询，社会工作者须要把工作的重点放在业务背后的行为主体身上，带着对服务对象的关怀、尊重和理解去进行一系列的服务。

（1）这就要求金融社会工作者们在开展金融社会工作前更多地走进社区，不能只是被动等待社区人员上门寻求帮助，而应积极主动地去寻找、筛选存在理财困扰的社区成员，为他们提供专业的支持。

（2）金融社会工作更为复杂的方面在于，不同服务对象的经济状况和理财需求存在着很大的差异。而且有些社区成员出于种种原因，不会把自己最真实的想法和诉求表达出来。这就须要金融社会工作者们在掌握金融专业知识的同时具备一定的心理学知识，并且耐心地引导被服务者说出真实诉求，或是通过深入调查探寻他们内心的想法，提供最合适的理财服务。

（3）金融社会工作对同一个对象的服务持续周期通常会更长。金融社会工作者最重要的任务是帮助被服务者树立健康正确的理财观，帮助他们在未来进行独立自主的金融活动，所以金融社会工作者往往要帮助服务对象养成良好的理财习惯，长期追踪他们，并不断地引导和启发他们。

二、金融社会工作对非理性网络借贷消费行为的干预

（一）非理性网络借贷消费行为现状

网络借贷以其申请门槛低、填报手续少、放贷速度快等优势，结合多重广告宣传，吸引了大量的使用者，进一步替代了信用卡，成为最普遍的超前消费工

具。虽然网络借贷平台简化了以往线下贷款的烦琐流程，但一些金融知识薄弱的使用者往往对自身还款能力缺乏正确的判断，会在主观上或客观上忽视网络借贷平台故意隐藏但又极为关键的条款细则。这些认知上的错误导致借款人做出非理性网络借贷行为，使他们须要支付的利息远远高于原本的预期。当他们无法按时偿还欠款时，就会引发一系列更深层次的个人问题和社会问题。

（二）金融社会工作的引入

金融社会工作的引入无疑可以缓解消费者在网络消费信贷决策中的认知偏差。消费者通常都是独立做出网络借贷消费决策的，但由于认知偏差的存在，他们往往会有意或无意地忽视网络借贷背后的条件。而金融社会工作者可以通过宣传介绍、提示警告、引导指正等干预手段，在一定程度上帮助网络借贷消费的行为主体脱离原本陷入的认知偏差，看清并意识到网络借贷背后的复杂性，从而避免非理性借贷消费行为的产生。

（三）金融社会工作的优势

金融社会工作者的初衷在于长远地改善服务对象的理财状况。在干预非理性网络借贷消费行为时，相较于其他对认知环境的干预方式，金融社会工作者作为外部第三人具有独特优势。

1. 针对性

金融社会工作者既能通过宣传普及理性网络借贷消费观念，改善网络借贷决策的整体认知环境，也可以为服务对象进行网络借贷消费决策的各个环节提供建议。无论是网络借贷平台和网店商家的甄选，还是消费者消费计划的制订，金融社会工作者都能结合服务对象的具体情况和自身的专业知识，帮助他们做出相对理性的决策。

2. 持续性

金融社会工作者不仅能为服务对象的某一次网络借贷消费提供建议，也能通过启发教育式的引导，帮助网络借贷消费的行为主体树立正确的借贷消费观念，最终使他们能独立、理性地做出借贷消费的决策，这无疑是具有长远意义的。

3. 补救性

金融社会工作者除了能起到提前预防的作用，有时还能为已经因非理性网络借贷消费而陷入经济困难的社区成员寻找解决方法，借助社会力量的帮助，使他们从债务的泥潭中脱身。

4. 心理支援

非理性网络借贷消费所带来的债务危机会导致行为人出现紧张、焦虑、抑郁的情绪，进而产生心理问题。金融社会工作者可以为服务对象提供心理帮扶的渠道，这也有助于他们更好地走出被债务困扰的低谷期。

三、金融社会工作在社区和校园的具体开展设想

（一）金融社会工作在社区和校园的开展背景

近年来，学生群体，尤其是在法律上业已成年，但还没有财务独立的大学生成了网络借贷消费的主力军。因此在大学校园中开展金融社会工作很有必要。

大学生是一个特殊的群体，他们正处于逐渐步入社会、积累社会经验的年龄段。通常来说，他们既没有稳定的收入来源，又缺乏一些必要的金融常识和理财意识。绝大多数大学生拥有强烈的消费热情，也拥有独立进行消费决策的物质条件和精神基础，但他们这方面的能力未完全成熟，很容易出现非理性消费行为。

网络借贷的各种优势十分契合大学生的借款需求，对这个特殊的群体有更强的吸引力，也更容易使他们陷入对网络借贷消费的认知偏差和对自身财务状况与还款能力的错误判断，造成欠款行为的发生。而由于大学生应对网络借贷欠款问题时缺乏经验和能力，很容易越陷越深、不可自拔，引发更恶劣的后果。同时，在大学里开展金融工作具有便利性。高校拥有比其他社区更完善的从上到下的组织架构形式：从大学城到各所院校，再到各校分设的院系、年级和班级，每一层级都有相应的管理人员和社会工作者。鲜明的管理方式和层级架构为金融社会工作的开展提供了良好的平台。无论是大规模的统一宣传，还是对个别学生提供帮扶，在大学校园中开展各种形式的金融社会工作都比在其他社区范围更有效。

虽然高校拥有得天独厚的开展金融社会工作的平台，但也有很多要面对的挑战。学生的家庭背景、个性偏好及消费习惯差异很大，这须要金融社会工作者有针对性地设计出适应不同个案的解决办法。在对接到个人时，由于大学生处于各种观念初步形成的年龄段，易受到外部环境、其他个体及一些突发事件的影响而发生转变，因此金融社会工作者要更加细致地观察服务对象，时刻注意到学生需求的变化，在处理具体问题时要能够随机应变。

（二）金融社会工作在社区和校园的开展形式

1. 社会政策工作服务

高校拥有完整健全的信息公布和宣传平台，也具备统一、集中的管理模式，可以有效地展开政策性工作。在校园中，金融社会工作者可以借助学校平台开展专题教育讲座，通过主题展览展示、校园媒体宣传等方式向大学生群体介绍非理性网络借贷消费案例，普及网络借贷专业知识，引导学生熟悉网络借贷条款细则，提升金融常识水平和决策判断能力。

此外，金融社会工作者也可以筛选出适合大学生群体使用的网络借贷渠道，并与这些平台对接，做好联动工作。一方面，规范这些企业在大学社区内的广告宣传，做到平台信息的公开透明、清晰明确，降低潜在用户获取和分析网络借贷信息的难度，避免由于信息片面或过载而导致他们出现认知偏差；另一方面，做好对学生借贷和企业放贷金额及还款情况的监督管理，建立预警机制，做好预防工作，对可能出现的平台违规或学生非理性消费行为及时处理，防止问题的进一步扩大。金融社会工作者也要努力阻止不良网络借贷平台在校园里的宣传，遏止其对学生的骚扰与伤害。

2. 个案工作服务

开展个案工作，是指金融社会工作者以一对一的方式对接到个人，借助可靠的手段和工具，运用科学的专业知识和技巧，为已经或是可能陷入社会问题困扰的个人提供物质及心理两方面的支持和服务，帮助个人实现对各种观念和社会状态的重新定位，重新恢复社会功能。

由于个案工作一般采用平等的、面对面的交流形式，往往更有利于社会工作者细致深入地掌握服务对象的情况，给出更贴近服务对象的建议。也便于根据个体的反馈及时有效地做出调整，并长期跟进服务对象，促进其彻底改变。

在大学校园中开展有关网络借贷和非理性消费的个案工作时，金融社会工作者首先要确定目标对象，既可以让有诉求的学生借助学校平台主动联系，也可以在自己察觉到潜在对象后及时为他们提供服务。确立了目标对象后，金融社会工作者就要开始着手接触对象，通过有技巧的沟通交流，与当事人建立平等良好的关系，倾听并了解当事人的个人和家庭经济状况、消费和贷款需求等基本信息，总结出行为主体的消费喜好和习惯。在此基础上，金融社会工作者还要对消费者产生非理性借贷消费行为的动机做一定的探究，因为同样的消费行为背后的消费动机并不一定相同。例如同样是大量投入网络游戏，有些学生是为了释放压力，而有些人可能是出于寻求周围人的认同。不同的动机代表了行为人不同的消费观念与心理需求，需要采取不同的应对措施。总之，在开展社会工作的过程中，要尽可能细致、详尽地获取并分析有用信息，这将有助于设计出贴近当事人诉求的解决方案。

还有一点要注意，即大学生群体的心理尚未完全成熟，心思也往往更加敏感，有时会抗拒与金融社会工作者的交流，或是对自身真实的境况、内心的想法有所隐瞒，又或者无法辨明自己的真正需求。这就须要社会工作者更加谨慎、柔和地进行工作。有时不能过于直接地对服务对象展开询问，而要通过其他途径去了解他。例如通过对当事人家庭、班级、宿舍的走访，从其家人、同学好友、老师及辅导员口中侧面了解其生活情况和心理状态；也可以通过对当事人的生活习惯、兴趣爱好和经常光顾的消费娱乐场所等推断他的状况。

有以上一系列工作为基础，金融社会工作者就可以为服务对象设计出具体的解决方案。具体方案也应当带有对当事人的关怀、尊重和同理心，除了对网络借贷渠道的介绍和对未来消费、还款计划的规划，更重要的是纠正他们对网络借贷消费的认知偏差，使他们树立正确的消费观念，启发他们合理使用网络借贷工具开展日常购物，帮助原本受网络借贷欠款影响的同学重新融入美好的校园生活。

3. 小组工作服务

小组工作形式是指由社会工作者担任领导，将数名拥有相似问题的个人组建成一个小组，通过组织多次小组互动、沟通、交流，解决小组成员共同存在的问题，达到个人与团体共同成长的主要目标。

在小组活动中，由于小组成员之间存在共性问题，在交流沟通时他们也会更容易产生认同感，并由此敞开心扉，这将有助于金融社会工作者了解他们，寻找解决问题的方法。同时，团队带来的凝聚力和向心力，会促使团队成员通过互相激励、督促、约束、纠错的方式实现共同进步。这种方式往往比一对一的监督更为有效。具体实行小组工作时，绝大多数有关小组共性问题的交流互动，对问题的分析总结，乃至问题解决方案的设计及实施都可以由小组成员自主完成。金融社会工作者在这个阶段的任务更多地在于初期对成员的筛选、小组的组建以及为小组活动的开展提供外部支持等方面。

在校园中开展干预非理性网络借贷消费行为的小组工作时，金融社会工作者可以尽可能地将同年级、同专业或是来自同一个地区的同学组成一组，这样可以增加小组成员之间最初的信任感。在开展最初的几次活动时，也没有必要过于单刀直入地进入关于非理性网络借贷消费的探讨，可以通过自我介绍和其他趣味活动，进一步加深小组成员间的友谊。在开展正式的小组活动前，也要注意活动形式的多样性，并最大限度地利用社会资源，提升组员的参与度，增加他们对彼此的认同感。对于小组设计的解决方案中存在的不足之处，要做到及时指正和引导。最后，在完成了一个周期的小组工作后，要总结组员的反馈意见，并对组员进行追踪和跟进关注。

四、总结与未来展望

总体来说，大学校园已成为非理性网络借贷消费的重灾区，它将成为未来金融社会工作开展的主战场。在大学校园中，金融社会工作者可以依托学校完善的平台和管理机制更好地开展工作，但仍要重点关注大学生群体及该群体行为的特殊性、复杂性和多元性，同时也要时刻追踪网络借贷消费的发展与变化趋势，对于一切可能发生在大学校园中的非理性网络借贷消费现象保持警觉。只有不断与时俱进，不忘初心，才能更好地将金融社会工作在校园乃至整个社会中推广开来。

参考文献

[1] Aguirre-Rodriguez A，Bosnjak M，Sirgy M J. Moderators of the Self-congruity Effect on Consumer Decision-making：A Meta-analysis [J]. Journal of Business Research，2012 (8)：1179-1188.

[2] Dulmus C N，Bass L L，Bunch S G. Perspectives on the Mission of the Social Work Profession：A Random Survey of NASW Members [J]. Advances in Social Work，2008 (2)：231-239.

[3] Chen H，Volpe R P. Gender Differences in Personal Financial Literacy Among College Students [J]. Financial Services Review，2002 (3)：289-307.

[4] Doxey G，Mcnamara P M . A New Role for Social Work in Remote Australia：

Addressing Psycho-social Needs of Farming Families Identified through Financial Counselling [J] . International Social Work, 2015 (1): 32–42.

[5] Marco G D, Donnini C, Gioia F, et al. On the Measure of Contagion in Fuzzy Financial Networks [J] . Applied Soft Computing, 2018 (67): 584–595.

[6] Hageman S A, Sherraden M S, Birkenmaier J M, et al. Economic and Financial Well-being in the Social Work Curriculum: Faculty Perspectives [J] . Journal of Social Work Education, 2019 (4): 1–13.

[7] Engelbrecht L. Economic Literacy and the War on Poverty: A Social Work Challenge? [J] . International Journal of Social Welfare, 2008 (2): 166–173.

[8] Carvalho M I. Rethinking Social Work in Times of Economic and Financial Crisis in Portugal [J] . Global Social Work, 2017 (12): 120–145.

[9] Despardsupa M R, Chowa G, Hart L J . Personal Financial Problems: Opportunities for Social Work Interventions? [J] . Journal of Social Service Research, 2012 (3): 342–350.

[10] Patra P. Erratum to "Coordination Contracts for Outsourcing Supply Chain with Financial Constraint" [J] . International Journal of Production Economics, 2017 (1): 316–317.

[11] Pramatari K, Theotokis A. Consumer Acceptance of RFID-enabled Services: A Model of Multiple Attitudes, Perceived System Characteristics and Individual Traits [J] . European Journal of Information Systems, 2009 (6): 541–552.

[12] Frey J J, Sherraden M S, Birkenmaier J, et al. Financial Capability and Asset Building in Social Work Education [J] . Journal of Social Work Education, 2016 (1): 132–148.

[13] Wolfsohn R. Financial Social Work: Basics and Best Practices [M] . North Carolina: Center for Financial Social Work, 2012.

[14] 安丽琳 . 社会工作视角下高校不良网贷问题及对策研究 [J] . 科技视界, 2017 (10): 175+188.

[15] 陈曦, 邓洁 . 大学生过度消费行为的心理原因及社会工作介入方法——以华北某高校为例 [J] . 社会福利 (理论版), 2013 (8): 24–27.

[16] 关信平．社会工作介入社会救助的需求、能力及体制机制分析［J］．湖南师范大学社会科学学报，2017（1）：32–38.
[17] 黄曹福，张作俭，邹尹波．金融社会工作应用实践与探索［J］．中国社会工作，2018（7）：32–33.
[18] 吉丹，潘桂芳．社会工作视角下的大学生网络贷款影响探究［J］．中国集体经济，2018（3）：110–111.
[19] 李青．金融社会工作与反贫困：社会工作反贫困研究中的经济性议题［J］．华东理工大学学报（社会科学版），2018（4）：19–26.
[20] 李樱．决策支持系统发展综述［J］. 长春金融高等专科学校学报，2001(2)：40–43
[21] 李迎生．中国社会工作转型与金融社会工作发展［J］．西北师大学报（社会科学版），2020（3）：95–101.
[22] 林立成．多因共振下的校园贷整治难题［J］．财经理论与实践，2019（6）：154–160.
[23] 彭小辉，王坤沂．消费者社会化、金钱态度与互联网消费信贷行为［J］．统计与信息论坛，2019（5）：110–118.
[24] 王莉．不良网络信贷的社会工作介入模式探析［J］．内蒙古财经大学学报，2018（1）：101–104.
[25] 巫正洪，吴世友，Gina A. Chowa. 社会工作实践的新方向：金融社会工作［J］．中国劳动关系学院学报，2013（6）：98–100.
[26] 杨荣．论我国城市贫困治理中的社会工作［J］．新视野，2008（3）：35–37.
[27] 袁丽峰，勾志文．高校学生不良网贷风险防范教育的社会工作方法介入研究［J］．现代交际，2016（17）：1–2.
[28] 张小莉．高校学生校园网贷问题的社会工作介入研究［D］．呼和浩特：内蒙古师范大学，2018.
[29] 周雅琦．个人信贷决策支持系统初探［J］. 科技情报开发与经济，2003(9)：230–231.
[30] 周晓春，邹宇春，黄进．青年的金融风险、金融能力和社会工作干预［J］．青年研究，2019（3）：69–81+96.

后　记

本书是集体智慧的成果。2019—2020 年第 2 学期，我在上海对外经贸大学的市场营销学课堂上，开设了“非理性借贷消费与认知偏差”的专题讲座，以大纲提要的形式为选修该课程的 70 余位本科生讲授了本书的核心观念。这些同学在课堂中完成的课堂讨论记录、课堂笔记和期末作业构成了本书的基础资料，后经我整理，形成了本书的初稿。接下来大半年，我和我指导的硕士研究生许祺对本书初稿进行了反复修改，补充了相关内容，形成了定稿。企业管理出版社赵喜勤编辑对全书进行了细致审核和勘误，最终使得本书顺利出版。在此，对在本书写作和出版工作中提供帮助的老师和同学们表示真诚的感谢！

本书是教育部人文社会科学研究项目“认知偏差因素对风险性网络借贷消费行为的影响机理及干预机制研究”（19YJC630027）的研究成果，国家哲学社会科学重大项目“面向国家公共安全的互联网信息行为及治理研究”（16ZDA055）和上海对外经贸大学南泰品牌发展研究院也对本书的出版提供了资助。非常感谢支持本书出版的科研项目和研究单位！

由于我个人学术水平有限，加上时间仓促，本书难免存在一些错误和缺陷。希望各位读者不吝赐教，指出本书的不足，以促进青年学者更好地成长。

邓士昌

2021 年 10 月 28 日